现代信息检索与利用丛书 • 丛书主

医学信息 检索与利用

MEDICAL INFORMATION RETRIEVAL AND UTILIZATION

主编 刘桂锋 副主编 潘 颖

江苏大学出版社
JIANGSU UNIVERSITY PRESS
镇 江

图书在版编目(CIP)数据

医学信息检索与利用 / 刘桂锋主编. —镇江：江苏大学出版社，2015.3(2020.1 重印)
ISBN 978-7-81130-911-9

Ⅰ.①医… Ⅱ.①刘… Ⅲ.①医药学—情报检索 Ⅳ.①G252.7

中国版本图书馆 CIP 数据核字(2015)第 042195 号

医学信息检索与利用

Yixue Xinxi Jiansuo yu Liyong

主　　编/刘桂锋
责任编辑/吴昌兴　仲　蕙
出版发行/江苏大学出版社
地　　址/江苏省镇江市梦溪园巷 30 号(邮编：212003)
电　　话/0511-84446464(传真)
网　　址/http://press.ujs.edu.cn
排　　版/镇江文苑制版印刷有限责任公司
印　　刷/镇江文苑制版印刷有限责任公司
开　　本/718 mm×1 000 mm　1/16
印　　张/18.75
字　　数/378 千字
版　　次/2015 年 3 月第 1 版　2020 年 1 月第 4 次印刷
书　　号/ISBN 978-7-81130-911-9
定　　价/45.00 元

序

大数据、云计算、物联网、移动技术、RFID 等为当今信息社会打上了深深的时代标签。而信息社会的机制与装置又让数据运动的速度和广度加强，渗透到社会运行与发展的各个领域，直至每个角落。信息无时不在、无处不在。信息与物质、能源并称为人类社会生存和发展的基本要素。当需要信息时，我们称之为“信息黄金”；当不需要信息时，我们称之为“信息垃圾”。飞机失联了，人们动用各种技术手段寻找它的蛛丝马迹，一丁点信息都会成为解开谜团的金钥匙，这时的信息贵如金。当我们打开邮箱，看到一条条的广告邮件时，不禁感叹信息满天飞。因此，处在信息社会，塑造良好的信息素质，练就优秀的信息本领，已成为整个社会的共识。

信息素质是高等院校全面素质教育的一个重要组成部分。一般来讲，信息素质是一种结构体系，包括能够判断何时需要信息的信息意识，具备如何去获取信息、如何评价和有效利用所需信息的信息能力，客观使用真正意义上之信息的信息道德，使信息保值和增值的信息价值观与信息认知观。信息检索类课程担负着大学生信息素质教育的神圣职责和光荣使命，是一门理论性、实用性和操作性很强的理论、方法与技能课程，核心是提高大学生的信息素质，具体目标就是培养大学生的信息意识，提高其信息技能和树立其遵守信息道德的理念等，形成科学的信息价值观与信息认知观。我国在 20 世纪 80 年代由原国家教委推进高校相关课程的开设，课程名称是“文献检索与利用”，简称“文献检索”。90 年代随着网络技术的发展，“文献检索”课程内容的重点开始向数据库倾斜，“信息检索”逐渐取代了“文献检索”。21 世纪以来，信息检索类课程由检索利用层次深化为分析研究层次，更加注重学生信息观念、信息意识与信息认知的培养。出版既能理论前沿联系实际一线，又能发扬传统和坚持创新并举的高质量的教材是满足信息检索课程的重要保障和前提。欣喜地看到，由长期奋战在信息检索教学一线的教师编写的《现代信息检索与利用丛书》堪称现代信息社会环境条件下大学生信息素养与能力培养的理论方法之知识体系的示范。

《现代信息检索与利用丛书》系列教材注重大学生信息资源检索与利用的素质养成及其理论方法体系培养。该系列教材共包含《社科信息检索与利用》《理工信息检索与利用》和《医学信息检索与利用》3 本教材，与其他信息资源检索教材不同之处在于，本系列教材既能“顶天”，又能“立地”。所谓“顶天”是指注重信息资源检索利用的观念素养与理论方法，所谓“立地”是指注重信息资源检索利用的能力培养与实战体验。该系列教材具有3个方面的特点：（1）理论性与实践性相结合，既有丰富的信息资源检索利用的基础理论，如信息资源检索理论、语言、方法、技术、步骤与评价，又有生动详细的数据库检索案例。（2）传统性与新颖性相结合，既包含传统的信息检索长期积累下来的基本理论框架，又有当前信息网络技术的发展带来的研究领域，如大数据、智慧图书馆、知识发现、搜索引擎等。（3）严谨性和活泼性相结合，无论是基础理论还是实践案例都经过编者仔细考究，力争做到内容的严谨性；教材的编排设计富有活泼性，每章设有案例、小贴士、思考题、扩展阅读等。

该系列教材立意深远、内容丰富、形式活泼、特色鲜明，能够帮助大学生在复杂多变的信息环境下，掌握信息资源检索的基础知识、方法与技能，引导学生灵活运用信息检索工具来解决实际问题，做到学以致用，对全面提高大学生的信息素质大有裨益。

衷心希望该系列教材能够成为大学生信息素质教育阵地的排头兵，发挥应有的价值。

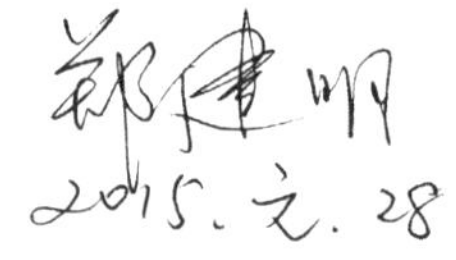

（郑建明，教育部图书馆学学科教学指导委员会副主任委员，南京大学教授，博士生导师）

前 言

信息检索起源于图书馆的参考咨询和文摘索引工作。我国文献检索教育大致分为四个阶段:第一个阶段是 1949 年以前的目录学教育阶段;第二个阶段是 1949—1966 年的起步阶段;第三个阶段是 1976—1983 年的成长阶段;第四个阶段是 1984 年以后进入的新的发展阶段。特别是 1984 年和 1985 年教育部下发的《关于在高等学校开设文献检索与利用课的意见》和《关于改进和发展文献课教学的几点意见》两个文件,为文献检索课的教学奠定了坚实基础。经过多年的发展,信息检索的课程内容及教学方式不断丰富,信息检索课程成了大学生信息素质教育得到培养和提高的重要载体和桥梁。

为了帮助医学专业学生及医学科研人员实现提高信息素养教育的目标,本书在结合多年医学信息检索教学、科研经验,咨询医学专家宝贵意见,充分考虑网络技术对信息检索带来的机遇,以及借鉴并吸收国内外大量信息检索教材优秀成果的基础上编写而成,遵循传统性与现代性相结合、理论性和实践性相结合、专业性与公共性相结合的原则。医学信息检索是一门实践性强、应用性广、变化快的培养学生信息意识、提高信息能力、遵守信息规范的方法类课程。

本书强调对基本理论知识、基本实践技能的学习与掌握,以基本理论、检索实务、信息利用为主线,以培养信息意识、提高信息能力、遵守信息道德的信息素养教育为核心,突出了教材的专业性、新颖性和开放性。① 专业性。本书的专业性体现在案例选择、CBM 与 Medline 等数据库、医学专业搜索引擎、循证医学等方面,突出了教材的针对性。② 新颖性。本书吸收了信息检索及图书情报领域最新的研究动态,如开放获取、数字图书馆、结构知识库、电子教材、大数据、慕课等,以反映信息检索的最新进展。③ 开放性。本书内容深入浅出,详略得当,具有一定的扩展性和延伸性,可供不同层次的人员根据自己的需求选择使用。

全书是编者集体智慧的结晶。内容结构上分为三篇,共 7 章:基础篇(第 1 ~ 2 章)、实务篇(第 3 ~ 6 章)、应用篇(第 7 章)。基础篇主要介绍信息基本理论、信息检索的基本理论与方法,旨在使学生了解信息及文献、信息素质等相关概念、信息资源的特点,初步掌握信息检索的基本原理、方法、技术与步骤。实务篇主要是从文献类型的视角介绍数据库的检索方法,主要包括中文期刊、外文期刊、图书及特种文献、网络信息资源。应用篇以科研的生命周期角度为红线，介绍科研选题、文献管理、信息分析、科技查新、论文写作等内容。

全书由刘桂锋担任主编，潘颖担任副主编。各章节分工如下：第1章第1～3节由潘颖编写；第1章第4节由朱安青编写；第2章由李明娟编写；第3章和第4章由王宁和刘海军编写；第5章由陈忠萍编写；第6章由田丽丽编写；第7章由张壬编写。全书由刘桂锋和潘颖统稿。

本书的编写借鉴了国内外专家学者的教材专著及研究成果，得到了相关领导的帮助与支持，郑建明教授在百忙之中欣然题序，对全体编者给予了极大的鼓舞与鞭策，在此一并表示诚挚的谢意。

由于编者水平有限，加之编写时间紧张，书中难免有疏漏甚至错误之处，恳请专家、读者指正。

目　录

第1章

绪 论

学习目标

⊙了解信息、知识、情报、文献的相关概念、特点及其之间的相互关系；
⊙掌握按载体、加工深度、出版形式、公开程度划分文献类型的方式；
⊙了解信息资源的概念和特点及信息资源利用的方法；
⊙了解信息素养所包含的信息意识、信息技能、信息道德等基本要素。

开篇案例

论文剽窃事件

2011年8月，四川某大学接到举报，该校道教与宗教文化研究所某位副教授的专著《中国先秦之信仰与宇宙论——以〈太一生水〉为中心的考察》(四川巴蜀书社，2009年5月1日出版)，涉嫌抄袭台湾某大学郑倩琳的硕士论文《战国时期道家之宇宙生成论》(2003年6月，陈丽桂教授指导)。专著中的第八章"从天地到宇宙：战国时期道家诸子宇宙论思想检讨"(234页到367页)长达133页的内容，几乎将郑倩琳的硕士毕业论文《战国时期道家之宇宙生成论》整篇一字不漏地复制了。部分章节甚至连标题、注释、标点符号都一模一样，但该书的引用书目没有提到郑倩琳的硕士论文。

四川某大学对该事件高度重视，立即组织相关专家进行鉴定。经鉴定，专家一致认定抄袭属实。对专家的鉴定结果，该副教授表示认可，并对自己的抄袭行为写了书面检讨，同时被给予取消其研究生导师资格的处分等。

1.1 信息相关概念

1.1.1 数 据

数据一般是指那些未经加工的事实或对客观事物的描述，是存储于某种介质上的能够识别的物理符号，是信息的载体，这些符号可以是数值、字符或者其他，如某一天的温度、商品的销售量、患者的心率和血压等。数据只是一个描述，没有特定的背景和意义。

大部分数据本身并没有什么意义和用处，从不同角度可以进行不同的分类。数据可以分为模拟数据和数字数据两大类。模拟数据是在某个区间内连续变化的值，如声音和视频是幅度连续变化的波形，温度和压力是连续变化的值；数字数据是离散的值，如文本信息和整数。

1.1.2 信 息

1. 信息的含义

信息是客观事物特征的反映，其表现形式多种多样，如声、光、色、味、形状、重量等。

申农（Shannon，美国数学家、信息论的创始人）在 1948 年发表的《通信的数学理论》中指出“信息是人们对事物了解的不确定性的减少或消除”；随后，诺伯特·维纳（Norbert Wiener，美国著名数学家、控制论的创始人）在《控制论》中给出了进一步的阐述：“信息是人与外界相互作用的过程、互相交换的内容的名称。”

我国国家标准《情报与文献工作词汇基本术语》（GB 4894—1985）对信息的定义如下：信息是物质存在的一种方式、形态或运动状态，也是事物的一种普遍属性，一般指数据、消息中所包含的意义，可以使消息中所描述事件的不定性减少。这一定义涵盖了信息的属性（客观存在性）、信息的作用（消除不确定性）、信息的形式（数据、消息等事实）三方面的内容。

随着社会信息化的不断加速，信息已经渗透到世界的各个角落。它们从不同的侧面、不同的层次反映了信息的特征与性质。广义而言，信息指的是客观世界中各种事物的存在方式和对它们的运动状态的反映。用通俗的说法，信息就是客观世界一切事物存在和运动所发出的各种信号和消息，如被表述出来的感觉认知、书本知识、各种数据资料、消息以及一些尚未被辨识的事物之间的某些联系等。狭义而言，信息指的是能反映事物存在和运动差异的、能为某种目的带来有用的可以被理解或接受的消息、情况等。

信息无所不在，可以感知，但它不是事件和物质本身，而是客观事物的存在方式或运动状态，以及关于客观事物存在方式或运动状态的陈述。

2. 信息的特点

信息一般由信息源、内容、载体、传播方式、接受者等几部分构成。因此，信息主要具有以下特征。

（1）客观性

信息是客观存在的，是现实世界中各种事物运动与状态的反映，其存在是不以人的意志为转移的。客观、真实是信息最重要的本质特征。

（2）普遍性

信息是事物运动的状态和方式，只要有事物存在、运动，就存在着信息。无论在自然界、人类社会，还是在人类思维领域，没有绝对的“信息真空”。因此，信息是普遍存在的。信息与物质、能量一起，构成了客观世界的三大要素。

（3）可识别性

信息是可以识别的，分为直接识别和间接识别。直接识别是指通过感官的识别；间接识别是指通过各种测试手段的识别。不同的信息源有不同的识别方法。

（4）载体依附性

信息既不是物质，也不是能量，它存在于客观事物中，所以必须依赖一定的载体才能体现出来，如语言、文字、声音、图形和图像等。

（5）可量度性

信息可采用某种度量单位进行度量，并进行信息编码，如现代计算机使用的二进制。

（6）价值相对性

信息的价值是对客观事物属性反映的深度和真实程度的认识，但信息对不同认识水平的人所产生的作用和有效性也是不相同的。

（7）时效性

时效性就是时间与效能的统一性，既表明了信息的时间价值，也表明了信息的经济价值。任何有价值的信息，都是在一定的条件（时间、地点、事件等）下起作用的。离开一定的条件，信息就会失去应有的部分或者全部价值。

（8）传递性

传递性是指信息从信源出发，经过信息载体的传递，被信宿接收并进行处理和利用的特性。信息可以进行空间和时间上的传输，传输速度越快，效用就越大。

（9）共享性

信息可以同时或不同时被多个用户使用，信息载体本身所含的信息量并没有减少。这是信息与实物、能量等的根本区别。信息的共享性可以提高信息的利用率，人们可以利用他人的研究成果进一步创造，避免重复研究，节约资源。

(10) 增值性

信息可以通过人脑思维或人工技术的综合、加工和处理,不断积累丰富,提高其质量和利用价值。信息交换的结果是信息的增值。

3. 信息的分类

信息的分类有很多,从不同角度有不同的划分方法,主要有以下几种。

① 按层次分类:信息可分为语法信息、语义信息和语用信息。

② 按符号数分类:信息可分为二元信息和多元信息。

③ 按内容分类:信息可分为自然信息与社会信息。

④ 按内容的表现形式分类:信息可分为文献型、数据型、声像型及多媒体型信息。

⑤ 按传递方向分类:信息可分为前馈信息和反馈信息。

1.1.3 知 识

1. 知识的含义

1980 年版的《辞海》将"知识"定义为"人们在社会实践中积累起来的经验",并指出"从本质上说,知识属于认识的范畴"。《现代汉语词典》中对"知识"的定义则为"人们在社会实践中所获得的认识和经验的总和"。美国哈佛大学社会学家贝尔在《知识的规范》一书中将知识定义为一组对事实或概念的条理化的阐述,它表示一个推理出来的判断或者一种经验结构,它可以通过某种信息工具以某种系统的方式传播给其他人。1997 年版《韦伯斯特词典》对知识的定义如下:知识是通过实践研究、联系或调查获得的关于事物的事实和状态的认识,是对科学、艺术或技术的理解,是人类获得关于真理和原理的认识总和。

广义的知识是指人类认识客观世界及其实践经验的总结,它可以通过语言文字、各种媒体长期储存,供后人学习和借鉴。狭义的知识是指个体通过与客观外界环境相互作用所获取的各种信息及技能。综上所述,知识是人类在改造客观世界的实践过程中的科学总结,是人们对客观事物的理性认识。知识来源于人们在实践活动中获得的大量信息,是人脑对客观事物所产生的信息加工物。信息被人脑感受,经理性加工后,成为系统化的信息,这种信息就是知识。

世界经济合作与发展组织(OECD)把知识分为四类:事实知识(Know-what),即可以直接观察、感知或以数据表现的知识;原理知识(Know-why),即原理规律方面的科学理论;技能知识(Know-how),即技能技巧方面的知识;人力知识(Know-who),即人力资源方面的知识。

根据知识的可视性,可将其分为显性知识和隐性知识。显性知识经过人的整理和组织后,可以编码化和度量,并以文字、公式、计算机程序等形式表现出来;还可以通过正式的、系统化的方式(如出版物、计算机网络等)加以传播,便于其他人掌握。

显性知识对应的是 OECD 分类中的 Know-what 和 Know-why。隐性知识是与人结合在一起的经验性知识，很难将其编码化、文字化或者公式化，本质上以人为载体，因此难以通过常规的方法收集到，也难以通过常规的信息工具进行传播。隐性知识往往是个人或组织经过长期积累而拥有的知识，通常不易用语言表达，传播起来非常困难。隐性知识对应的是 OECD 分类中关于 Know-how 和 Know-who 的知识，其特点是不易被认识到，不易衡量其价值，不易被其他人所理解和掌握。

2. 知识的特征

(1) 实践性

知识来源于实践，又能指导实践。任何知识都离不开人类的实践活动，即使是从书本上获得的知识，也是前人实践经验的总结。

(2) 继承性

任何知识既是实践经验的总结，又是对前人知识的继承和发展。知识是一种从实践—认识—再实践—再认识的无限循环的发展过程。

(3) 行动导向性

知识能够直接推动人的决策和行为，加速行动过程。

(4) 科学性

知识的本质就是对客观事物运动规律的科学概括。离开对事物运动规律认识的科学不能称为知识；对事物运动规律掌握得不够的认识过程，是知识不断完善、不断更新的过程。只有对客观事物有了完全科学的认识，才算是真正的知识。

3. 知识与信息的区别

知识与信息具有以下两大根本区别。

(1) 知识具有不断上升的价值

当知识被越来越多的人使用，知识的效应也会得到越来越多的展现。使用者在知识使用中获益的同时，不断总结自己的实践经验，形成新的可以传播的知识，使得知识库被修正、充实和丰富，增加其价值。而信息只是客观资料的总和，最有用的信息通常就是那些真实、客观、未经人工雕琢的事实。因此，信息本身不仅不会随着使用者对其加工而增值，反而可能会因此失去使用价值而被人们丢弃。知识的这种价值递增特性赋予了知识管理较信息的收集、整理更加丰富、深刻的内涵。

(2) 大部分知识只能存放在人脑中

人是知识最本质的载体，而信息具有多种表现方式，它可以被记忆在人脑中，可以被记录在纸上，可以被储存在电脑中，也可以游离在网络上。两者载体的差异造成了知识网络与信息网络的本质区别：前者是基于人的网络，后者是基于技术的网络。

知识与信息的区别最终表现为人和信息技术在信息技术运用和知识管理中的角色的对比。在信息技术的应用中，技术系统是引导组织商业过程的关键因素，而人只是被动的执行者,以保证由信息库中得到的信息得到正确处理。在知识管理中正好相反,人力系统才是最关键的因素,只有人们不断地认识和评估技术系统提供的信息,才能更好地实现信息的价值。

4. 知识的作用

知识在人类社会发展中发挥着巨大的作用,特别是在当今知识经济时代,其地位与作用更为显著。

(1) 知识是人类的财富与力量

知识本身虽是一种观念形态的东西,但其一旦与劳动结合起来,就可以从潜在的生产力变为直接的、现实的生产力,创造出财富和价值。在知识经济时代,知识的价值最大限度地体现在经济价值,特别是科技上。据有关权威人士估计,1933—1949年世界工业总产值年增长率为5%,其中60%是由于科技进步而获得的;20世纪80年代后期经济增长中的60%~80%是依靠科技进步取得的。作为一种巨大的资源,知识蕴藏着巨大的物质能量和精神能量。

(2) 知识是人类文明发展的动力

知识经济对当代社会发展的意义在于,知识和信息开始取代劳动力、稀缺自然资源和资本等而上升为最基本和重要的生产要素和资源,信息产业开始成为一种独立的、重要的产业形式,知识开始上升为支撑一个国家经济增长,以及衡量和提高一个国家国际竞争力的主要指标和重要因素。知识经济在为当代社会确立一种崭新的占主导地位的新模式的同时,也将在很大程度上决定着当代社会的发展方向与变迁路径。

(3) 知识是信息社会的驱动力

在知识经济时代,信息社会的权利和财富来源不再是少数人手里的金钱和资本,而是多数人手中的知识。知识与其他力量的最大不同在于,它具有合作增强的作用,即整体大于部分之和。

1.1.4 情　报

情报的概念最初源于古代战争和军事活动,“战时关于敌情之报告,曰情报”。随着社会的发展,情报概念不断地演变。英国的情报学家B. C. 布鲁克斯认为“情报是使原有的知识结构发生变化的那一小部分知识”。苏联情报学家A. H. 米哈依洛夫给出的情报定义为“情报是作为存贮、传递和转换对象的知识”。钱学森认为“情报是在特定的时间、特定的状态下,传递给特定对象的有用的知识和信息”。目前普遍意义上能被多数学者认同接受的情报定义如下:情报是为实现主体的某种特定目的,有意识地对有关的事实、数据、信息、知识等要素进行劳动加工的产物。

情报是对特定的人而言的,对需要它的人而言是情报,对不需要的人而言它只是信息与知识。知识与信息转化为情报必须经过传递,只有将特定的知识与信息传递到特定需要的人那里，它们才能成为情报。知识性、传递性和效用性是情报的三个基本属性。

1. 知识性

人们在生活和生产活动中，通过各种媒介手段随时都在接收、传递和利用大量的感性和理性知识。这些知识就包含着人们所需要的情报。情报的本质是知识，可以说，没有一定的知识内容，就不能成为情报。

2. 传递性

情报的传递性是指知识之所以成为情报，还必须经过传递，知识若不进行传递交流，供人们利用，就不能构成情报。钱学森认为情报是激活的知识，即指情报的传递性。情报的传递性表明情报必须借助一定的物质形式才能传递和被利用。这种物质形式可以是声波、电波、印刷物或其他，其中最主要的是以印刷物等形式出现的文献。

3. 效用性

运动着的知识也不都是情报，只有那些能满足特定要求的运动的知识才可称为情报。例如，电视、广播每天都在传递的大量信息是典型的运动的知识。但对大多数人来说，这些电视、广播的内容只是消息，而只有少数人利用电视、广播的内容增加了知识或解决了问题，这部分知识才可称为情报。

此外，情报还具有社会性、积累性、与载体的不可分割性以及老化等特性。

按应用范围划分，情报可分为科技情报、经济情报、军事情报、政治情报等。按内容及作用分类，情报又可分为战略性情报和战术性情报两大类。

现代的情报主要是指解决问题的决策和行动所需要的系统性、预测性、智能性的解决方案，如战争中参谋部的作战方案、技术开发的可行性论证、商业市场的竞争性情报、咨询机构的研究报告等。

1.1.5 智　慧

智慧是能迅速、灵活、正确地理解和解决事物的能力。智慧是富有洞察力的知识。人在了解、掌握了多方面的知识后，能够预见一些事情的发生并采取行动。例如，大家都觉得“春节去海南旅游的机票非常紧张”（知识），但你已经“非常有预见性地提前购买了机票，领先一步”（智慧）。智慧是把知识应用于产生新的知识的一个动态过程，即创新能力。

1. 智慧地球

智慧地球也称为智能地球，就是把感应器嵌入和装备到电网、铁路、桥梁、隧道、公路、建筑、供水系统、大坝、油气管道等各种物体中，并且被普遍连接，形成所谓“物联网”，然后将“物联网”与现有的互联网整合起来，实现人类社会与物理系统的整合。这一概念由 IBM 首席执行官彭明盛首次提出。同时智慧地球也是一本图书、一本电子杂志。

智慧地球可从以下四个层次来架构：① 物联网设备层，该层是智慧地球的神经末梢，包括传感器节点、射频标签、手机、个人电脑、PDA、家电、监控探头。② 基础网络支撑层，包括无线传感网、P2P 网络、网格计算网、云计算网络，是泛在的融合的网络通信技术保障，可体现出信息化和工业化的融合。③ 基础设施网络层，包括 Internet 网、无线局域网、3G 等移动通信网络。④ 应用层，包括各类面向视频、音频、集群调度、数据采集的应用。

智慧地球的目标是让世界的运转更加智能化，涉及个人、企业、组织、政府、自然和社会之间的互动，而它们之间的任何互动都将是提高性能、效率和生产力的机会。随着地球体系智能化的不断发展，智慧地球也为人们提供了更有意义的、崭新的发展契机。

2. 智慧城市

智慧城市是把新一代信息技术充分运用在城市的各行各业之中的基于知识社会下一代创新（创新 2.0）的城市信息化高级形态。智慧城市基于互联网、云计算等新一代信息技术以及大数据、社交网络、Fab Lab、Living Lab、综合集成法等工具和方法的应用，营造有利于创新涌现的生态，实现全面透彻的感知、宽带泛在的互联、智能融合的应用以及以用户创新、开放创新、大众创新、协同创新为特征的可持续创新。对智慧城市的理解主要集中在以下 3 个方面：

第一，智慧城市建设必然以信息技术应用为主线。智慧城市可以被认为是城市信息化的高级阶段，必然涉及信息技术的创新应用，而信息技术是以物联网、云计算、移动互联和大数据等新兴热点技术为核心和代表。

第二，智慧城市是一个复杂的、相互作用的系统。在这个系统中，信息技术与其他资源要素优化配置并共同发生作用，促使城市更加智慧地运行。

第三，智慧城市是城市发展的新兴模式。智慧城市的服务对象面向城市主体——政府、企业和个人，它的结果是城市生产、生活方式的变革、提升和完善，终极表现为人类拥有更美好的城市生活。智慧城市的本质在于信息化与城市化的高度融合，是城市信息化向更高阶段发展的表现。

3. 智慧校园

智慧校园是指以物联网为基础的智慧化的校园工作、学习和生活一体化环境，这种一体化环境以各种应用服务系统为载体，将教学、科研、管理和校园生活进行充分融合。它可以提高应用交互的明确性、灵活性和响应速度，从而实现智慧化服务和管理的校园模式。

智慧校园的 3 个核心特征如下：

① 为广大师生提供一个全面的智能感知环境和综合信息服务平台，提供基于角色的个性化定制服务；

② 将基于计算机网络的信息服务融入学校的各个服务领域，实现互联和协作；

③ 通过智能感知环境和综合信息服务平台，为学校与外部世界提供一个相互交流和相互感知的接口。

4. 智慧医疗

智慧医疗是利用最先进的物联网技术，实现患者与医务人员、医疗机构、医疗设备之间的互动，逐步达到信息化。将医疗行业融入更多人工智慧、传感技术等高科技，使医疗服务走向智能化。

智慧医疗具有互联性、协作性、预防性、普及性、创新性、可靠性等特点。

1.2 文献特征与类型

1.2.1 文献概念

古人一般把书面记载的有关典章制度的文献资料和口头相传的言论资料统称为文献。最早以"文献"一词作为书名的是元代马端临的《文献通考》一书。他认为"凡叙事则本之经史，而参之以历代会要，以及百家传记之书，信而有证者从之，乖异传疑者不录，所谓'文'也。凡论事则先取常时臣僚之奏疏，次及近代诸儒之评论，以至名流之燕谈、稗官之纪录，凡一话一言可以订典故之得失，证史传之是非者，则采而录之，所谓'献'也"。

国际标准化组织《文献情报术语国际标准》(ISO/DIS 5217)对文献的解释如下：文献是在存储、检索、利用或传递记录信息的过程中，可作为一个单元处理的，在载体内、载体上或依附载体而存储有信息或数据的载体。

我国国家标准《文献著录总则》将文献定义为记录有知识的一切载体。可见，文献有知识、载体和记录三个基本要素，缺少其中任何一个要素都不能构成文献。知识反映了文献的信息内容，没有知识内容的物质不能称为文献。载体是文献的外部形式，是知识的包装或运载方式，没有记录在物质载体上的知识不能称为文献。记录是信息的一种人工编码，通过人工、机械及声、光、电、磁等技术生成多种包含知识信息内容的符号(如文字、图形、数字代码、音频、视频等)，以一定的形态出现，形成各种媒体的文献类型。

1.2.2 文献特点

1. 数量巨大

随着科技的进步及知识的积累，文献数量正在以指数增长形式向前发展。过去，一个专业人员看几种期刊就可以掌握本学科的世界发展动向，基本能满足个人研究和教学工作的需要，而现在阅读几十种期刊也不能全面了解本学科的世界研究情况，难以满足前进中的科学研究和教学工作的要求。

2. 科技文献失效率加快

随着知识更新速度的加快，知识老化的进程也在加快，文献的有效性时间已由过去的30年左右，缩短到现在的10年左右。有的文献刚刚出版发行，就被更新颖、更有价值的文献所淘汰。

3. 传播速度快

由于现代交通工具、通信工具、光学技术、印刷技术的发展，特别是电子计算机和网络技术的应用，给文献信息的传递与交流提供了极为方便的条件。一些新的发现、新的技术和成果，在文献上一公布就立刻传遍全球。文献的快速传递，缩短了文献的使用周期，提高了文献的引用效率，为使文献早日转化为新的知识成果、形成新的生产力创造了条件。

1.2.3 文献分类

按不同的划分方法，文献可分为多种类型。

1. 按文献载体和记录手段划分

根据载体和记录手段的不同，可以将文献分为七种类型。

① 书写型文献。它主要是指写本文献和未经复印的手稿以及原始档案之类的资料。

② 刻写型文献。它主要是指原始刻写文献和未经复印的手刻的记录档案资料，是印刷术发明以前的历史文献（卜辞、金文、简策、石刻等）。

③ 印刷型文献。它是一种传统的文献形式，也是现代文献信息资源的主要形式之一。它以纸为载体，以油印、铅印等为主要记录手段。目前其仍为文献的主要形式，如图书、期刊、报纸等。其优点是便于阅读和流传，容易获取；缺点是存储密度太低，体积篇幅大，占据空间多，整理时费时费力，管理较为困难。

④ 缩微型文献。它是以感光材料为载体，以缩微照相为记录手段，将手写或印刷型文献信息中的文字、图形、影像等符号按比例大幅度缩小的文献形式。其包括缩微胶卷、缩微平片等，优点是体积小、容量大、再现度高、成本低、易传递和保管；缺点是必须借助于缩微阅读机或缩微复印机进行阅读，不像印刷型文献随时可看。其保存条件高，为延长其寿命，对存放环境的湿度、温度有较高的要求。

⑤ 机读型文献。它是以一磁性材料为存储介质，通过编码和程序设计，把文字、资料转化成数字语言和机器语言，采用计算机等高新技术为记录手段，将信息存储在磁盘、磁带、磁鼓或光盘等载体中，形成多种类型的电子出版物，可采用下载或套录的方法把检索中的记录复制到用户的磁盘或硬盘上。其一般包括录音带、录像带、电影胶卷等，优点是存储密度高，存取速度快，便于理解、掌握，容易保管，可以反

复使用，复制方便，查找方便，内容可以更改或更新等；缺点是必须借助于录音机、放映机等与载体相对应的阅读机才能进行阅读。

⑥ 多媒体型文献。它是一种非文字形式的文献，以感光材料和酸性材料为存储介质，借助特殊的设备，使用声、光、电、磁等技术将信息表现为声音、图像、影视和动画等形式，给人以直观、形象的感受。其优点是存储密度高，直观、真切，但阅读时须借助一定的设备。

⑦ 电子网络文献。它是把知识信息转化成电磁波，通过卫星、光通信等手段传递到用户终端上的文献形式，是一种知识信息共享的新型现代化文献类别，通过因特网传播。

2. 按对文献加工深度的不同层次划分

按对文献加工深度的不同层次划分，文献分为零次文献、一次文献、二次文献及三次文献。

① 零次文献。零次文献是一种特殊形式的情报信息源，主要包括两个方面的内容：一是未经记录，未形成文字材料，是人们的口头交谈，直接作用于人的感觉器官的非文献型情报信息；二是未公开于社会即未经正式发表的原始的资料，或没有正式出版的各种书刊资料，如书信、手稿、记录、笔记，以及一些仅供内部使用而通过公开、正式的订购途径所不能获得的书刊资料。其特点是内容新颖但不成熟，不公开交流，不易获得。

② 一次文献。一次文献是著者以本人的生产、科研、社会活动等实践经验为依据创作的原始文献。其记载的知识、信息比较新颖、具体、详尽，反映了著者的创见，是对知识的第一次加工，如期刊论文、科技报告、专利说明书、会议论文、学术论文等。

一次文献在整个文献中数量最大、种类最多，所包括的新鲜内容最多、使用最广、影响最大，是科技查新工作中进行文献对比分析的主要依据。

一次文献具有创造性、原始性、分散性的特点。创造性是指作者根据工作和科研中的成果为依据撰写的具有创造性劳动的结晶。它包含新观点、新发明、新技术、新成果，具有可供直接参考、借鉴和使用的价值。原始性是指它是作者原始创作和首次发表的。因此，它既有可靠性的一面，又有不成熟和特定性的一面。分散性是指它是作者根据自己的成果个别形成的，因此，在内容上它不够系统，比较零散，在形式上它有研究报告、论文等多种形式。

③ 二次文献。二次文献也称检索文献，是将大量分散的、无组织的一次文献进行浓缩、整序，加工成系统的、有条目化且便于管理和利用一次文献而编辑、出版和累积起来的工具性文献，如目录、文摘、索引、网上搜索引擎等检索工具。二次文献不对一次文献的内容做学术性分析与评价，只提供一次文献的线索。

二次文献具有汇集性、检索性、系统性的特点。汇集性是指它通过情报工作者的加工，把有关内容汇集在一起，能比较全面地反映某个学科、专业或专题在一定时空范围内的文献线索。检索性是指它所汇集的是某个特定范围内的一次文献的线索，它提供了一次文献信息的线索，减少了人们查找一次文献信息所花费的时间。系统性是指它经过情报工作者的加工，能系统地反映某个学科、专业或专题在一定时空范围内的最新研究成果。

④ 三次文献。三次文献是指选用大量有关的文献，经过综合、分析、研究而编写出来的文献。它通常是围绕着某个专题，利用二次文献搜索的有关的一次文献，采用科学的方法，对文献的内容进行深度加工、编写而形成的，如专题述评、动态综述、学科年度总结、进展报告以及数据手册、百科全书等参考工具书。三次文献主要是情报研究的产物和成果。

三次文献具有综合性、创造性、针对性的特点。综合性是指它是在大量一次文献的基础上，经过综合、分析、研究而形成的，也就是把大量分散的有关特定课题的文献、事实和数据进行综合、分析、评价、筛选后，以简练的文字扼要地叙述出来，其内容十分概括。创造性是指它是在对大量的有关特定课题的文献中所包含的知识、事实和数据进行综合、分析、研究后编写出来的，可以直接供使用、参考、借鉴，有很高的实际使用价值。针对性是指它大多是为特定的目的而编写的，在通常情况下，它是信息情报部门受用户的委托而从事信息研究的成果。

总之，从零次文献、一次文献、二次文献到三次文献，是一个由分散到集中，由无序到有序，由博而精地对知识信息进行不同层次的加工的过程。它们所包含的信息的质和量是不同的，在改善人们的知识结构中所起到的作用也是不同的。零次文献是一次文献的素材；一次文献是二次文献、三次文献的来源和基础；二次文献是一次文献的集中提炼和有序化，它是文献信息积累的工具；三次文献是把分散的零次文献、一次文献和二次文献，按照专题或者知识的门类进行综合分析、加工而成的成果，是高度浓缩的文献信息，它既是文献信息检索和利用的对象，又可作为检索文献信息的工具。

3. 按文献的出版形式划分

① 图书。图书大多是对已发表的科研成果、生产技术和经验或者某一知识领域系统的论述或概括，是一种传统的、成熟定性的出版物，如专著、丛书、教科书、论文集、工具书等。图书给人们以系统性、完整性、连续性的知识和信息，但图书出版周期较长，知识的新颖性较差，传递信息的速度较慢。图书的显著特征是具有国际标准书号(International Standard Book Number，简称 ISBN)。图书可分为阅读性图书和工具书两大类。

② 期刊。期刊是有一个固定名称、统一的出版形式和装帧，有一定出版规律，每年至少出一期，每期载有两篇以上不同作者写的论文，按一定的编号顺序连续出版的一种出版物。其特点是出版周期短、报道文献速度快、内容新颖、发行及影响面广，能及时反映国内外发展水平。期刊按出版时间长短分为月刊、周刊、双月刊、季

刊、年刊等。期刊的显著特征是具有国际标准期刊号（International Standard Serials Number，简称 ISSN）。

③ 科技报告。科技报告是科技人员围绕某一专门研究取得的成果所撰写的正式报告，或者是在研究过程中每个阶段的进展情况的实际记录。其特点是内容详尽专深，有具体的篇名、机构名称和统一的连续编号（报告编号），一般单独成册。在流通范围上，其大多数属于保密或控制发行，仅少数公开或半公开发表，主要依据报告编号加以识别。著名的科技报告有美国政府的 AD，PB，NASA，DOE 四大报告，英国的 ARC 报告，法国的 CEA 报告和德国的 DVR 报告等。

④ 会议文献。会议文献是指在国内外重要学术会议上发表的论文和报告，也包括一些非学术性会议的报告。会议文献的特点是文献针对性强，内容专深，信息传递速度快，能反映具有代表性的各种观点。著录项有会议名称、时间、地址，会议录出版单位及其地址、出版年份，会议录提供单位及其地址、页码等。

⑤ 专利文献。专利文献是包含已经申请或被确认为发现、发明、实用新型和工业品外观设计的研究、设计、开发和试验成果的有关资料，以及保护发明人、专利所有人及工业品外观设计和实用新型注册证书持有人权利的有关资料的已出版或未出版的文件（或其摘要）的总称。广义的专利文献有专利申请书、专利说明书、专利公报、专利法律文件、专利检索工具等类型。专利文献的特点是集技术、法律和经济情报于一体；内容新颖，出版迅速；内容详细，格式规范化。

⑥ 标准文献。标准文献是指按规定程序制定，经权威机构（主管机关）批准的一整套在特定范围（领域）内必须执行的规格、规则、技术要求等规范性文献。它是一种规章性的文献，有一定的法律约束力，同时也有一定的时间性，需要随技术的发展而不断地修订、补充或废除。标准文献一般可分为国际标准、地区标准、国家标准、专业（部）标准和企业标准（地方标准）五大类。

⑦ 学位论文。学位论文是高等学校、科研机构的学生为获得学位所撰写的论文。它可分为学士论文、硕士论文和博士论文。学位论文具有内容比较专一，阐述较为系统、详细等特点，对科学研究和后来者撰写学位论文均有参考价值。学位论文是经过审查的原始研究成果，带有一定的独创性，具有一定的研究水平，因而是一种重要的信息资源。

⑧ 产品资料。产品资料是对定型产品的性能、结构、用途、使用方法和操作规程、产品规格等所做的具体说明，包括厂商介绍、产品目录、产品样本和产品说明书等。其特点在于技术上比较成熟，数据比较可靠，有较多的外观照片和结构图，直观性强。

⑨ 科技档案。科技档案是指在生产建设和技术部门的技术活动中形成的有一定工程对象的技术文件的总称，包括任务书、协议书、技术经济指标和审批文件、研究计划、研究方案、设计图纸、试验记录等。其特点为真实可靠，具有一定的保密性。

⑩ 政府出版物。政府出版物是由政府机构，包括国际组织（如联合国、联合国教

科文组织、世贸组织等)和各国中央政府及省或州、市、乡等地方政府组织,以及它们所拥有的官方或半官方机构及其所属的专门机构所发表、出版的各种文献资料。其内容可分为行政性文件(如政治法律文件、政府决议报告等)和科技文献(如统计资料、科普资料等)两大类。

除了上述十大文献出版形式,还有一些文献类型,比如报纸。报纸是期刊的特殊形式,是以刊载新闻和时事评论为主的定期向公众发行的印刷出版物。它有统一的名称、常设的编辑机构,定期连续出版。其特点是涉及范围较广,出版周期较短,散装折叠形式,文字通俗,可提供最新情报,信息快。它是大众传播的重要载体,具有反映和引导社会舆论的功能。

4. 按文献的公开程度划分

① 白色文献。它是指一切正式出版并在社会上公开流通的文献。

② 灰色文献。它是指未公开发行的内部文献或限制流通的文献。

③ 黑色文献。它主要是指处于保密状态或不愿公布其内容的文献。

1.2.4 信息、知识、文献、情报之间的关系

信息、知识、文献、情报之间的关系如下:事物发出信息,信息经人脑加工形成知识。只有将自然现象和社会现象的信息经过加工,上升为对自然和社会发展客观规律的认识,这种再生信息才构成知识。知识信息被记录在载体上,形成文献。文献与知识既是不同的概念,又有密切的联系。文献必须包含知识内容,而知识内容只有记录在物质载体上,才能构成文献。文献经过传递、传播,应用于理论与实际而产生信息。将有使用价值的信息和知识向一个特定的对象进行传递形成情报。由此可见,信息是最大的概念,情报、知识、文献这三者之间相互交叉且包含于信息之中(如图1-1所示)。

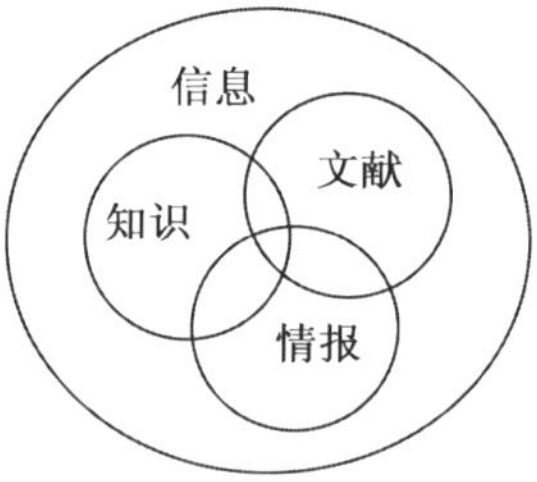

图1-1 信息、知识、文献、情报之间的关系

1.3 信息资源

1.3.1 信息资源的概念

随着信息时代的到来,信息已经成为一种越来越重要的社会资源。人们通过对信息进行加工、存储并利用,可以带来极为广泛的经济效益和社会效益,成为人类发展所必需的资源。信息资源一词最早出现于沃罗尔科的《加拿大的信息资源》。

狭义上讲,信息资源是指人类社会经济活动中经过加工处理有序化并大量积累

起来的有用信息的集合，如科技信息、金融信息。广义上讲，信息资源是人类社会信息活动中积累起来的信息、信息生产者、信息技术等信息活动要素的集合。换言之，信息资源包括：① 人类社会经济活动中经过加工处理有序化并大量积累起来的有用信息的集合；② 为某种目的而生产信息的信息生产者的集合；③ 加工、处理和传递信息的信息技术的集合；④ 其他信息活动要素（如信息设备、设施、信息活动经费等）的集合。所以，信息资源由信息生产者、信息、信息技术三大要素组成。

① 信息生产者是为了某种目的生产信息的劳动者，包括原始信息生产者、信息加工者或信息再生产者。

② 信息既是信息生产的原料，也是产品。它是信息生产者的劳动成果，对社会各种活动直接产生效用，是信息资源的目标要素。

③ 信息技术是能够延长或扩展人的信息能力的各种技术的总称，是对声音、图像、文字等数据和各种传感信号的信息进行收集、加工、存储、传递和利用的技术。信息技术作为生产工具，为信息收集、加工、存储和传递提供支持与保障。

信息资源与物质资源、能源资源一起成为现代社会经济发展的三大支柱。它广泛存在于经济、社会各个领域和部门，是各种事物形态、内在规律和其他事物联系等各种条件、关系的反映。

1.3.2 信息资源的发展阶段

① 传统管理阶段:20 世纪 50 年代至 70 年代，以图书馆、情报所为代表的文字信息资源管理。

② 信息管理阶段:20 世纪 70 年代末至 80 年代，以计算机应用和数据处理为典型代表。

③ 信息资源管理阶段:20 世纪 80 年代至 90 年代，以网络平台、海量数据库、信息处理技术为代表，信息交换、信息共享、信息应用为内容，视信息资源为主要经济资源进行管理的信息资源管理。

④ 知识管理阶段:20 世纪 90 年代至今，知识管理的形成与发展是建立在信息资源管理的缺陷的基础上，它更加重视与人交流，重视学习，重视知识资产、竞争优势与创新。将结构化信息和非结构化信息与人们利用信息的规则联系起来，可以实现对知识更好地利用。

1.3.3 信息资源的特征

信息资源作为经济资源，与物质资源和能源资源一样，具有经济资源的一般特征。

1. 作为生产要素的人类需求性

人类从事经济活动离不开必要的生产要素（即各种生产性资源）的投入。人类之所以把信息当作一种生产要素，主要是因为各种形式（文字、声音、图像等）的信息不仅本身就是一种重要的生产要素,可以通过生产使之增值,而且是一种重要的非信息生产要素的"促进剂",可以通过与这些非信息生产要素的相互作用,使其价值倍增。例如,人们可以根据有关的信息使荒漠成为"绿洲";不太熟练的劳动力通过接受教育,可以变成熟练的具有高工作效率的社会劳动者;闲置的资本加上信息可变成有用的投资等。

2. 稀缺性

稀缺性是经济资源最基本的特征。信息资源同样具有稀缺性。一是因为信息的开发需要相应的成本(包括各种稀缺性的经济资源)投入,经济活动行为者要拥有信息资源,就必须付出相应的代价。在既定的时间、空间及其他条件约束下,某一特定的经济活动行为者因其人力、物力、财力等方面的限制,其信息资源拥有量总是有限的。二是在既定的技术和资源条件下,任何信息资源都有固定不变的总效用(即使用价值),当它每次被投入到经济活动中去时,资源利用者总可以得到总效用中的一部分(也可能是全部),并获取一定的利益,随着被使用次数的增多,这个总效用会逐渐衰减。当总效用衰减到零时,该信息资源就会被"磨损"掉,不再具有经济意义。

3. 使用方向的可选择性

信息资源与经济活动相结合,使信息资源具有很强的渗透性,可以广泛地渗透到经济活动的方方面面:同一信息资源可以作用于不同的作用对象上,并产生多种不同的作用效果。经济活动行为者可以根据这些不同的作用对象所产生的不同的作用效果,对信息资源的使用方向做出选择。

信息资源与物质资源、能源资源相比,又具有特殊性:

① 共享性。物质资源和能源资源的利用表现为占有和消耗,各利用者在资源利用上总是存在着明显的竞争关系,即"你多我就少"。信息资源的利用不存在上述的竞争关系,不会因为他人的使用而使资源减少。

② 时效性。信息资源比其他任何资源都更具有时效性。一条及时的信息可以改变企业的命运。但信息资源的时效性并不意味着开发出来的信息资源越早投入利用就越好,这中间并没有必然的前因后果关系。只有时机适宜,信息才能发挥作用。

③ 动态性。信息资源是一种动态资源,呈现出不断丰富、不断增长的趋势。

④ 不可分性。信息的不可分性表现在它作为一种资源在生产和使用中都是不可分的。

⑤ 不同一性。作为资源的信息必是完全不相同的。这一点最早由美国的经济学家保尔丁格(K. E. Boulding)教授于 1966 年提出。对于既定的信息资源而言,它必定是不同内容的信息集合,集合中的每一种信息都具有独特的性质。

⑥ 支配性。支配性是指信息资源具有开发和驾驭其他资源的能力。不论是物质资源,还是能源资源,其开发和利用都依赖于信息资源的支持。人的认识和实践过程基本上是信息过程,虽然每一个环节都离不开物质和能量,但这都只是支持信

息过程的手段,只有信息才是主导的。

⑦ 积累性和再生性。信息资源的积累性和再生性是由信息的非消耗性决定的。信息资源一旦产生,不仅可以满足同时期人类的需要,而且可以通过信息的保存、积累、传递达到时间点上的延续,满足子孙后代的需要。在满足社会需求和利用的同时,信息资源不仅不会被消耗掉,还会生产出新的信息资源,而且信息资源被利用得越多越广,其效用发挥得就越充分,创造出的新信息也就越多。

1.3.4 信息资源的利用

信息资源是无限的、可再生的、可共享的;其开发利用会大大减少材料和能源的消耗,减少污染。信息资源利用是指将经过采集、处理并存储的信息资源提供给相关组织或者个人,以满足其信息需求的过程。

信息资源的利用和其他不可再生资源的利用模式不同。不可再生资源的利用只能导致存量的减少;但信息资源的利用不会导致信息资源减少,而且在利用的过程中会产生新的信息,所以在信息资源的利用过程中信息资源在不断积累。

常见的信息资源利用方式包括:① 信息资源提供服务方式。该方式是有选择地为信息资源利用者提供信息资源的服务方式,如书籍的出版发行、图书的借阅、文献的复制。② 信息资源咨询服务方式。该方式的特点是改变采集和存储信息资源的形态以产生新的信息资源,如出版发行书目索引服务、统计资料咨询服务、项目跟踪服务、信息定制服务等。③ 信息资源网络服务方式。该方式是指建立在计算机网络上,以应用软件为手段,以信息资源库为利用对象的一种服务方式,它可将信息资源提供服务方式和信息资源咨询服务方式统一起来,如 BBS、电子邮件、Internet 上的各种公共服务平台等。

1.4 信息素质

信息素质作为"21 世纪的能力素质"的 5 个方面之一,无论是对个人成长还是国家发展都起着非常重要的作用。当今社会,信息与材料、能源一起被视为社会经济发展的三大支柱,要实现信息的快速获取、准确分析,充分利用好信息,并把信息的价值更好地挖掘出来,就需要具备良好的信息素质。

1.4.1 信息素质的概念

1. 信息素质的定义

信息素质(Information Literacy)又称信息素养,这一概念最早是由美国信息产业协会主席保罗·泽考斯基(Paul Zurkowski)在 1974 年给美国图书馆与信息科学国家委员会的报告中首次提出的,他认为信息素质是"人们利用多种信息工具使问题得到解答的技术和技能”。

信息素质概念自产生以来，在不同的发展阶段被不断赋予不同的定义与内涵，国内外专家学者也分别从多个角度、多个层次、多个领域进行了探讨研究与描述，到目前为止，还没有完全统一的定义，纵观而言，就其时代特征性大致可概括成早期、中期、后期3个阶段。

① 早期侧重实践性，强调利用信息解决问题的能力。

② 随着计算机等技术的迅猛发展，中期强调利用计算机检索信息的技能，并关注人的属性，如对信息的意识评估。

③ 随着网络信息环境的变化，后期强调人的社会属性，如交流信息、传播信息。

随着人们对信息素质认识与理解的不断深入，信息素质的含义也得到了不断的丰富和发展。综上所述，虽然研究角度不同，观点的表述会有所不同，但是3个阶段对于信息素质的基本内涵，即信息素质是运用一定的信息工具获取、评估信息源并有效利用信息的能力，还是达成了一定的共识。

2. 信息素质的内涵

基于信息素质定义的多元化、多层次，其内涵十分丰富，概括起来主要包含信息意识、信息能力、信息道德3个方面。

（1）信息意识

信息意识被称为信息素质的灵魂。信息意识是指人对各种信息的一种自觉的心理反应，主要表现为对信息具有高度的敏感性与积极主动性，对信息的捕捉、辨析和开发利用具有高度的自觉性和能动性。一个具有较强信息意识的人，能敏锐地捕捉信息，能善于从他人看来是司空见惯、微不足道的现象中发现有价值的信息。例如，众所周知，水开了壶盖会不断被顶起，瓦特对这一平常生活现象仔细观察，发现是水蒸气推动壶盖跳动，受此启发后经多次研究，成功发明了完善的蒸汽发动机；鲁班的腿被带齿的丝茅草划破了，受其启发发明了锯子。

案例1-1

1969年，瑞士研制出世界上第一只石英电子表，由于瑞士工业部错误地估计了石英电子表的使用价值和市场销售前景，认为其发展前途不大而被搁置。然而，对信息极敏感的日本人，获得这一消息后，当机立断进行生产，没有多久，大批石英电子表涌入国际市场，仅5年时间就挤垮了瑞士178家表厂。日本人的成功是由于其对信息敏锐的感受力在关键时刻所起的作用。

（2）信息能力

信息能力被认为是信息素质的核心，它是人们适应信息化社会发展所要具备的重要基本技能。信息能力具体包括信息技术应用能力，信息的查询、获取能力，信息的分析、评估能力,信息的利用、开发能力等。信息的查询、获取能力是指收集所有与个人所需内容有关的信息资源的能力;信息的分析、评估能力是指对获取的众多信息进行辨伪存真、取精去粕,筛选出权威性、先进性、有价值的信息;信息的利用、开发能力是指运用科学的方法和手段,透过错综复杂的信息表象,挖掘信息的深层内涵,获取对信息的深刻认识并为实践所用。

案例 1-2

著名的"照片泄露案"就反映出日本具有的较强信息素质、较高信息能力。1964年《中国画报》封面刊出一张照片:大庆油田的"铁人"王进喜头戴大狗皮帽,身穿厚棉袄,顶着鹅毛大雪,握着钻机手柄眺望远方,在他身后散布着星星点点的高大井架。日本据此解开了大庆油田的秘密,他们根据照片上王进喜的衣着判断,只有在北纬46°至48°的区域内,冬季才有可能穿这样的衣服,因此推断大庆油田位于齐齐哈尔与哈尔滨之间。再结合其他有关报道,如《人民日报》刊登文章中写道:"王进喜同志到了马家窑,说了一声好大的油海呀!""大庆的设备不用马拉车推,完全是肩扛人抬。"日本公司分析:马家窑就是大庆的中心,油田不会远离火车站,远了就拉不动设备。日本通过对大庆油田相关信息持久关注、分析,推断出一系列准确情报,迅速设计出适合大庆油田开采用的石油设备。当我国政府向世界各国征求开采大庆油田的设计方案时,日本人一举中标,获得了可观的经济利益。

(3)信息道德

信息道德是信息素质的准则,是指在社会整个信息活动过程中,无论是信息生产者、加工者、传递者还是使用者都必须自觉遵守和维护的道德规范。其内容主要包括正确的信息价值观、抵制信息污染、确保信息安全、尊重知识产权和他人的隐私等。在当前信息网络环境下,由于网络的开放性以及网络信息发布与传播至今没有形成很完善的监管机制,导致很多垃圾信息、有害信息乘虚而入,对人们的生活观念、行为方式乃至社会整体文化都带来很大的影响,因此应对这一挑战就需要人们积极提高个人的信息道德素养,以共同推进信息化社会的健康有序发展。

案例 1-3

一款名为"MSN Chat Monitor & Sniffer"的软件制造的"MSN偷窥门事件",让众多MSN用户绷紧了神经。普通人使用该软件不仅可以轻松看到局域网内部所有MSN用户的MSN地址,而且能够窥视到其中的聊天内容,整个过程无须网管的协助。这就是一种侵犯别人隐私的不道德信息行为。①

① 邓发云. 信息检索与利用(第2版)[M]. 北京:科学出版社,2013.

3. 信息素养 Logo

信息素养是信息时代的人才特征,开展信息素养教育已经成为全球关注的重大课题。联合国教科文组织和国际图联联合举办的信息素养 Logo 设计竞赛于 2008 年 11 月 8 日揭晓了竞赛结果。

Logo 的最终设计者是古巴的年轻艺术家,名叫 Edgar Perez。此标志由三幅色彩不同的相同图形构成,如图 1-2 所示。标志采用世界公认的图书和圆的形象,以一种通俗易懂的方式表示人类既可以通过传统方式(读书)也可以通过现代信息技术(网络)查找并获取信息,前者象征着学习,而后者则代表当前因互联网而更易获取的知识和信息及其社会沟通的功能。该图标也代表一本翻开的图书和顶部的圆构成一个隐喻,即那些拥有认知技能的人能够快速检索并洞悉信息所隐含的知识;俯视可见一个通常代表信息的小写字母"i";用圆形和一本打开的书构成一个运动着的人的造型,寓意通过使用各种认知工具的人以快捷、智慧的方式获取信息,同时寓意与他人分享信息产生的成果。Logo 用简单的图形概括了信息素养能力的核心内容:即获取和利用信息,并终身学习。同时其还强调了交流与传播在信息素养中的重要地位。它将作为信息素养的国际性标志在全球推广,任何图书馆及信息机构都可免费使用。此 Logo 的创立表明国外信息素养教育发展的新阶段,今后世界各地的组织或机构将在统一的标志下开展信息素养教育,这将有利于信息素养在全社会的推广以及在全球的普及,提高信息素养的国际化程度,同时也说明信息素养教育正朝着更加规范、科学的方向迈进。

图 1-2 信息素质 Logo

1.4.2 信息素质的评价标准

信息素质是个人综合素质的重要组成部分,加强大学生信息素质培养是大学生教育工作中不可或缺的重要环节。对于如何有效地开展实施信息素质教育和科学评估大学生的信息素质水平,信息素质评价标准给予了一定的参考和依据。

1. 国外信息素质的评价标准

国外关于信息素质评价标准的研究起步较早,美国、澳大利亚、英国等已经形成了比较成熟、规范化、通用性或层面性的信息素质评价标准。目前,权威性与参考性较高的如美国大学与研究图书馆协会于 2000 年 1 月制定的《美国高等教育信息素养能力标准》,其中包括 5 项标准和 22 项操作说明,具体包含以下内容。

第一项,能确定所需要信息的性质和范围。评价内容要点包括:① 能定义和表述对信息的需求;② 能确认各种不同类型和格式的潜在的信息源;③ 能考虑获取所需要信息的成本和利益;④ 能重新评价所需信息的性质和范围。

第二项,能有效而又高效地获取所需要的信息。评价内容要点包括:① 能选用最适当的调研方法或检索系统获取所需要的信息;② 能建构和运用有效的检索策略;③ 能运用各种方法联机检索,或通过人员咨询的方式获取信息;④ 能在必要时调整和优化检索策略;⑤ 能够抽取、记录和管理信息及其来源。

第三项,能评判性地评价信息及其来源,并能把所遴选出的信息与原有的知识背景和评价系统结合起来。评价内容要点包括:① 能从所收集的信息中概括出信息内容的主题;② 能结合并运用基本的标准来评价信息及其来源;③ 能综述信息内容的主题,并创建新的概念;④ 能对新旧知识进行对比,确认所增加的价值、矛盾性或其他独特的信息特点;⑤ 能判断新的知识对个人价值观念体系的影响,并使之逐步达到和谐和统一;⑥ 能够通过与他人或者某一领域的专家、实践者对话,验证对信息的理解和解读;⑦ 能确定原始的咨询应该如何修改。

第四项,能有效地利用信息达到某一特定的目的。评价内容要点包括:① 能运用新的和原有的信息,计划和创造新的作品或表现形式;② 能根据作品或表现形式的需要,修改和调整信息的处理过程;③ 能就作品或表现形式与他人进行有效的交流。

第五项,懂得有关信息技术的使用所产生的经济、法律和社会问题,并能在获取和使用信息中遵守公德和法律。评价内容要点包括:① 懂得与信息和信息技术有关的道德、法律和社会经济问题;② 能遵守有关获取和使用信息资源的法律、规章、机构的制度和行业规范;③ 能在传送作品或表现形式时使用信息来源。

2. 我国信息素质的评价标准

我国至今未发布全国性的信息素质评价标准,目前认同性与影响力较高的是2005 年北京高校信息素养教育研究会制定的《北京地区高校信息素养能力指标体系》、中国科学技术信息研究所制定的《我国高校学生信息素养综合水平评价体系指标》,以及 2008 年 4 月高校图工委发表的《高校大学生信息素质指标体系及信息素质教育知识点》(讨论稿),这些都为我国高校实施信息素质教育和评估提供了重要的指标和依据,但也有学者基于对上述三个国内比较典型的指标体系进行对比分析,同时结合国外评价标准内容的启示,认为高等院校学生应具有的信息素养主要包括以下五个方面的能力及其考核指标。

(1) 维度一:信息意识

指标①:信息价值意识。

指标描述:认识到信息对个人在学习、工作和生活中的价值和重要作用;认识到信息对社会、国家发展的价值和重要作用;认识到信息是做出决策、解决问题的基础和依据。

指标②:信息反馈意识。

指标描述:能积极、主动地关注各类信息;能发现被他人忽略的有价值的信息;对挖掘出的有用信息具有信息存储意识;具有不断地更新信息的意识。

(2)维度二:信息知识

指标①:信息基础知识。

指标描述:信息内容相关的知识;外语语言能力(能看懂外文文献);计算机及网络技术基础知识(了解计算机软、硬件知识,掌握基本的自动化办公操作,会使用搜索引擎,浏览、上传、下载等);信息相关的政策、法律、道德规范等知识。

指标②:信息工具知识。

指标描述:了解各种信息源及信息服务机构,掌握获取信息的检索策略与方法。

(3)维度三:信息能力

指标①:信息定位能力。

指标描述:能确定所需信息的性质和范围;能清晰地表述信息需求。

指标②:信息获取能力。

指标描述:能辨别各种信息源;能选择适当的检索策略和方法。

指标③:信息评价能力。

指标描述:对获取的信息源、检索方式进行批判性的评价。

指标④:信息处理能力。

指标描述:对获取的信息进行有效的分析、整合与存储。

指标⑤:信息创造能力。

指标描述:对获取的信息进行组织与创造,将其融入自身的知识体系中。

指标⑥:信息应用能力。

指标描述:能有效地进行信息的交流与传播,能将信息应用到实际中,解决某一问题或完成某一具体任务。

(4)维度四:信息道德与法律

指标①:信息的合法性。

指标描述:遵守与信息及信息活动相关的法律、法规、道德规范,尊重他人知识成果,引用信息时申明出处。

指标②:信息的安全性。

指标描述:了解信息安全问题,防止黑客、计算机病毒攻击,维护好信息安全。

指标③:信息的规范性。

指标描述:不传播有害信息,遵守信息礼节,自觉抵制违法、不健康的信息行为。

(5)维度五:终身学习能力

指标①:自主学习能力。

指标描述:信息化时代,要求具备信息素质的人,依靠自主学习获取大量新知识。

指标②:自主创新能力。

指标描述:要求具备信息素质的人,不断提高自主创新能力,培养创新人才。

小贴士

信息素质标准既是一套评价指标,也是大家学习与提高的目标。对照上述标准,检查一下还有哪些需要提高与加强的地方,找出哪些指标需要训练才能获取,哪些指标需要系统学习,哪些指标需要自觉遵守和执行。

1.4.3 信息素质与信息检索的关系

信息检索就是从信息集合中找出所需信息的活动与过程,也就是人们通常所提及的信息查寻(Information Retrieval 或 Information Search)。信息检索能力是信息素质的集中表现,信息检索教育是实施信息素质培养与促进信息素质提高的有效途径。

1. 信息检索能力是信息素质的集中表现

信息素质是适应信息化社会发展的一种重要基本技能,也是一种综合的能力素养,包含信息意识力、信息能力与信息道德素养等多方面。其中,信息能力作为信息素质的核心部分,涵盖信息查询获取能力、信息分析评估能力与信息利用开发能力等多个层面。信息检索是指从各种信息源中收集与所需内容有关信息资源的能力,若个人具有较强的信息检索能力,就能够根据信息需求分析,正确地选择信息获取来源,运用掌握的信息检索技能和方法,快速地查询、搜集所需信息。应该说信息检索在人们信息能力行为全过程中起着基础性的引领性作用,正是依靠信息检索获得的全面性与准确性的所需信息,才为进一步的信息开发利用奠定了良好的分析评估资源,也积极激发并促进了信息分析能力与信息利用能力的不断提升。信息能力的提升又会进一步促进人们对信息知识的学习,加强人们对信息价值及信息技术作用的认识,从而进一步增强人们的信息意识和信息道德。因而,信息检索能力是信息素质的集中表现、主要体现,是衡量信息素质水平的最基本要求。

2. 信息检索教育是提高信息素质的有效途径

早在20世纪80年代,我国就开始重视信息检索教育,普及信息检索知识。1984年,教育部下发《在全国高校开展文献检索与应用课》的文件,引起全国各高校开设文献检索课的热潮。20世纪90年代以后各高校也紧跟信息环境的变革发展,针对信息检索教育与信息素质教育的紧密性与融合性进行了信息检索教育的深化改革。信息检索教育是高校进行信息素质教育的主要形式,是有效提高大学生信息素质的重要途径。

开展信息检索教育、学习信息检索知识,可以培养学生自觉、敏感的信息意识,使学生在网络环境下快速、主动获取无论是专业学科、相关学科还是生活休闲等方面的所需信息;可以培养学生获取、分析和利用信息的能力,使学生可以灵活运用信息技术和检索技能及时、有效地获取所需信息,并对所获取的信息进行综合评价,从中提炼和加工有价值的信息，创造新的有用价值；可以培养学生独立学习和终身学习的能力，使学生通过信息检索教育学会如何利用信息技术与工具查询和积累各种资源，评价、组织、管理和利用丰富的信息，从而增长个人自主学习的技能，有益于其走出校园、步入社会后的独立学习和终身学习，并促进其今后信息素质的不断提升。

案例1-4

人肉搜索引擎是指利用人工参与来提纯搜索引擎提供信息的一种机制，实际上就是通过其他人来搜索自己搜不到的东西，与知识搜索的概念差不多，只是更强调搜索过程的互动而已。搜索引擎也有可能对一些问题不能进行解答，当用户的疑问在搜索引擎中不能得到解答时，就会试图通过其他几种渠道来找到答案，或者通过人与人的沟通交流寻求答案。① 人肉搜索引擎之所以以"人肉"命名，是因为它与百度、Google 等利用机器搜索技术不同，它更多地利用人工参与来提纯搜索引擎提供的信息。人肉搜索引擎最早起源于猫扑网，跟很多世界学习室论坛一样，猫扑上面也经常有人问这个问题、那个问题。同时，猫扑有种虚拟货币称为 Mp，问问题的人往往会用 Mp 来奖励帮助他们的人。虽然 Mp 不能吃、不能喝，但是还是有很多人醉心于挣取更多的 Mp。那些惯于通过回答问题挣取 Mp 的人，在猫扑上一般被称为赏金猎人。

扩展阅读

大数据给信息社会带来的挑战与影响

随着云时代的来临，大数据（Big Data）也得到了越来越多的关注。大数据即将开创信息社会的崭新时代。大数据技术解决了大量的日常问题，它将重塑我们的生活、工作和思维方式。虽然大数据不能造婴儿，但它确实可以救助早产儿。比如沃尔玛"啤酒＋尿布"成为大数据技术的经典案例。现在大数据应用在各行各业：电视媒体、社交网络、医疗行业、保险行业、能源行业、体育比赛、社会生活、汽车制造等。② 最终，大数据标志着"信息社会"终于名副其实了。

"大数据"这一概念最初起源于美国。早在 2008 年 *Nature* 就推出了 *Big data* 专刊。"大数据"一词真正成为热点是在 2011 年 5 月。之后，随着麦肯锡报告的发布、全球互联网巨头的加入、美国政府的重视，大数据迅速引起了各界的高度重视。对于大数据，还没有统一的定义，简单地说，就是超出传统数据管理工具处理能力的大

---

① 马桂琴. 网络信息检索[M]. 北京：中国铁道出版社，2011.

② 张宇鑫. 13 个大数据应用案例，告诉你最真实的大数据故事[EB/OL]. [2014－07－01]. http：//www.thebigdata.cn/YingYongAnLi/10905.html.

规模、复杂的数据集合。“大数据”具有“4V”特点：一是数据体量大（Volume）；二是数据类型复杂（Variety），多涉及各种结构性与非结构性的数据；三是价值密度低（Value），这和体量大是相对应的；四是数据更新与处理速度快（Velocity）。适用于大数据的技术，包括大规模并行处理（MPP）数据库、数据挖掘电网、分布式文件系统、分布式数据库、云计算平台、互联网和可扩展的存储系统。

美国奥巴马政府在《大数据研究和发展倡议》中将大数据定义为“未来的新石油”。大数据给我们生活带来了良好的发展机遇。[①] ①“大数据资源”成为重要战略资源。很多专家认为，在大数据时代，谁能有效地垄断数据，谁就有可能成为世界的霸主。②“大数据决策”成为一种新决策方式。依据大数据进行决策，从数据中获取价值，让数据主导决策，是一种前所未有的决策方式。③“大数据应用”促进信息技术与各行业深度融合。④“大数据开发”推动新技术和新应用不断涌现。大数据的应用需求，是大数据新技术开发的源泉。⑤“大数据安全”上升为国家战略安全。⑥大数据时代将成为世界发展主潮流。

大数据在给人们展示前所未有的发展机遇的同时，也给国家信息安全、信息技术、人才等方面带来了很大的挑战。①大数据的挖掘与利用应当有法可依。数据隐私是大数据时代引人关注的大问题。②围绕数据生命周期，应不断研发大数据基础技术，具体包括数据收集、存储、处理和结果的可视化技术。③大数据时代呼唤创新型的专业化管理人才和技术人才。

“数据为王”的大数据时代已经到来，大数据带来的信息风暴正在变革人们的生活、工作和思维，从而开启重大的时代转型。

大学生信息素质现状与提升

信息素质最早于1974年由美国信息产业协会主席PaulZurkowski提出。他当时把信息素质定义为“利用大量的信息工具及主要信息源使问题得到解答的技术和技能”，后来又将其解释为“人们在解答问题时利用信息的技术和技能”。20世纪90年代中期，这个概念被引入国内。信息素质教育在我国乃至世界已经引起重视。

大学生被视为国家建设的后备军。提高大学生的信息素质，培养符合时代需求的高质量人才成为当前高等教育人才培养的重要目标之一。大学生的信息素质教育应是一个结合学校特点的系统工程。大学生信息素质教育应是由主体、外界环境、信息素质环境和信息素质课程体系组成的系统。教师、图书馆员、学校领导及学生构成了系统中的主体，各自发挥着不同作用，与外界环境之间存在着复杂适应性。信息素质环境是信息素质系统能正常运行的必要条件，受外界环境影响，也存在着

---

① 大数据时代带来的机遇与挑战[EB/OL].[2014-07-01].http://wenku.baidu.com/link?url=S0Ky7do-jFHZlIDbnDPIfHbZcRftMDOmXGEk0K2TpCsQist7kibAIgjlTAg2mX7BIb_SanbkaArRDaYkJ41iBEREKOp4TWJoGdKJdgwR67m.

演变复杂性。信息素质课程体系的设置是以信息素质内涵、信息素质标准、信息素质模式从下而上作为理论支撑。系统的各环节之间存在着既相互联系又相互制约的关系，使得大学生信息素质教育系统从无序的状态向有序的状态演变。可见大学生信息素养教育是一个开放的系统工程，具有复杂性适应特征。

大量研究表明信息素质在结构上划分为信息意识、信息知识技能和信息伦理三个维度。调查结果显示：当前阶段，大学生的信息意识的总体水平偏低，大学生所掌握的基本信息知识技能相对薄弱，大学生信息伦理比较缺乏，因此有必要对其进行有针对性的培养，进一步加强和提高其信息素质。

针对当前大学生信息素质现状，提出以下培养措施：

① 建立明确的培养目标，设计个性化、差异化的培养方案，针对不同年级学生的特点有针对性地进行培养。

② 构建良好的环境氛围，创设和谐的校园信息文化，建设数字校园和智慧校园。

③ 紧跟信息化时代潮流，建立健全信息素质的课程体系，进行信息素质教育的教学内容和教学方式改革。

④ 有效整合和加快利用图书馆文献资源，实现文献资源的共建共享。

⑤ 结合专业特点，改善信息类课程教师队伍结构，提升专业教师的信息素质。

⑥ 构建在线信息素质教育平台，能够实现资源共享、交互式学习和成员间的交流与协作。

⑦ 提高学生的整体法律素养，培养学生的信息伦理道德观念。

⑧ 丰富学生信息素质学习方式，理论与实践相结合，使其在学中做，在做中学，在提高动手动脑能力的同时使综合素质进一步提升。

练习与思考

1. 什么叫文献？信息、知识、情报、文献的概念及相互关系是什么？
2. 按文献的载体形式、出版形式可分别将文献分为哪几种类型？
3. 按文献的加工程度可将文献分为哪几种类型？
4. 信息素质的内涵是什么？主要包含哪几方面？
5. 根据信息素质的评价标准评估自己的信息素质水平，并思考作为一名大学生应该如何提高自身的信息素质。

参考文献

[1] 四川大学硕导抄袭硕士生论文属实已被双开. [2014-08-04]. 搜狐资讯. http://roll.sohu.com/20110923/n320263538.shtml/.

[2] 乔好勤，冯建福，张材鸿. 文献信息检索与利用[M]. 武汉：华中科技大学出

版社,2008.

[3] 马林山. 信息检索与利用[M]. 合肥:安徽科学技术出版社,2013.

[4] 金晓祥. 数字信息检索与创新[M]. 北京:中国书籍出版社,2013.

[5] 李爱明,明均仁. 信息检索教程[M]. 武汉:华中科技大学出版社,2012.

[6] 陈氢,陈梅花. 信息检索与利用[M]. 北京:清华大学出版社,2012.

[7] 李玉莲,陈文. 信息检索与知识创新[M]. 重庆:重庆大学出版社,2011.

[8] 徐军玲,徐荣华. 实用科技信息检索与利用[M]. 上海:复旦大学出版社,2011.

[9] 马费成,赖茂生. 信息资源管理[M]. 北京:高等教育出版社,2006.

[10] 陈平,张淑平,褚华. 信息技术导论[M]. 北京:清华大学出版社,2011.

[11] 王希民. 现代科技信息检索[M]. 长春:吉林人民出版社,2006.

[12] 汤大权. 信息资源管理技术概论[M]. 长沙:国防科技大学出版社,2009.

[13] 金秋颖,韩颖,王园春. 数字信息检索技术[M]. 北京:石油工业出版社,2006.

[14] 四川大学副教授论文抄袭 被开除公职党籍[EB/OL]. [2014-07-29]. http://news.xinhuanet.com/edu/2011-09/22/c_122069714.htm.

[15] 信息资源[EB/OL]. [2014-07-29]. http://baike.baidu.com/view/58439.htm.

[16] 李德仁,龚健雅,邵振峰. 从数字地球到智慧地球[J]. 武汉大学学报:信息科学版,2010(2):127-132.

[17] 智慧医疗[EB/OL]. [2014-09-27]. http://baike.sogou.com/v63689942.htm.

[18] 智慧校园[EB/OL]. [2014-09-27]. http://baike.sogou.com/v60937575.htm.

[19] 智慧地球[EB/OL]. [2014-09-27]. http://baike.sogou.com/v54872805.htm.

[20] 智慧城市[EB/OL]. [2014-09-27]. http://baike.sogou.com/v8702913.htm?sp=SST%E6%99%BA%E6%85%A7%E5%9F%8E%E5%B8%82.

[21] 李建功,唐雄燕. 智慧医疗应用技术特点及发展趋势[J]. 中兴通讯技术,2012(2):22-26.

[22] 黄荣怀,张进宝,胡永斌,等. 智慧校园:数字校园发展的必然趋势[J]. 开放教育研究,2012(4):12-17.

[23] 巫细波,杨再高. 智慧城市理念与未来城市发展[J]. 城市发展研究,2010(11):56-60.

[24] 徐庆宁,陈雪飞. 新编信息检索与利用(第2版)[M]. 上海:华东理工大学出版社,2012.

［25］张厚生，袁曦临．信息素养［M］．南京：东南大学出版社，2007．

［26］赵莉，丛全滋，耿晓宁，等．信息素养实用教程［M］．北京：中国轻工业出版社，2013．

［27］袁润，刘红光．理工科信息检索与利用教程［M］．镇江：江苏大学出版社，2008．

［28］袁润，沙振江．大学生信息素质初级教程［M］．镇江：江苏大学出版社，2008．

［29］周美芳．高校学生信息素养评价指标体系及其实证研究［D］．哈尔滨：黑龙江大学，2013．

［30］娜日，吴晓伟，吕继红．大学生信息素养教育提升策略研究［J］．情报杂志，2010，29（8）：178－181．

［31］常正霞．大学生信息素养现状分析［J］．电化教育研究，2011（8）：53－57．

第2章

信息资源检索概述

学习目标

⊙ 了解文献的内部特征与外部特征；

⊙ 理解分类检索语言与主题检索语言；

⊙ 掌握信息检索技术。

开篇案例

利用医学主题词检索中文文献

2014年，小李同学如愿以偿地考取了硕士研究生。他的导师交给他一项任务：收集艾滋病疫苗方面的中文期刊论文。小李同学立马登录了CNKI中国知网，在期刊高级检索界面下选中"篇名"字段，用"艾滋"并含"疫苗"或者"AIDS"并含"疫苗"或者"获得性免疫缺陷综合征"并含"疫苗"进行了检索，结果得到140篇文献。小李自觉检索词考虑得很齐全，而且结果也检出了不少，立马向导师交了差。结果导师对他说："你是怎么检索的呀？包括我在内的好几位教授在这方面发表的论文，你都漏检了，麻烦你重新再做一次吧。"小李羞愧不已，心想："哎，上本科的时候忙着复习考研，有几次文献检索课都逃课了，看样子得补课啊。"小李急忙在QQ上找本科时的班长，问了本科文献检索课刘老师的电话，虚心地向刘教师请教。刘老师在电话中告诉小李："检索医学文献一定得用主题词检索，否则会遗漏大量文献。你可以在CNKI中国知网的《中国医院知识总库》选中'主要主题'字段，输入入口词'艾滋'进行第一步检索，系统会自动将入口词'艾滋'转换成主题词'获得性免疫缺陷综合征'进行检索；第一步检索结果出来后，接着就在'主要主题'字段中输入'疫苗'，然后单击'在结果中检索'就行了。"小李如是操作，结果获得了347篇文献。导师对他第二次检索到的文献表示满意。小李感慨道："原来，用不用主题词检索，区别这么大。"

2.1 检索原理及检索语言

信息检索有广义与狭义之分。狭义的信息检索是指查找并索取所需信息的过程。广义的信息检索包括信息存储与信息检索两个过程。信息存储是指将大量分散无序的信息加以收集、分析、组织与整理，使之形成有序的信息集合的过程。存储是检索的前提与基础，检索是存储的目的。

信息检索按检索方式主要可分为手工检索与计算机检索。

1. 手工检索

手工检索是指通过手工的方式存储和检索信息，其使用的检索工具主要有书本式或卡片式的各类目录，如书名目录、主题目录、著者目录和分类目录以及书刊式的文摘、索引和题录等。手工检索要靠人工排检字顺或音序的方法查找与检索标识相匹配的信息特征，因此，手工检索速度慢，检索途径单一，费时费力，且不利于资源共享。

2. 计算机检索

计算机检索是指利用计算机软硬件技术、数据库技术和通信技术实现的信息存储与检索。自从计算机诞生以来，计算机检索大致经历了单机检索、光盘检索、联机检索、网络检索等阶段。计算机检索速度快，检索途径多，检索效率高，且利于资源共享，但对检索人员而言，需要掌握一定的计算机操作和信息检索技能。

信息检索按检索目标主要可分为数据检索、事实检索和文献检索。

1. 数据检索

数据检索是以科学实验、检验或统计等方式所获得的数据为检索目标的信息检索，这些数据可能是数值型数据，也可能是非数值型数据。数据检索一般要查找的是科学技术常数、公式、产品规格和价格、统计数字、物质特性参数、化学分子式等。这类检索通常要借助百科全书、统计年鉴、手册、专科性词典等参考工具。

2. 事实检索

事实检索是以特定的客观事实为检索目标的信息检索。这类检索一般要查找的是有关人物、事物、机构、事件、地点等的基本情况，如著名人物的生平、成就与生卒年月；机构的概况、职能、联系方式、法人代表与所在地址；事件发生的时间、地点、过程、影响及意义；某字、词、句子、专业术语的写法、含义及出处；物名或地名的由来及沿革；产品的名称、型号、规格、技术指标、制造商与价格。事实检索通常要借助字典、词典、百科全书、类书、政书、年鉴、手册、名录、指南、年表、大事记、图录、方志等参考工具。

3. 文献检索

文献检索是指以文献原文或关于文献的线索为检索目标的信息检索。这类检索一般要查找的是图书、报纸、期刊论文、学位论文、会议论文、专利说明书、科技报告、标准、政府出版物、档案、产品说明书等具体的某篇文献的全文信息或部分内容或其馆藏地。文献检索是最常见和最典型的信息检索。文献检索通常要借助全文型数据库,或者借助目录、文摘、索引、题录等提供文献出处或线索的检索工具。

2.1.1 信息特征

信息特征是指能够将某一文献从其他文献中识别并区分出来的那些信息。这些特征信息中,有些是文献本身所固有的,有些是被人为赋予的。信息特征可分为反映文献主题内容的内部特征和反映文献外在形态的外部特征。内部特征主要有分类号、主题词和关键词等,内部特征也可称为内容特征。外部特征主要有文献的题名、责任者、号码和出版发行项等,外部特征也可称为外表特征。

1. 内部特征

(1) 分类号

分类号是按照分类检索语言揭示文献的主题内容,并赋予文献分类检索标识的代号。检索语言是信息存储与信息检索时共同使用的一种约定性语言,以达到信息存储与信息检索的一致性,提高检索效率①。采用不同的分类检索语言对不同类型的文献进行分类标引,就会形成不同的分类号。标引是指分析文献的内、外部信息特征并赋予文献信息特征标识或检索标识的过程。采用《中国图书馆分类法》对图书进行分类,就会形成“中图分类号”。不同的分类法对分类号的编号制度、配号方法和标记符号等都有不同的规定。

(2) 主题词

主题词(也称叙词)是指以规定概念为基准,经过规范化和优选处理,具有组配功能并能显示词间语义关系的动态性的词或词组②。在主题词表中一个主题词只能表示一个概念,即词的单义性,决不允许一词多义或一义多词。给一份文献标引主题词时,首先需要对文献的主题内容进行分析;然后提炼出能够反映文献主题内容的词或词组;最后对照主题词表,选取那些与这些词或词组相对应的正式主题词作为文献的主题标识。所以主题词不是直接从文献的内容中摘取,而是选自正规的主题词表。例如,在《中国药学主题词表》中,对于“艾”“艾蒿”“灸草”“艾叶”这四个同义词,该词表规定只用“艾叶”作为主题词,用于文献标引。而“艾”、“艾蒿”和“灸草”只用作查找主题词“艾叶”的引导词③,不能用于标引,不能作为文献的主题标识。

---

① 曹彩英.科技信息资源检索[M].北京:海洋出版社,2013.

② 肖晓旦,张士靖.医学文献主题标引[M].北京:高等教育出版社,2008.

③ 魏金明.中国药学主题词表(上)[M].北京:中国医药科技出版社,2013.

（3）关键词

关键词是直接从文献内容中选出，用以揭示文献主题内容的语词。关键词一般直接从文献的标题、摘要或正文中抽取具有实质意义的实词充当。由于它们不是从主题词表中选出，所以对一词多义、一词多形、多词一义（同义词、近义词）等现象都没有做规范化处理。文献中揭示主题内容的语词是如何表达的，那么检索时，就必须采用同样的表达方式。一篇文献的关键词一般有3~5个，多则7~8个。

2. 外部特征

（1）题名

题名就是文献的名称。书名、刊名、报纸名、专利名称、科技报告名称、标准名称、会议录名称、学位论文的题目、期刊论文的篇名、会议论文的篇名、公文的文件名等都是题名。学术性、科普类和公务性文献的题名一般能反映文献的主题内容，但有些图书、报纸、杂志上的散文、诗歌、小说等的题名不见得能反映文献的主题内容。题名是任何一种文献都固有的一种信息特征，不是人为标引的结果，它反映的是文献本身外在的形态。所以，一般将题名归类为外部特征。

（2）责任者

责任者是指对文献的知识内容或艺术内容负主要责任的个人或团体。著者、编者、翻译者、专利权的申请者或所有者、标准的发布者等都是责任者。《文后参考文献著录规则》（GB/T 7714—2005）规定，在著录文献的责任者时，著作方式相同的责任者不超过3个时，全部照录；超过3个时，只著录前3个责任者，其后加“，等”或与之相应的词。

（3）号码

不同类型的文献有不同的文献号码。这些号码往往具有唯一性，是识别文献的有力依据。

① 国际标准书号。国际标准书号（International Standard Book Number，简称ISBN），它是国际通用的图书代码。国际标准书号的作用有两个。一是为了区分图书。一个国际标准书号在任何情况下均不能改变、替换或重复使用，所以，ISBN具有唯一性。内容相同而题名更改的图书，应分配新的国际标准书号。版本、形式或者出版者毫无变化的重新印刷或复制的图书，不分配新的国际标准书号。二是合法出版书籍的标识。一种图书若没有国际标准书号，就不是合法的公开出版物①。

自2007年1月1日以后，国际标准书号由10位修订为13位。国际标准书号的这13位数字是有一定含义的。第一组数字为978或979，它们是由国际物品编码系统专门提供给国际ISBN管理系统的产品标识编码。979是978用完后的备用码。

① 中华人民共和国国家质量监督检验检疫总局，中国国家标准化管理委员会. GB/T 5795—2006 中国标准书号[S]. 2006-10-18[2014-09-06]. http://www.bzfxw.com/soft/softdown.asp? softid=124760.

第二组数字是组区号，它由国际 ISBN 管理机构依据文种、国家和地区来分配。中国的组区号为“7”。第三组数字是出版者号，它由国家或地区的 ISBN 管理机构设置和分配给各个出版社。第四组数字是出版序号，由出版社按照出版物的出版次序编制。第五组数字是校验码，采用模数 10 加权算法计算得出。

② 中国标准连续出版物号。中国标准连续出版物号（China Standard Serial Numbering，简称 CSSN），是由中国国家出版管理部门批准注册的出版者所出版的每一种连续出版物的代码标识。它由国际标准连续出版物号（ISSN）和国内统一连续出版物号（CN）两部分组成。

ISSN 是 International standard serial number 的缩写，也称国际标准刊号。它是为各种内容类型和载体类型的连续出版物（如报纸、期刊、年度出版物等）所分配的具有唯一识别性的代码①。国际标准刊号由前缀 ISSN 和 8 位数字组成。ISSN 与 8 位数字之间空半个汉字空格。8 位数字分为两段，每段 4 位数字，中间用半字线“-”隔开，8 位数字的最后一位是校验码。

CN 也称国内统一刊号。它由前缀 CN（中国的国名代码）和 6 位数字组成。6 位数字由国家出版管理部门负责分配给连续出版物。CN 与 6 位数字之间空半个汉字空格。6 位数字的前 2 位与后 4 位之间用半字线“-”隔开。6 位数字的前 2 位为地区号，地区号取我国省、自治区、直辖市行政区代码的前两位。6 位数字的后 4 位为地区连续出版物序号。地区连续出版物序号之后用斜线“/”隔开的是中图分类号。中图分类号用以说明连续出版物的主要学科范畴，以便于对连续出版物的分类统计、订阅、陈列和检索。

③ 专利编号。中国专利编号主要有申请号、专利号和在不同公布或公告阶段出版的专利文献号。

申请号是在提交专利申请时给出的编号。专利申请号的组成是“年代+专利种类+顺序号+校验码”。2003 年 10 月 1 日以后，申请号的前 4 位数字表示申请年代。而 2003 年 10 月 1 日之前的专利申请号中年代只用两位数字表示。第 6～12 位数字（共 7 位）表示当年申请顺序号。小数点后为计算机校验码。

专利号是在授予专利权时给出的编号。该编号为 ZL 加上申请号。若一个专利尚在申请中，但却在申请号前加上 ZL，使人误以为是授权专利，则属于假冒专利行为，应依法对其查处。

公开号即申请公开号或申请公布号，简称公开号或公布号，是对发明专利申请的编号。

授权公告号是对发明专利说明书、实用新型专利说明书和公告的外观设计专利的编号。

---

① 彭莲好，王勇. 现代信息检索基础教程[M]. 武汉：华中科技大学出版社，2014.

2007 年 7 月至 8 月，专利的公开号与授权公告号从 7 位数字上升为 9 位数字。第 1 位数字表示专利申请的种类，第 2～9 位表示文献公布或公告的排列顺序。

世界各国因各自的专利制度不同，其专利文献的编号方法也各不相同。

④ 标准号。每一份正式发布的标准文献都有唯一的标准号作为标识代码。不同类型的标准，有不同的标准号。

中国国家标准编号规则为“国家标准代码 + 顺序号 + 年代”，国家标准代码与顺序号之间空半个汉字空格，顺序号与年代之间用半字线“ - ”隔开。

我国行业标准编号规则为“行业标准代码 + 顺序号 + 年代”，行业标准代码与顺序号之间空半个汉字空格，顺序号与年代之间用半字线“ - ”隔开。例如，强制性行业标准《普通产床》的标准号是“YY 0045 - 2013”。其中，“YY”是医药行业标准代码；“2013”是该标准发布的年代；“0045”是 2013 年医药行业发布标准的顺序号。

我国地方标准编号规则为“DB + 地区代码 + 顺序号 + 年代”。“DB”表示地方标准。地区代码取省、自治区、直辖市行政区代码的前两位。“DB”与地区代码之间空半个汉字空格，地区代码与顺序号之间用“/”隔开，顺序号与年代之间用半字线“ - ”隔开。有的地方标准号中，“DB”与地区代码紧挨着，地区代码与顺序号之间空半个汉字空格。

我国的各类标准按法律效力可分为强制性标准、推荐性标准与标准化指导性技术文件。对于推荐性标准，一般在标准代码后加上“/T”，“T”表示推荐。对于标准化指导性技术文件，一般在标准代码后加上“/Z”，“Z”表示指导。对于强制性标准，标准代码后直接跟顺序号和年代，没有其他附加码。

国外标准编号规则通常也是“标准代码 + 顺序号 + 年代号”。但有的国家、地区或组织的标准号中，标准代码与顺序号之间还有表示专业、法律效力或其他某种类别的代码。

（4）出版发行项

出版发行项对文献而言，是一项重要的外部特征。对图书而言，出版发行项主要包括出版发行地、出版社、出版日期、版本等信息。对期刊而言，出版发行项主要包括期刊的邮发代号、出版周期、出版的年份、卷次、期次等信息。

不同类型的文献，诸如图书、档案、期刊论文、学位论文、会议论文、标准文献、专利文献、政府出版物等，彼此之间的信息特征就有很大的不同。以上所述并未穷尽各种类型文献所具有的全部内部特征和外部特征。例如，期刊论文、学位论文和会议论文的内部特征除分类号、关键词之外，还有摘要。档案的外部特征除题名（案卷名称）、责任者、归档日期等之外，还有档号。档号一般由机构名称、年代和保存期限三者共同组成。

2.1.2 信息检索的一般原理

信息检索是由信息存储和信息检索两个过程组成的。信息存储时，由信息标引人员分析每份原始文献的信息特征，提炼出文献的内部特征和外部特征，然后借助一定的检索语言，标引出文献的内部特征标识和外部特征标识，并将这些特征标识存储在检索工具或检索系统中。检索前，由检索人员分析检索课题，制定检索策略，然后提炼检索词，并借助一定的检索语言，将检索词转化成检索标识。检索时，检索系统会将检索标识与检索系统中的文献特征标识进行比对，当检索标识与某份文献的特征标识相一致时，该份文献即为匹配的记录，也即符合信息需求的检索结果。当该系统有全文链接时，检索人员通过链接就可查阅到原始文献的全文。而当该系统只是一个二次文献检索工具时，检索人员可根据该系统提供的文献线索进一步索取原文。信息检索的一般原理如图 2-1 所示。

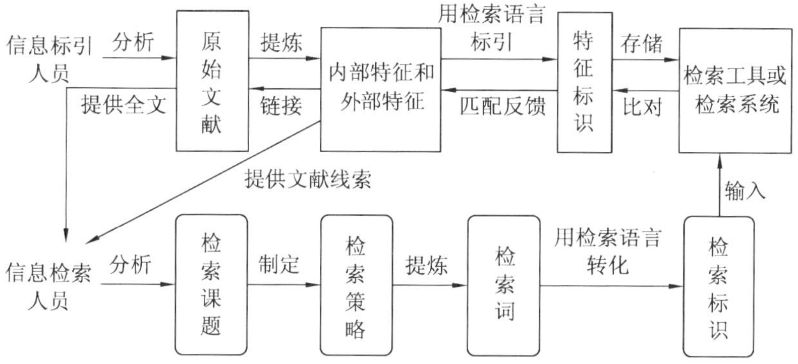

图 2-1　信息检索原理

2.1.3　检索语言

信息检索原理揭示出信息标引人员按检索语言存储信息的特征标识，而检索人员按照检索语言形成检索标识，通过检索语言这座桥梁，使检索标识与特征标识具有可匹配性，当二者一致时，就实现检索目标。为此，检索语言是信息标引人员与信息检索人员共同理解的概念标识系统。无论信息标引人员还是信息检索人员，都需要掌握一定的检索语言。检索语言是文献检索中用来描述文献的信息特征和表达信息提问内容的信息标识语言，是沟通信息标引人员与信息检索人员的纽带。

检索语言的主要功能有以下几方面：一是保证不同标引人员表征文献信息的一致性；二是使内容相同或相关的文献集中和有序化；三是保证检索提问与文献信息标引的一致性；四是保证检索人员按不同需求检索文献信息时，都能获得理想的查全率和查准率①。检索语言的划分形式有以下几种。

1. 按规范化程度划分

检索语言按规范化程度可分为规范化语言和自然语言。

① 徐军玲. 实用科技信息检索与利用[M]. 上海：复旦大学出版社，2011.

(1) 规范化语言

规范化语言又称受控语言,是指采用规范化处理的语词作为文献特征标识和检索标识的一种信息标识语言。例如,分类检索语言、标题词语言、单元词语言和叙词语言都是规范化语言。由于文献经过规范化的标引,能够解决同义词、近义词、相关词的结合与连接问题,提高检索的专指度,所以规范化语言的检索效率相对较高。

(2) 自然语言

自然语言又称非受控语言。它是指直接从原始文献中抽取未经规范化处理的语词,这些语词被称为自由词。自然语言就是用这些自由词作为文献特征标识和检索标识的一种信息标识语言。这种标识语言直接从文献中摘取能够揭示文献内容的具有实际意义的语词,文献中如何表达,标引词和检索词就如何表达,符合人们的表达习惯;自然语言标引时不需要从词表中选词,不受严格的标引规则的约束,不需要使用规范化的主题词表或分类表,标引简便易行,标引人员与检索人员无须专门学习就能运用它们;自然语言自由标引,标引速度快,能够及时地报道文献,反映最新的科学技术内容和最新的各类概念和术语;自然语言不需要编制、更新和维护词表,可节省大量的人力、物力和财力,运行成本较低。例如,关键词语言就是一种自然语言。自然语言的主要缺陷是因为没有专门的词表,所以不能提供概念的等级结构,无法利用词的上位类或下位类关系进行扩检或缩检;由于自然语言对语词没有进行词形、词义和语义关系的控制,因此,它无法解决同义词、近义词、相关词的结合或连接问题,使查全率和查准率都受到影响。

2. 按组配方式划分

检索语言按组配方式可划分为先组式语言和后组式语言。

(1) 先组式语言

先组式语言是指在文献信息检索之前已经将揭示文献主题的语词及其语义关系或类名、类号及其类目关系形成固定组配形式的一种检索语言。所谓组配就是将两个或两个以上的主题词按照一定的逻辑关系组合起来表达复合主题概念的过程。① 利用先组式语言的用户只能用固定好的检索词或分类号去完成检索。先组式语言具有直接性和专指性,但灵活度差,如标题词语言、等级体系的分类语言。

(2) 后组式语言

后组式语言是指检索前不对揭示文献主题的语词进行组配标引,而是在检索时根据需要灵活组配的一种检索语言,如单元词法和叙词法。②

3. 按描述文献特征的功能划分

检索语言按描述文献特征的功能可划分为描述文献外部特征(或外表特征)的

① 肖晓旦,张士靖. 医学文献主题标引[M]. 北京:高等教育出版社,2008.

② 彭莲好,王勇. 现代信息检索基础教程[M]. 武汉:华中科技大学出版社,2014.

检索语言和描述文献内部特征(或内容特征)的检索语言。

(1) 描述文献外部特征的检索语言

这类检索语言主要包括题名语言、责任者语言和文献号码语言等。运用题名语言揭示文献特征一般会形成题名目录、题名索引之类的检索工具。按责任者语言揭示文献特征一般会形成著者目录、著者索引之类的检索工具。文献号码指的是用以标识并代表文献的符号,通常作为文献的代号,并与相应的文献一一对应。运用文献号码语言揭示文献特征一般会形成文献号码索引之类的检索工具。

(2) 描述文献内部特征的检索语言

这类检索语言主要包括分类检索语言和主题检索语言。分类检索语言是按事物的某种共同属性或某一显著特征对文献进行分类和组织,并将分类号作为文献特征标识和检索标识的信息标识语言。例如,《中国图书馆分类法》《国际专利分类法》等都是分类检索语言。主题检索语言是以反映文献主题内容的语词作为文献特征标识和检索标识的一种信息标识语言。文献按这些标识词的字顺集中和序化。

4. 按构成原理划分

检索语言按构成原理主要可划分为代码检索语言、引文检索语言、分类检索语言和主题检索语言。

(1) 代码检索语言

代码检索语言一般用专业领域的特定符号来描述物质的结构或属性,并用这一特定的符号作为相关文献的特征,由此形成相应的符号代码系统,如化合物的分子式索引系统、环状化合物的环系索引系统、有机化合物的威斯韦塞尔线型标注法代码系统等①。

(2) 引文检索语言

引文检索语言是利用文献之间的引用与被引用关系来揭示文献主题之间相互关系的信息标识语言。引文即文后参考文献,指的是为撰写或编辑论著而引用的有关图书资料②。

引文标识了文献的外部特征,如作者,题名(论文篇名、期刊名称、图书名称、会议名称),出版地,出版年,出版的卷次、期次、页码,文献类型以及学位论文作者毕业的院校及学校所在地等信息。这些信息提供了文献出处的线索,方便索取原文。为此,通过引文检索,能够详细地了解某项研究的来龙去脉和发展趋势,能够了解某篇文献被引用的次数,即通过引文分析,可以相对客观地评价某一机构的某一作者的某一著作的学科影响力。

引文检索将一篇文献,无论是论文、图书还是专利等作为检索对象,直接检索引用该文献的文献,因此不受主题词、学科类别、文献类型的限制。引文检索语言不受

---

① 张琪玉.情报检索语言实用教程[M].武汉:武汉大学出版社,2004.

② 刘瑞兴.期刊引文分析[M].北京:中国统计出版社,1995.

主题检索语言的羁绊，诸如主题标引费时费力，主题词表更新缓慢，不能反映最新的术语，少数的主题词无法反映全文内容等。引文检索语言特别适用于检索一篇文献或一个课题的发展，并了解和掌握其研究脉络。

（3）分类检索语言

分类检索语言又称分类法，它是按事物的某种共同属性或某一显著特征对文献进行分类，并将分类号作为文献特征标识和检索标识的一种信息标识语言。所谓"类"是具有某种（或某些）共同属性的事物的集合，这一集合称为一类事物，而用于表示一类事物的名称概念被称为"类名"，在学科分类上称为"类目"①。分类检索语言对每一个类目分配唯一的一个类号，即分类号，以固定并表示各类目在分类体系中的位置和先后次序。

分类检索语言的优点有以下几个方面：① 强调知识的系统性，能够全面、系统地按类集中文献，方便人们按照某一学科、某一专业或其他某个类别检索文献，能够满足族性检索的要求，可以获得较高的查全率；② 由于分类体系明确，通过对上位类或下位类等类目的浏览和选择，非常容易实现扩检和缩检。

分类检索语言也有缺陷，主要表现在以下几个方面：① 分类语言按学科、专业或其他某种类别集中文献，这会使同一事物或同一主题的文献分散在不同学科、不同专业或不同类别中。对于以某一事物或某一主题作为检索对象的检索课题，用分类法检索容易产生漏检，影响检全率。② 分类法按类列举，受分类表体积的约束，它不能穷尽所有类目，专指度受到一定限制，检准率不高。③ 对于较为专深细小的类目，除非十分熟悉分类表，否则难以迅速地通过浏览方式找到分类体系中最末端或最下位类的类目。④ 大多数分类法都是等级体系分类法，等级体系分类法属于先组式检索语言，类目的含义及其上下位类之间的关系是固定的，不能随时修改。

对不同类型的文献进行分类，需要选择对应的分类法。例如，图书、期刊、资料等的分类法有国内的《中国图书馆分类法》（简称《中图法》）、《中国科学院图书分类法》（简称《科图法》）、《中国人民大学图书馆图书分类法》（简称《人大法》）；国外的《国际十进分类法》（*Universal Decimal Classification*，简称 UDC）、《杜威十进分类法》（*Dewey Decimal Classification*，简称 DDC）、《美国国会图书馆图书分类法》（*Library of Congress Classification*，简称 LCC）。

《中图法》是新中国成立以后，由全国各图书情报机构共同编制的一部大型综合性文献分类法。它的英译名为 *Chinese Library Classification*，简称 CLC。《中图法》原名《中国图书馆图书分类法》，自 1999 年第 4 版开始变更为《中国图书馆分类法》。它的第 5 版由国家图书馆出版社于 2010 年 9 月出版。目前，它是我国使用得最为广泛的分类法。据统计，全国 90% 以上的图书情报单位现均使用《中图法》分类②。它

① 张英福，包和平，宛文红. 网络信息检索原理与应用[M]. 呼和浩特：内蒙古大学出版社，2005.

② 伍雪梅. 信息检索与利用教程[M]. 北京：清华大学出版社，2014.

按学科等级体系分类，共分成五大部类、22 个基本大类。中图分类号采用汉语拼音字母与阿拉伯数字相结合的混合号码，一个字母代表一个基本大类。字母顺序反映基本大类的次序。22 个基本大类下细分的学科门类用阿拉伯数字组成，每隔三位数字加一个"."。该间隔符号小圆点只是为了使分类号码更加清楚醒目，易认和易读。在数字的设置上，尽可能使号码的级数代表类目的级数，基本上遵循层累制的编制原则。

《中图法》的每个类目都是遵循科学的分类原则，按照学科之间的相互关系，从总到分，从一般到具体，层层划分，由此，各个类目之间存在着从属关系、相关关系或并列关系。

（4）主题检索语言

主题检索语言又称主题法，是以反映文献主题内容的语词作为文献特征标识和检索标识的一种信息标识语言。主题检索语言的优点是可以直接从研究对象出发，用表达和描述文献主题内容的语词去检索，而不需要考虑检索对象所属学科的分类体系，具有很强的专指性，查准率相对较高，可以满足特性检索的要求。主题检索语言的缺陷是用有限的几个语词标引或检索文献，不见得能涵盖文献所有的主题内容，不具有分类标引的系统性和全面性，查全率不高。所以检索时，如果将分类检索与主题检索结合使用，则更有利于查全和查准。

主题检索语言可分为关键词语言、标题词语言、单元词语言和叙词语言。其中，叙词语言也称主题词语言，为此，主题词语言只是主题语言的一个子类，二者不能混同。

① 关键词语言。

关键词语言是直接从文献中选取未经规范化处理的能够揭示文献主题内容的语词作为文献特征标识和检索标识的一种信息标识语言。它是一种自然语言，也即非受控语言，它的优点主要包括：a. 检索时直接采用日常生活、学习和工作中经常使用的具有实际意义的实词作为关键词，符合人们的表达习惯；b. 关键词语言直接从文献内容中抽词标引，而不是从词表中选词标引，简便易行，不需要使用专业的词表，不受各种复杂的标引规则的约束，不需要专门学习就能掌握，非常适合非专业人员使用；c. 抽词标引的方式非常适合计算机自动标引与检索，从而可以节省大量的人力与物力，同时也能节省时间，可以加快报道文献信息的速度；d. 抽词标引的方式使文献作者如何表词达意，关键词就如何表词达意，尤其对于新兴语词，关键词语言由于不受词表更新的约束，可以自由标引，能反映最新的科技术语和新兴的网络语词（如"7 时代"）；e. 关键词语言可从多个角度从文献内容中抽词标引，每个关键词都是一个检索入口，检索途径丰富；f. 以关键词作为标引词，在主题表达上比较直接，具有较高的专指度，查准率比较高。

当前，国内除极少数医学专业数据库，如 CNKI 中国知网的《中国医院知识总库》（简称 CHKD）采用了叙词语言外，其他绝大多数的数据库和检索系统采用的都是关键词语言,即这些数据库和检索系统采用的是关键词标引,而不是主题词(也称叙词)标引。因此,它们虽然都具备"主题"检索功能,但都不具备"主题词"检索功能。在这些数据库和系统中检索文献时,采用什么样的检索词,结果中就会出现什么样的词,类似于"抠字眼"。之所以如此,是因为关键词语言保持用词的原状,对词形、词义、语义关系都不加控制。为此,在运用关键词语言的检索系统中,需要注意以下现象。

a. 一词多形现象。词形的变体主要有中文简体、繁体与异体字,英文单词的原形与过去式、过去分词、现在分词、动名词、单数与复数,英式写法与美式写法,比较级与最高级,英译中人名的各种表达形式等。在运用关键词语言的检索系统中,除Web of Science检索平台外,大多数系统几乎都没有对词形变体做规范化处理,即没有人为指定一个词形作为所有变体的规范化形式。为此,在检索时,需要将一个词的所有变体都作为检索词,以扩大检索范围,提高查全率。

b. 多词一义现象。多词一义现象指的是同一个概念可以用多个语词来表达,即同义词或近义词现象。例如:

常用词与专业术语——"艾滋病"与"获得性免疫缺陷综合征";

旧词与新词——"麦氏压痛点"与"阑尾压痛点","库里氏贫血"与"地中海贫血","阿-斯氏综合征"与"心性脑缺氧综合征","赫氏病"与"先天性巨结肠症";

全称与简称——"脊髓灰质炎"与"脊灰","乙型肝炎"与"乙肝","爱国卫生运动委员会"与"爱委会";

全称与缩略语——"乙肝病毒"与"HBV","获得性免疫缺陷综合征"与"AIDS","慢性淋巴细胞白血症"与"CLL","急性粒细胞白血病"与"AGL"。

c. 一词多义现象。一词多义现象指的是一个语词可以表达多个概念,具有多种语义。例如,对于"病毒免疫",离开该语句的具体上下文语境,就很难判断这是指生物医学病毒,还是指计算机病毒。例如,在《中国学术期刊网络出版总库》专业检索方式下用检索式"TI = 病毒 * 免疫"检索,结果会有生物医学类病毒免疫的期刊论文,也会有计算机病毒免疫的期刊论文,为此,在运用关键词语言的检索系统中,为保证查准率,检索时需要对多义词增加语义限定。例如,当检索生物医学病毒免疫相关的文献时,检索词除了"病毒"外,还应增加具体的病毒名称,诸如将"埃博拉"及其缩写"EBOLV"作为检索词等。在《中国学术期刊网络出版总库》专业检索方式下用题名字段检索时,检索式应为 TI = 病毒 * 免疫 *(埃博拉 + 伊波拉 + 伊伯拉 + "EBOLA")。

d. 语义关系无显示现象。作为自然语言的关键词语言,标引词全来自文献内容,且未做任何语义关系的处理,没有形成词表。语词间的语义关系,如属分关系、同位或同级关系、相关关系等都无法显示,这就给标引人员与检索人员正确选词以及扩大、缩小或改变检索范围带来了困难,从而影响检索效率。

关键词语言是非受控的主题语言:它对一词多形和多词一义现象不加控制,检索时一旦检索词考虑不全,极易造成漏检;它对一词多义现象不加控制,检索时若不加以限定,极易造成误检;它对词间关系不加控制,给修改和优化检索策略造成不便。为此，由于非受控主题语言具有诸多缺陷，因而受控主题语言，如标题词语言、单元词语言和叙词语言引起了人们的重视。

② 标题词语言。

标题指的是标识文献主题内容的意思，而不是指文献的题目。标题词语言是以标题词作为主题标识，以词表预先确定的组配方式标引和检索文献的一种主题词语言。标题词语言是最早出现的主题检索语言①。标题词是经规范化处理的语词。对标题词进行规范化处理主要是指对词义、词形及词组的组合方式进行处理，使之达到检索语言的要求。标题词都集中在一个词表中，它一般分为一级标题词（主标题词）和二级标题词（副标题词）。

标题词的选词标准包括：a. 具有实际检索意义，通常选择能够表达事物特征的名词作为标题词。b. 具有适度的专指性，能够直接、准确地表达文献的主题。一个标题词只对应一个主题概念。c. 具有通用性，即所选择的标题词应是人们熟知的。

标题词语言是一种先组式检索语言。标题词是在检索前事先组配好的。复杂的主题是由词组或多级标题构成。通过组配可以扩大词表的表达范围，利于提供多途径检索，提高查全率。通过组配，可以表达一些新的概念，能比较及时地反映新学科、新事物；还能将文献主题之间的因果关系、影响关系和应用关系揭示出来。

③ 单元词语言。

单元词是能够表达文献主题内容的经规范化处理的最小单元的语词。单元词也称为元词，是最基本的、字面上不可再分的具有独立概念的语词，如"艾滋"和"免疫"。单元词语言是以单元词或其组配作为文献特征标识与检索标识的检索语言。任何一个具体的、复杂的概念都可分解成若干个用单元词表示的概念。单元词之间没有隶属关系和固定组配关系，检索时根据需要进行组配。但是，单元词的组配是字面组配，而不是概念组配。字面组配强调用最小的词汇单位进行组配，字面组配符合构词规律，但不一定符合概念逻辑。概念组配实质是对词义的分析与综合，侧重的是拆义。而字面组配的实质是词的分析与组合，侧重的是拆词。

单元词语言是一种后组式检索语言，不用考虑单元词的词序，单元词之间可以灵活组配，因此，它能够提供更多的检索途径，扩检、缩检和改变检索范围时比较灵活。但单元词语言也有缺陷，单元词的组配是一种字面组配，严谨性和逻辑性不足。为此，以概念组配为主要特点的叙词语言在单元词语言的基础上吸收其他检索语言的原理和方法迅速发展起来。

④ 叙词语言。

叙词语言是以叙词为基础，以概念组配为基本特征的一种检索语言。叙词（Thesaurus）又称主题词，是指以概念为基础、经过规范化和优选处理的具有组配功

---

① 吴贤奇. 现代文献信息检索[M]. 南京：东南大学出版社，2007.

能的，并能显示词间关系的动态性词或词组①。CNKI 中国知网的《中国医院知识总库》（简称 CHKD）和 Medline 都应用了叙词语言，因而都具有主题词检索功能。

在叙词表中，叙词可以分为后组词和先组词。后组词即单元词，属于不可再分的最基本的词汇。先组词即词组，是由单元词组成的具有复合概念的语词，这类词往往由两个或多个单元词组合而成，用以表达复合主题，拆开或进行顺序调整之后意思会发生变化，不再具有复合词的概念。先组词与后组词相比，先组词能使标引和检索更为准确，但后组词更为灵活机动，并能提供更多的检索途径。

叙词语言具有直观性和专指性强、组配性高、结构严谨、标引能力强和检索效率高等优点，其主要特征有以下三点②：a. 概念性。叙词语言选用那些能有效表达各种科学概念的基本名词术语作为叙词，因此具有很强的概念性，能满足特性检索的要求。b. 规范性。叙词语言对叙词采用了严格的规范化措施，如对同义词的优选、对多义词和含义模糊的语词进行限定和注释，由此实现了一个叙词与一个概念严格对应的关系，利于提高查准率。c. 组配性。叙词的组配属于概念组配，是对概念的分析与综合，而不是简单的字面组配，逻辑严谨，专指性强，查准率有保障。

叙词语言的缺陷主要为族性检索不如分类语言；叙词表的编制工作难度较大，费时费力，而且随着科学技术和社会经济文化的发展而必须不断更新。为此，词表的更新、修改和维护的工作量大，对文献报道的及时性和反映最新概念方面有所欠缺；叙词语言对标引人员素质的要求较高，对检索人员也有一定的要求，在易用性方面有所欠缺。

叙词语言是目前检索语言的主要表现形式。叙词语言的主体是叙词表。叙词表又被称为"主题词表"，它是叙词的总汇，是由语义相关、族性相关的术语组成的规范化的动态性术语词典，是将文献标引人员和信息检索人员的自然语言转换成规范化名词术语的一种术语控制工具。《汉语主题词表》是我国第一部大型综合性主题词表。医药类的专业叙词表有《中国中医药学主题词表》（原名《中医药学主题词表》）、《军用医学主题词表》、《中国药学主题词表》。国外著名的医学主题词表有美国国立医学图书馆（National Library of Medicine，简称 NLM）编制的《医学主题词表》（*Medical Subject Headings*，简称 MeSH）。我国对医药信息的主题标引主要采用中国医学科学院信息研究所翻译的 MeSH 中译本。中医药文献则采用《中国中医药学主题词表》。

小贴士

1.《医学主题词表》（MeSH）

MeSH 是医学信息领域应用最为广泛和最具代表性的一部大型医学专业词表。它是对生物医学信息进行主题分析和标引的权威性规范化词表，也是指导用户检索

① 钱起霖.汉语主题词表标引手册[M].北京：科学技术文献出版社，1985.

② 马林山.信息检索与利用[M].合肥：安徽科学技术出版社，2013.

美国《医学索引》(*Index Medicus*,简称 IM)、Medline 和 PubMed 等数据库的辅助性工具。MeSH 的主要作用是规范语词,将检索者使用的自然语言转化为规范化的人工语言,保证标引者和检索者在用词上的一致,从而提高检索效率。MeSH 自 1960 年开始出版,每年再版一次①。2014 年版的 MeSH 收录了 27 149 个主题词和 218 000 个款目词(也称入口词)。美国国立卫生研究院(National Institutes of Health,简称 NIH)的网站上可以查询到 MeSH 主题词表,网址是 http://www.nlm.nih.gov/mesh/MBrowser.html。MeSH 有主题字顺表和树形结构表两种形式。

(1) MeSH 主题字顺表

主题字顺表又称主表,是词表的主体部分,是文献标引和检索的主要依据。MeSH 主题字顺表将所有的主题词、副主题词和非主题词全部按照字顺排列,每一个主题词下设该主题词建立的年代、树形结构编码、历史注释及各种参照系统来揭示主题词的变迁、族性类别及同其他同义词、近义词之间的逻辑关系。例如,在 http://www.nlm.nih.gov/mesh/2014/mesh_browser/MBrowser.html 页面的检索框中输入"AIDS",系统反馈的 MeSH 词条见表 2-1。

表 2-1 "AIDS"的 MeSH 词条

MeSH Heading (主题词)	Acquired Immunodeficiency Syndrome
Tree Number (树形结构号)	C02.782.815.616.400.040
Tree Number	C02.800.801.400.040
Tree Number	C02.839.040
Tree Number	C20.673.480.040
Annotation (注释)	Caused by HIV; coord IM with HIV-1 or HIV-2(IM) if pertinent;/ epidemiol: consider also HIV SEROPREVALENCE; AIDS-RELATED OPPORTUNISTIC INFECTIONS is available if particularly discussed: see note there; for lymphoma with AIDS, use LYMPHOMA, AIDS-RELATED
Scope Note (范围注释)	An acquired defect of cellular immunity associated with infection by the human immunodeficiency virus (HIV), a CD4-positive T-lymphocyte count under 200 cells/microliter or less than 14% of total lymphocytes, and increased susceptibility to opportunistic infections and malignant neoplasms. Clinical manifestations also include emaciation (wasting) and dementia. These elements reflect criteria for AIDS as defined by the CDC in 1993
Entry Term (入口词)	Acquired Immune Deficiency Syndrome
See Also (参见相关主题词)	AIDS Arteritis, Central Nervous System

① 谢志耘. 医学文献检索[M]. 北京:北京大学医学出版社,2010.

续表

Allowable Qualifiers（可组配的副主题词的缩写）	BL CF CI CL CN CO DH DI DT EC EH EM EN EP ET GE HI IM ME MI MO NU PA PC PP PS PX RA RH RI RT SU TH TM UR US VE VI
Entry Version（版本情况）	ACQUIRED IMMUNODEFIC SYNDROME
Previous Indexing（曾用标引词）	Immunologic Deficiency Syndromes（1979—1982）
History Note（历史注释）	83
Date of Entry（收录日期）	19830318
Unique ID（主题词 ID 号）	D000163

◆ 主题词(Heading 或 Descriptor)。主题词(也称叙词)是指以规定概念为基准,经过规范化和优选处理,具有组配功能,并能显示词间语义关系的动态性的词或词组。MeSH 词表每年都会有变化,通过网址 http://www.nlm.nih.gov/mesh/中的"List of Annual Changes to MeSH(MeSH 年度变化列表)"可查看到新增加的叙词、被修改的叙词和被删除的叙词等。

◆ 入口词(Entry Term)。入口词(也称款目词)是不用作主题词的同义词或近义词。入口词不用于标引,仅作为指引用户查找主题词的引导词。当使用入口词检索时,系统会自动转到该入口词对应的主题词,并在该主题词的"Entry Term"项中列出它所有的入口词。

◆ 副主题词(Subheading 或 Qualifier)。副主题词是与主题词组配使用的,它与主题词一样经过规范化处理,其作用是限定主题词的外延而增加内涵,如 diagnosis(诊断)、blood supply(输血)、diet therapy(饮食疗法)、drug therapy(药物治疗)和 surgery(外科手术)等副主题词,它们把主题词所涉及的范围按不同的研究内容加以限定,从而增强主题词的专指性,使同类文献相对集中,便于检索。当前 MeSH 有 83 个副主题词。在使用副主题词时需要注意:一是应严格遵守副主题词的适用范围;二是当有先组主题词时,不能使用主题词与副主题词的组配。

◆ 参照系统(Cross-References)。MeSH 目前有 4 种参照关系:一是"Entry Term",相当于"互见",该项中列出的是主题词的同义词或近义词,如俗称、旧称、简称、缩略语、口头语、音译、外来词、商品名称、词形变体等。二是"See Also",相当于"联想参见",该项中列出的是与主题词的主题概念相关的另一主题词。三是"Consider Also",该项中列出的是以共同词干为首的一组主题词,而不是单个的词,它旨在提醒信息检索人员同时采用各种不同词根、同义不同源的相关主题词去进行全面检索,以提高查全率。四是"Entry Combination",该项中列出的是当有先组式主题词存在的情况下而不能与主题词组配的副主题词和相应的先组式主题词。

◆ 历史注释(History Note)。历史注释注明该主题词的使用年代及其变化情况。

(2) MeSH 树形结构表

MeSH 树形结构表(也称范畴表)是把所有主题词按学科属性树形排列,将主题词分成 16 个大类。在 http://www.nlm.nih.gov/mesh/2014/mesh_browser/MBrowser.html 页面中,单击"Navigate from tree top",则可查询 MeSH 的树形结构表。

每个大类下面还可细分出多个下级类目,主题词按其词义的等级排列在各类目中,根据其上下隶属关系,可以划分出二级、三级、四级……,最多可划分到十一级。每一级由一组数字组成,级与级之间用点号"."隔开。例如,树形结构号为"[C02.782.815.616.400.040]"的主题词"Acquired Immunodeficiency Syndrome"在 MeSH 树形结构表中的位置见表 2-2。

表 2-2 Acquired Immunodeficiency Syndrome [C02.782.815.616.400.040]在树形结构中的位置

级别	主题词	树形结构号
第一级	Diseases	[C]
第二级	Virus Diseases	[C02]
第三级	RNA Virus Infections	[C02.782]
第四级	Retroviridae Infections	[C02.782.815]
第五级	Lentivirus Infections	[C02.782.815.616]
第六级	HIV Infections	[C02.782.815.616.400]
第七级	Acquired Immunodeficiency Syndrome	[C02.782.815.616.400.040]

树形结构号显示主题词在树形结构中的位置,每个主题词至少有一个树形结构号。有的主题词具有多重属性,其就有多个树形结构号。由表 2-2 可知,主题词"Acquired Immunodeficiency Syndrome"有 4 个树形结构号。树形结构号对连接 MeSH 主题字顺表与树形结构表起重要的桥梁作用。

2.《中国中医药学主题词表》

1987 年《中医药学主题词表》问世。在对近 30 万篇中医药学文献标引与检索应用的基础上,1996 年以机读版和印刷版两种形式出版了词表的修订版,并更名为《中国中医药学主题词表》。该表保持与 MeSH 的兼容性,收录 MeSH 中的全部中医词及部分中药植物科属词和中药化学成分词。药理作用主题词与 MeSH 词型一致,但在词尾加"(中药)"以示区别。修订后的 2007 年版《中国中医药学主题词表》共收录词条 13 905 个,其中正式主题词为 8 307 个,入口词为 5 598 个。收录副主题词 93 个,其中 10 个为中医药学方面的副主题词,83 个为 MeSH 词表中的副主题词。主题词按中医学科范畴分属于 15 个类目 68 个子类目。该词表既适用于数据库的文献主题标引和检索,又适用于编制医学期刊主题索引,而且可用于图书主题编目,同时在一定程度上还可起到中医药学简明词典的作用。在 CNKI 中国知网的《中国医院知识总库》(CHKD)可以检索到该词表的树形结构表,也能检索到该词表收录的主题词及其注释。

(1)《中国中医药学主题词表》的字顺表

该字顺表著录的项目有主题词的汉语拼音、中文名、英译名、树形结构号、标引注释、主题词定义、历史注释、检索注释、参项和代参照项等。

◆ 主题词英译名。主题词一般采用意译,但个别难以表达的用汉语拼音音译,不用英译名。凡某一主题词既是中草药名,又是药用植物名,则纲目科属名称用拉丁学名,药名则与《中华人民共和国药典》(简称《中国药典》)的命名一致,用拉丁药材名,即含有药用部位的拉丁名;典籍名称、地名、人名等均采用汉语拼音音译。

◆ 标引注释。标引注释用以指出其所属上位词与副主题词组配的限制,简要的标引提示作印刷本词或非印刷本词的提示。

◆ 主题词定义。给出定义的目的是明确词义,主题词必须具有单义性,即一词一义。该词表的定义分别来自权威词典、国家及行业标准、《中国药典》、新版中医药学教材及 MeSH 词表。

◆ 历史注释。凡新增主题词或原词词型有改变的均有历史注释,说明增词年代及原词形。

◆ 检索注释。凡原词词型改变的词均有检索注释作为检索的提示。

◆ 参照系统。该词表中有 3 种参照关系:一是 Y(用),其作用是由入口词(相当于同义词)或代词指引至相应的正式主题词。例如,"安宫牛黄散 Y 安宫牛黄丸"即由入口词"安宫牛黄散"指引出其正式主题词"安宫牛黄丸"。二是 D(代),其作用是指出正式主题词的同义词或代词。三是 C(参),其作用是指引至概念相关的主题词。

(2)《中国中医药学主题词表》的树形结构表

该表综合了范畴索引与词族索引的主题词等级分类表,它从学科范畴全面地显示了主题词之间的关系,便于从学科角度选用主题词;对限定词义、扩大与缩小检索范围及实现族性检索等方面都具有重要意义。该表以中医药学学科体系为基础,兼顾了专业特点及词汇分类的需要。《中国中医药学主题词表》树形结构表一级类目见表 2-3。

表 2-3 《中国中医药学主题词表》树形结构表一级类目

序号	类名类号	序号	类名类号
1	中医人体形态 TA	9	教育 TI
2	药用动植物 TB	10	工艺学与中药技术 TJ
3	中医病证 TC	11	人文科学 TK
4	中药和方剂 TD	12	信息科学 TL
5	中医诊断治疗技术和设备 TE	13	各种人和各种职业名称 TM
6	中医精神疾病和心理学 TF	14	保健 TN
7	中医药学及其相关学科 TG	15	地理名称 TZ
8	自然科学 TH		

树形结构号采用字母数字混合型层累制符号。各类目采用 MeSH 相应的字母，其前冠以“T(Traditional)”组成双字母数字符号，各类目之下列出隶属于该类目的全部主题词，按主题词的属分关系逐级展开，呈树形结构。各词的词树号以最高一级类目的词号为首，下连数字组成，按级分段，以“.”分隔。各类目按学科分类排列，其下属各词按主题词的概念等级关系排列；同级主题词按汉语拼音顺序排列。主题词多向成族，有些主题词按词义概念分类可同属两个或两个以上类目，故在不同类目会重复出现。因此，一个主题词可能会有两个或两个以上不同的树形结构号。该词表一个主题词最多同属 5 个类目。

2.1.4 检索途径

检索途径又称为检索入口或检索点，是指检索工具或检索系统为用户提供检索文献的路径。检索途径的多少是衡量一个检索工具或检索系统的检索功能是否强大的标志之一。检索途径越多，说明可供用户检索的角度越多，检索功能越强，文献被检索的概率越大。

传统的纸质检索工具提供的检索途径非常有限，一般只局限于文献的内部特征途径和外部特征途径。内部特征途径主要有分类途径和主题途径。外部特征途径主要有题名途径、责任者途径、文献代码途径。此外，根据检索的需要，还会有一些特殊的检索途径，如引文、地名、人名、机构名称、化学物质登记号、化学物质名称、化学分子式等检索途径。不同的检索途径，会形成不同的目录或索引等检索工具。

计算机检索系统能从不同角度著录文献。一般来说，对文献的著录项目有多少项，检索途径至少就有多少项。然而，不同类型的文献，由于文献结构、范式和特点各不相同，因而会有不同的著录项目，由此会形成不同的检索途径。

1. 图书的检索途径

图书的检索途径一般有题名、责任者、主题、ISBN、分类、出版社、丛书名和索书号途径。功能强大的检索系统甚至有目次和全文等检索途径。

（1）题名

题名检索途径是指按书名检索图书，这有利于了解同本书的不同版本，利于版本间的比较。但也有同名异书的情况出现，这时需要结合其他检索途径，诸如作者、出版社、出版地、出版时间等，增加限定条件，提高查准率。

（2）责任者

责任者检索途径是指从图书的著者、译者和编者等角度检索某个人的所有著作。

（3）主题

主题检索途径是指按图书涉及的学科主题检索某一专题的所有图书。

（4）ISBN

ISBN 检索途径是指按国际标准书号检索唯一的一种图书，这一检索途径能区分不同的出版者、不同的版本和不同出版形式的图书，具有很强的专指性。

（5）分类

分类检索途径是指按学科分类的角度检索图书，检索出来的结果是某一学科类别的所有图书。检索时往往将分类途径与其他途径结合使用，在查全的基础上提高查准率。

（6）出版社

出版社检索途径是指按图书的出版机构检索图书。若单从该途径检索，检索结果为某出版社出版的所有图书。检索时，一般会将其他途径与该途径结合使用。

（7）丛书名

丛书是在一个总书名下，汇集多种单独著作成为一套，并以编号或不编号的形式出版的图书①。丛书常用“丛刊”“丛刻”“丛编”“文库”“全书”“讲座”“大全”“读物”等标明。因此，判断一种文献是否是“丛书”，不能仅凭“丛书”二字下结论，而要看其是否符合丛书的特征。

（8）索书号

当用户通过以上7种途径在书目系统中检索到自己需要的图书，并且想进一步到书架上获取纸本图书时，必然要通过图书的索书号才能查找到纸本书。索书号又称排架号，是图书馆排列图书的依据。

（9）目次

目次检索途径是指按照书内的章节目录名称检索图书。超星读秀中文学术搜索数据库提供“目次”检索，这能满足用户比较专深的检索要求。

（10）全文

不同的书目系统或图书数据库提供的检索途径不尽相同，检索功能比较强大的超星读秀中文学术搜索提供一项“全部字段”检索途径，即可以对图书进行全文检索。图书的全文检索途径指的是对图书的任意部分，如书名（包括丛书名）、作者、版权页、前言、目次、正文、参考文献、后记等内容进行检索。“全部字段”检索利于查全，但检索结果过于庞杂，有时需要结合其他途径在查全的基础上进行二次检索，以便查准。

2. 期刊的检索途径

期刊论文投稿及订阅期刊前，需要对期刊进行全面而详细的了解，例如，需要了解一种期刊的主办单位、主编、联系地址、联系电话、电子邮件、价格、期刊获奖情况及被国内外数据库收录情况、是否为核心期刊、期刊的影响因子以及其他评价情况时，就需要对期刊进行检索。期刊的检索途径一般有期刊名称、国际标准刊号（ISSN）、国内统一刊号（CN）和主办单位等。

---

① 李光明，龚晓林，许湘锦，等. 中文图书编目[M]. 南宁：广西教育出版社，1989.

3. 期刊论文的检索途径

期刊论文的检索与期刊的检索不同，它要检索的是期刊上的论文信息，而不是关于期刊本身的信息。期刊论文的检索途径一般有题名（或称"篇名"）、关键词、摘要（或称"文摘"）、主题、作者、第一作者、作者单位（或称"机构"）、刊名、国际标准刊号（ISSN）、国内统一刊号（CN）、期、基金（或称"基金资助"）、全文（或称"任意字段"或"全部"）、参考文献（或称"引文"）和分类途径。具备叙词检索功能的数据库，如中国医院知识总库（CHKD）、MEDLINE 还提供与主题词相关的检索途径。对以下几项检索途径需要特别注意。

（1）主题

《中国学术期刊网络出版总库》和万方数据知识服务平台上的"主题"检索途径并非指的是"主题词"，而是指题名、关键词或摘要中的任何一个。

（2）基金

基金指的是科研项目的立项信息，包括项目名称、项目编号和基金名称及其类别。

（3）全文

全文指的是对期刊论文中的题名、作者、作者单位、摘要、关键词、正文、参考文献、基金，以及作者简介等任意一部分进行检索，即全文检索途径。通过全文途径检索，能够获得较高的检全率。

（4）参考文献

参考文献指的是检索那些引用了某篇或某些文献的期刊论文。

4. 报纸的检索途径

检索报纸上发表的文章一般通过报纸名称（读秀中文学术搜索称为"来源"）、题名、作者、关键词、主题和全文等途径。

5. 学位论文的检索途径

学位论文的检索途径一般有题名、作者、导师、学位授予单位、关键词、摘要、全文、学科专业名称、学位和分类途径。

6. 会议论文的检索途径

会议论文的检索途径一般有题名（篇名）、关键词、摘要、主题、作者、作者单位、会议名称和论文集名称（或称"母体文献"）。

7. 专利文献的检索途径

专利文献的检索途径一般有专利名称、摘要、申请号（专利号）、公开号、公告号、IPC 分类号、外观设计洛迦诺分类号、主分类号、申请人（专利权人）、发明人、权利要求、优先权项、申请人（或专利权人）所在国（省）代码、申请人地址、申请人邮编、申请日、外观设计简要说明、专利代理机构、代理人等。

(1) IPC 分类号

IPC 即 *International Patent Classification*，也即《国际专利分类法》，是国际上通用的对发明专利和实用新型专利进行分类的工具。IPC 分类法是一种等级体系分类法，按部类、大类、小类、大组、小组的顺序从大到小的次序递降排列类目。IPC 分类号由字母与数字混合组成。

(2) 外观设计洛迦诺分类号

洛迦诺分类号指的是采用《洛迦诺协定》对国际外观设计专利进行分类所形成的分类号。

(3) 权利要求

权利要求指的是用严密的法律语言，陈述发明的实质和特点，确定发明独特处所需要保护的范围，一般由几个权项构成。

(4) 优先权项

专利优先权指的是申请人就一项发明在一个缔约国提出申请后，在一定期限内又向其他缔约国提出申请时，申请人有权要求以第一次提出申请的日期作为后来提出申请的日期①。优先权项主要包括优先权号和优先权日。

(5) 申请人、发明人与专利权人

专利申请人是指向国务院专利行政部门提出专利申请，请求国务院专利行政部门授予专利权的自然人或法人。

(6) 主分类号

主分类号指的是同一专利申请若横跨多个类别，就会具有多个分类号，其中一个为主分类号。主分类号一般列在多个分类号中的第一位。

8. 标准文献的检索途径

标准文献的检索途径一般有标准名称、标准号、国际标准分类号和中国标准分类号等。有的数据库还提供“代替标准”、“被代替标准”和“标准种类”等检索途径。

2.2 检索工具、数据库与检索系统

2.2.1 检索工具

检索工具是用以存储、报道和查找文献信息的工具。它主要具有以下特征：① 是一次文献内、外部特征的汇集；② 提供多种检索途径；③ 将文献条目按一定规则有规律地组织成有机整体；④ 有明确的文献收录范围。

---

① 黄运武. 现代企业制度大辞典[M]. 武汉：武汉工业大学出版社，2001.

检索工具的作用主要体现在以下几方面：① 存储作用。检索工具按一定的范围，如学科类别、主题、语种、出版类型、出版时间和出版机构等，有选择性地将一次文献集中存储在一起。② 报道作用。检索工具通过对一次文献内部特征和外部特征的标引揭示，使用户未见到原始文献，就能了解其大概内容，从而利于用户比较和选择文献。③ 检索作用。这是检索工具最主要的作用。检索工具按一定规则有规律地组织文献条目，用户只要遵循相应规则，就能迅速地检索到自己所需的文献信息或者获得文献线索。

检索工具按检索手段可划分为手工检索工具和计算机检索工具。手工检索工具多指传统的印刷型检索工具，这类检索工具无须借助任何设备即可阅读和查询，但由于依靠人工浏览的方式排检文献，检索速度慢，检索效率低。计算机检索工具是指将计算机软、硬件技术与数据库技术或网络通信技术相结合，形成文献信息存储与检索的自动化系统。在检索实践中，习惯将手工检索工具称为检索工具，而将计算机检索工具称为检索系统或数据库。

检索工具按著录方式可划分为目录、题录、文摘和索引等类型。

1. 目录型检索工具

目录是著录一批相关文献，并按一定次序编排而成的一种揭示与报道文献的工具。目录通常以一个完整的出版单位或收藏单位为基本的著录对象，以揭示文献的外部特征为主，少量揭示文献的内部特征，并提供文献的出版信息或收藏信息。目录是报道文献、反映馆藏、指导阅读和检索文献的有力工具。《全国总书目》《全国新书目》《中国国家书目》都是非常著名的目录。目录的种类繁多，根据编制目的与检索途径的不同，可分为题名目录、著者目录、主题目录和分类目录。

（1）题名目录

题名目录是指按文献名称的音序或字顺排列文献条目的目录。它将题名相同的文献集中在一起，将同一文献的不同版本、译本集中在一起，方便用户从题名角度检索文献。

（2）著者目录

著者目录是指按文献著者姓名的音序或字顺组织文献条目的目录，利于集中反映某个著者的全部著作，可为用户专门了解某位著者的学术成就提供便利。

（3）主题目录

主题目录是根据文献内容所论述或研究的对象，将名词或短句作为主题标目，把它概括起来，编成主题款目，然后按主题字顺组织，这种目录就是主题目录①。主题目录利于把反映同一事物或同一问题的文献集中在一起，利于用户从特定的主题内容检索文献，对专题研究人员非常有价值。

① 黄俊贵. 广东省中山图书馆同人文选[M]. 广州：广东省中山图书馆，1992.

(4) 分类目录

分类目录是按分类号顺序组织文献条目的目录。它按知识门类系统地揭示文献内容,告诉用户某文献的主题内容是属于哪一学科门类以及在这个学科门类中的位置,从而满足用户"按类求书"的要求。

计算机普及以后,各种目录多以机读目录的形式出现。机读目录是机器可读目录的简称,来自英文 Machine-Readable Cataloging(MARC)。它是文献编目内容数据经过计算机处理,以编码形式和特定结构记录在计算机存储载体上而形成的一种目录①。机读目录不仅可以提供单一途径的检索,而且可以提供多途径组合检索;不仅提高了检索速度,而且提高了检全率和检准率。

2. 题录型检索工具

题录是将文献篇目按照一定的排检法编排,报道文献主要外部特征并提供篇目出处的一种检索工具。题录只著录外部特征,对一个内容上独立的文献做基本著录,主要包括文献篇名、著者、著者单位、出版社、出版年、卷、期、页码、文献编号和语种等,无内容摘要。题录的著录款目简单,信息报道速度快,是查找最新文献线索的重要工具。但是题录型检索工具无统一的名称,有的称为"题录",有的称为"目次",有的称为"索引",还有的称为"目录"。

3. 文摘型检索工具

文摘是在题录的基础上发展起来的。它是通过描述文献的外部特征并简明扼要地摘录文献内容要点来报道文献的一种检索工具。它的特点是以精练的语言把文献的重要内容、学术观点、数据及结构准确地摘录下来,并按一定的著录规则与排列方式编排起来,供读者查阅②。为此,读者不需要阅读全文,只需要查阅文摘,即可掌握文献的主要内容,可为读者比较和选择文献提供便利,节约时间与精力;当读者需要获取原文时,文摘可提供获取文献的线索。文摘一般以期刊的形式出版,出版周期较短,报道速度快。为此,文摘能通报最新的科学文献,读者通过阅读文摘,就能了解本领域的科技发展水平和最新成果。

文摘要系统、逻辑、简要地概括全文的基本内容,一般包括下列内容,但并非面面俱到,不同的研究可以有不同的侧重:① 研究课题、题目及研究类别;② 该研究领域的现状及问题的提出;③ 研究的目的;④ 研究的对象,包括材料及问题;⑤ 研究的条件,包括时间、地点、环境、关系、范围等;⑥ 研究的着眼点、角度及侧重面;⑦ 研究时运用的原理,采用的仪器仪表、分析手段、分析方法等;⑧ 研究的具体结果,包括定量和定性的结果;⑨ 研究的结论;⑩ 研究结果的应用、技术效果、经济价值、推荐和建议;⑪ 附带的结果结论及新的待证实的问题。

---

① 秦玉龙. 实用中医信息学[M]. 北京:中国医药科技出版社,2001.

② 徐军玲. 实用科技信息检索与利用[M]. 上海:复旦大学出版社,2011.

根据对文献内容揭示的深度及用途等，文摘可划分为指示性文摘、报道性文摘和评论性文摘。

4. 索引型检索工具

索引是根据一定的需要，将特定范围内的某些文献中的有关知识单元或款目，如书报刊中的篇名、著者、地名、人名、字词句、参考文献等，按照一定的方法编排，并指明出处，为用户提供文献线索的一种检索工具。

索引的类型多种多样，有篇名索引、著者索引、号码索引、分类索引、主题索引、关键词索引和引文索引等。美国的《科学引文索引》（SCI）和《会议录引文索引》（CPCI）就是国际知名的引文索引检索工具。《中国科学引文数据库》（CSCD）是国内自然科学领域的引文索引检索工具。但实际上，这些检索工具不仅提供引文索引的功能，而且还提供文摘，所以，它们既是索引型又是文摘型检索工具。

当今，计算机检索工具普及甚广。计算机检索工具著录全面，检索途径齐全，存储、报道与检索功能都很强大，往往融目录、题录、文摘、索引等功能于一体。但作为纸质检索工具，这 4 种类型的功能与特点依然是明确而有所区别的。

2.2.2 数据库

计算机检索主要是利用一定的计算机软件技术和硬件设备，检索特定的数据库中的数据。因此，数据是计算机检索的内容和对象，而数据库是数据的集合，自然成为检索的关键部分。数据库是至少由一种文档组成，并能满足某一特定目的或某一特定数据处理系统需要的一种数据集合①。

1. 数据库的结构

数据库是由一个或多个文档构成的集合，每个文档由若干记录组成，每条记录由若干字段构成。

（1）字段

字段是记录的基本单元。一项字段用来描述文献的一项属性。这些属性主要是指文献的某项内部特征属性或某项外部特征属性。字段的多少决定了著录的详细程度以及检索途径的多寡。字段越多，对文献特征属性揭示得越全面，著录越详细，检索途径就越多。不同的数据库提供的字段种类不同，采用的字段代码也不相同。

（2）记录

记录由若干字段组成，它是组成文档的基本单元。一条记录描述的就是某一文献的全部属性，既包括文献的内部特征属性，又包括文献的外部特征属性。对于图书数据库而言，一条记录，就是一种图书；对于期刊论文数据库而言，一条记录就是

---

① 洪全. 信息检索与利用[M]. 北京：人民邮电出版社，2011.

一篇期刊论文;对于标准文献数据库而言,一条记录就是一项标准。显然,文献类型不同的数据库,组成记录的字段是不同的。

(3) 文档

文档是文献记录的集合。一个数据库至少包括顺排文档和倒排文档这两种文档。

顺排文档也称主文档,是按记录存取号的大小顺序排列而成的文档。每一篇文献为一条记录,一个存取号对应一条记录。文献入库越晚,记录的存取号就越大。顺排文档存入了数据库的全部记录,存储了记录的完整信息。

倒排文档也称索引文档,是将全部记录中的某一文献特征标识(不包括存取号),即把主文档中的可检字段(如题名、著者、分类号、关键词等)抽出,按一定顺序(字母或数字顺序)排列而成的特征标识文档。不同的字段组织成不同的倒排文档(如题名倒排文档、著者倒排文档、分类号倒排文档、关键词倒排文档等)。倒排文档类似检索工具中的辅助索引,它大大加快了数据库的检索速度。建立倒排文档的字段越多,相应的检索途径就越丰富,检索效率也越高。

2. 数据库的类型

用户对文献信息的需求各种各样,为满足不同用户的不同需求,各种各样的数据库应运而生。数据库按文献加工深度可分为零次文献数据库、一次文献数据库、二次文献数据库和三次文献数据库。

(1) 零次文献数据库

零次文献数据库是以零次文献,诸如档案、手稿、考察记录、试验记录等文献为收录对象的数据库。这类数据库一般只用于机构内部或特定用户,不作为商业性数据库出售。

(2) 一次文献数据库

一次文献数据库是以一次文献,诸如首次公开出版发行的图书、期刊论文、会议论文、标准文献和报纸等文献为收录对象的数据库。这类数据库能提供原始文献的全文,因而是最受用户欢迎的数据库。

(3) 二次文献数据库

二次文献数据库是以二次文献,诸如目录、题录、文摘和索引等文献为收录范围的数据库。这类数据库不提供原始文献的全文,只提供文献的外部特征、内部特征、出版信息或馆藏信息。通过二次文献数据库,用户能大致了解文献的基本内容,可为用户比较和选择文献提供依据。如果用户需要进一步获取文献全文,则二次文献数据库可提供相关线索。

(4) 三次文献数据库

三次文献数据库是以三次文献,诸如百科全书、年鉴、字典、词典、辞典、专科词典、图录等文献为收录对象的数据库。

数据库按文献的出版类型可划分为图书数据库、期刊论文数据库、报纸文献数据库、标准文献数据库、专利文献数据库、学位论文数据库、会议论文数据库、科技报告数据库、产品说明书数据库和档案文献数据库等；按学科类别可分为综合性数据库和专业数据库；按语种可分为中文数据库和外文数据库；按文献的载体形态还可分为文本型数据库、图形图像型数据库、音频型数据库、视频型数据库和多媒体数据库等。

2.2.3 信息检索系统

信息检索系统是根据特定的信息需求而建立起来的一种有关信息搜集、加工、存储和检索的程序化系统，其主要目的是对数据系统进行有效管理和利用，并为人们提供信息服务。具体而言，信息检索系统就是为满足信息用户的信息需求而建立的、存储经过加工了的信息集合，拥有特定的存储、检索与传送信息的技术装备，提供一定的存储与检索方法及检索服务功能的一种相对独立的服务实体①。信息检索系统广义上既包括手工信息检索系统，又包括计算机信息检索系统；狭义上仅指计算机信息检索系统。

1. 计算机信息检索系统的特点

相对于手工信息检索系统而言，计算机信息检索系统的特点主要有以下几方面。

(1) 检索范围广

计算机信息检索系统可以同时对多个不同类型的数据库进行跨库检索，一次性可检索不同学科、不同类型的文献。

(2) 检索速度快

计算机信息检索系统通过自动比对与匹配而检索出文献，与传统手工检索的“手翻、眼看、脑袋判断”的方式相比，检索速度已实现了质的飞跃。

(3) 检索效率高

计算机信息检索系统可提供多字段组合检索，检索途径多，检全率与检准率都有一定保障。

(4) 可满足不同层次用户的检索需求

计算机信息检索系统提供多种检索方式，诸如分类浏览、简单检索、高级检索、专业检索等，无论是普通用户还是专业的图情人员，都能找到适合自己的检索方式。

(5) 服务功能强大

除信息的存储、报道与检索功能外，计算机信息检索系统的服务功能日益完善，能提供高质量的信息服务。

---

① 夏立新. XML文档全文检索的理论与方法[M]. 北京：科学出版社，2011.

2. 计算机信息检索系统的类型

按照计算机检索发展的阶段,计算机信息检索系统可划分为单机信息检索系统、光盘信息检索系统、联机信息检索系统与网络信息检索系统4种类型。

(1) 计算机单机信息检索系统

它是计算机信息检索系统的早期形式。它是将信息检索数据库系统建立在独立的计算机硬盘上,直接在一台计算机上进行存储和检索信息。它的特点是设备简单、费用低廉,存储数据量少,信息不能共享。

(2) 计算机光盘信息检索系统

它是以大容量的光盘为存储介质,利用光盘驱动器和计算机实现对光盘数据库的读取和检索的系统。计算机光盘信息检索系统可以提供3种方式的服务:CD-ROM单机服务、CD-ROM网络服务和CD-ROM联机服务。

(3) 计算机联机信息检索系统

它是20世纪60年代中期发展起来的一种先进的信息检索方式,这种信息检索的基础是联机检索系统。由于数据库管理技术、磁盘技术、数据库通信技术和分时系统技术的进步,出现了联机检索系统,使用户能够直接与系统会话,即采用联机方式进行信息检索。联机检索系统的产生标志着信息检索系统进入一个新的历史发展时期。联机检索系统存储的数据量大,可共享。

(4) 计算机网络信息检索系统

它是通过现代通信网络,利用网络信息检索工具浏览和检索网络信息的系统。因特网环境下的信息资源检索工具逐渐取代传统的联机检索工具,成为检索工具的主流。虽然联机检索也是一种网络信息检索系统,但基本上都是收费的商业系统。而因特网上存在大量信息,许多还是免费信息,庞大的数据量和简单的检索方式以及低廉的费用,使网络信息检索系统成为使用人数最多的一种检索系统。

3. 计算机信息检索系统的构成

计算机信息检索系统主要由计算机硬件与软件、通信网络和数据库组成。

(1) 计算机硬件

计算机检索过程中数据存储、检索、输出都需要一定的设备,这主要包括服务器、检索终端机、通信线路、输入输出设备等。

(2) 计算机软件

软件包括系统管理软件和检索应用软件两部分。系统管理软件是用来组织控制计算机操作系统,负责管理计算机的全部软件资源和硬件资源,合理组织计算机各部分协调工作,为用户提供操作界面等。检索应用软件是管理数据库及完成检索工作的应用程序系统,又称数据库管理系统或检索程序。

计算机的硬件和软件一起反映着整个信息检索系统的检索能力。

(3) 通信网络

通信网络是联系计算机和检索终端设备的桥梁,可以远距离、高速度、无差错地传递信息。整个通信网络分成资源子网和通信子网两部分。资源子网包含网络中所有的计算机、输入输出设备、各种软件资源和数据资源。通信子网是由用作信息交换的结点计算机和通信线路组成的独立数据通信系统,承担全网数据传输、转接、加工和交换等通信处理工作。检索网络所用的通信线路一般是公用电话线或专用线。

(4) 数据库

数据库是检索系统的信息源,也是用户检索的对象。数据库可以随时按不同的目的提供各种组合信息,以满足用户检索需求。检索系统中的数据库一般由各个专业的数据库生产商提供,也有一些是系统本身自建。

2.3 检索技术

计算机检索原理表明检索过程的实质是将用户的检索提问变成计算机能识别的检索表达式,计算机按照检索表达式的指令自动对数据库中的各个文档进行扫描、比对与匹配,由此找出用户所需的检索结果。检索表达式简称检索式,也即检索提问式,是利用各种运算符将不同字段的检索词连接起来用于检索的运算式。这些运算符主要有布尔逻辑运算符、截词算符、精确检索算符、位置算符及其他算符。检索式是检索策略的直观表现形式,它既能反映检索课题的内容,又能为计算机所识别,是进行计算机检索的依据。计算机检索技术主要指的是检索词的组配技术与检索式的构成规则①。

2.3.1 布尔逻辑检索

规定检索词之间逻辑关系的运算,称为布尔逻辑运算。布尔逻辑检索指的是借助布尔逻辑运算符将不同字段的检索词连接起来构成计算机检索系统能够识别的检索式,从而实现对检索目标的运算。

1. 布尔逻辑关系

布尔逻辑主要包括逻辑与、逻辑或、逻辑非 3 种逻辑关系。

(1) 逻辑与

表达交叉概念或限定关系的组配时用逻辑与。它可以用来缩小检索范围,提高查准率。当用逻辑与算符连接两个检索条件时,则表示其前后连接的检索条件必须

① 郑瑜,魏毅.信息检索教程[M].北京:人民邮电出版社,2012.

同时满足，这样的文献才为命中结果。例如，《中国学术期刊网络出版总库》中，检索式“TI = 小儿麻痹 and TI = 疫苗”表示文献题名中既要出现“小儿麻痹”，同时又要出现“疫苗”，只有“小儿麻痹”和“疫苗”同时出现在题名中的文献才符合检索要求。

不同的检索系统或数据库采用的逻辑与算符不同，通常表示逻辑与的算符有“and”或“ADN”、星号“ * ”、空格、“same”。例如，《读秀中文学术搜索》就用星号“ * ”表示逻辑与，如检索式“T = 小儿麻痹 * T = 疫苗”。

小贴士

Web of Science 采用“and”作为逻辑与算符，此外，还有一个特殊的逻辑与算符——“same”。“same”只用于地址字段的逻辑与检索。在检索实践中，人们经常会碰到需要检索某大学某学院的论文。而论文中，往往同时有多个作者，这多个作者又分属于不同的大学和学院。例如，要检索单位为清华大学医学院或清华大学医学中心的作者发表的论文。通常检索式为“AD = (Tsinghua University and medicine)”。然而，检索结果却可能出现这样的论文，第一作者单位为江苏大学医学院，第二作者单位为清华大学理学院。这显然不是人们想要的检索结果。而如果将检索式改为“AD = (Tsinghua University same medicine)”，就能避免这样的误检。“same”的独特作用就是将连接的检索词与同一个作者的单位地址匹配，而不会横跨多个作者的地址检索。

（2）逻辑或

表达并列关系的组配时用逻辑或，如组配同义词、近义词、词形变体（尤其是中文人名的各种英译变体）及表示同位关系或同级关系的词等。它可以用来扩大检索范围，提高查全率。当用逻辑或算符连接两个检索条件时，则表示其前后连接的检索条件至少满足其中一个，这样的文献为命中结果。

不同的检索系统或数据库采用的逻辑或算符不同。通常表示逻辑或的算符有“or”或“OR”、加号“ + ”、竖线“ | ”。例如，读秀中文学术搜索就用竖线“ | ”表示逻辑或，如检索式“T = 小儿麻痹 | T = 脊髓灰质炎 | T = 脊灰）* T = 免疫”。当逻辑或与其他逻辑关系并用时，应用小括号将逻辑或括起来，小括号为英文半角状态下的小括号。

（3）逻辑非

表达不包含或排除关系的组配时用逻辑非。它可以缩小检索范围，提高查准率。当用逻辑非连接两个检索条件时，则表示逻辑非算符前面的检索条件必须满足，而逻辑非算符后面的检索条件不能满足，这样的文献才为命中文献。对于检索式中的逻辑非运算，系统一般要求将其列在检索式的最后面。

不同的检索系统或数据库采用的逻辑非算符不同。通常表示逻辑非的算符有“not”或“NOT”、“andnot”或“ANDNOT”（中间不空格）、“and not”或“AND NOT”（中

间空格）、减号“ - ”。例如，读秀中文学术搜索就用减号“ - ”作为逻辑非算符，如检索式“T = 艾滋|T = 艾滋病|T = 爱滋|T = 爱滋病|T = AIDS|T = 获得性免疫缺陷综合征）- T = 疫苗”。

2. 布尔逻辑运算顺序

不同的检索系统或数据库，对布尔逻辑运算的顺序有不同的规定。但多数情况下的逻辑运算顺序是（ ）> NOT > AND > OR，即对于一个同时具有多种逻辑关系的检索式，检索系统将优先执行小括号中的逻辑运算。当有多层小括号时，系统将从最里面的小括号开始，依次由内向外进行逻辑运算。

2.3.2 截词检索

截词检索一般用于英文检索系统或数据库中。截词检索是指利用某个单词的词干部分或局部进行的检索。当用截断的词的一个局部进行检索时，认为凡满足这个词局部中的所有字符（串）的文献，都为命中文献。截词检索相当于把局部具有相同字符的单词都做了逻辑或运算，使这些词都有可能出现在检索结果中。因此，截词检索能够精练检索式并能够扩大检索范围，从而提高检全率。不同的检索系统或数据库采用的截词算符不同，常用的截词算符有问号“?”、美元符号“ $ ”、星号“ * ”、井号“#”、感叹号“!”等。在大部分外文检索系统或数据库中，星号“ * ”作为截词符运用得最为广泛，它一般代表零至任意字符。

1. 需要使用截词检索的情况

遇到以下情况，为保证查全率，需要使用截词检索。

（1）名词的单数形式与复数形式

为使名词的单数形式与复数形式都作为检索结果出现，则可以使用截词检索。例如，frog 和 frogs，它们前面部分都是一样的，可以使用截词运算“frog * ”。现在大多数检索系统或数据库已经不区分规则变化的单复数形式，即对于在单数词尾加“s”或“es”而形成的规则复数形式的单词，无论检索词是单数还是复数，检索结果中都同时出现单数形式和复数形式。

（2）词性和时态不同的单词

英文单词有各种词性，如动词、名词和动名词等，同时也有各种时态，如动词原形、过去式、过去分词等。这些词虽然词形不同，但词义并无不同。为使这些同义而异形的词都作为检索结果出现，则可以使用截词检索。例如，对于 treat、treated、treatment 和 treating，可以将各词中的相同部分写下来，不同部分用截词符表示，即“treat * ”。

（3）英式写法与美式写法的词

英式英语和美式英语中有许多单词的词义完全相同，但是在写法上略有不同。为使这些词义相同但词形略有不同的词都作为检索结果出现，则可以使用截词检索。例如,colour 和 color、behaviour 和 behavior、sulphur 和 sulfur,可分别使用截词“colo * r”“behavio * r”“sul * ur”。

2. 截词的类型

按截断的位置划分,截词检索通常有前截断、后截断、中间截断3种检索类型。

(1) 前截断

截词符放在单词的前部位置,称为前截断。例如,“ * computer”的检索结果可能出现以下单词:computer,microcomputer,minicomputer,supercomputer。前截断的检索结果中出现的词都是后面部分相同,前面部分不同。为此,前截断也称为后方一致。

(2) 后截断

截词符放在单词的后部位置,称为后截断。例如,“produc * ”的检索结果可能出现以下单词:produce,product,production,productivity,producing,productivity。后截断的检索结果中出现的词都是前面部分相同,后面部分不同。为此,后截断也称为前方一致。

(3) 中间截断

截词符放在单词的中间位置,称为中间截断。例如,“sul * ur”的检索结果可能出现以下单词:sulfur,sulphur。中间截断的检索结果中出现的词都是前后部分相同,中间部分不同。为此,中间截断也称为前后一致。

任何一种截词检索,都隐含着布尔逻辑或的运算。采用截词检索时,既要考虑查全,又要考虑查准,为此,截词的部分要适当。如果截得太短,虽然能够扩大检索范围,使检索结果比较多,但误检率也会因此增高,结果中会出现许多不相关的文献。

按截断字符的数量划分,截词检索可分为无限截断和有限截断。

① 无限截断是指截词符代表零到多个字符,也即代表任意多个字符。

例如,在 Web of Science 或 EI 中,“computer * ”中的星号“ * ”表示零到多个字符,即无限截断。为此,“computer * ”的检索结果可能有 computer,computerise,computerize,computerate,computerized,computerised,computerizing,computerization 等。

② 有限截断是指截词符代表了明确的一定数量的字符。

例如,在 Web of Science 检索系统中,截词符问号“?”明确表示一个字符。例如,用“Barthold?”可以检索到 Bartholdi 和 Bartholdy,但检索不到 Barthold。因为在 Web of Science 中,问号不能代表零个字符,必须代表任意的一个字符。在 Web of Science 中,美元符号“ $ ”明确表示零个字符或一个字符。例如,用“Barthold $ ”可以检索到 Barthold、Bartholdi 和 Bartholdy。

在检索实践中,通常将无限截断算符称为截词符,常用的截词符有星号“ * ”;而将有限截断算符称为通配符,常用的通配符有问号“?”和感叹号“!”。

2.3.3 位置检索

位置检索又称邻近检索或邻接运算。位置检索实际上是更为严格的逻辑与检索。它不但要求位置算符前后连接的检索词必须同时出现在命中文献中，而且对两个检索词在文献原文中相隔距离或其出现的前后顺序进行指定。为此，位置检索增加了限定条件，缩小了检索范围，有助于提高查准率。

不同的检索系统或数据库采用的位置算符不同，而且有的检索系统或数据库甚至不具有位置检索的功能。常用的位置算符有“near”“onear”“n”“w”“pre”等，其具体运用见表2-4。

表2-4　位置算符的运用

位置算符	适用数据库或检索系统	检索规则	检索示例及注释
near/n（n为正整数）	EI，Web of Science	near前后连接的检索词必须同时出现在同一文献中，前后相隔不超过n个单词，且不指定检索词在原文中出现的前后顺序。检索词若是词组，需要用英文半角的双引号括起	(immunity near/3 AIDS) wn ab “ab”为摘要字段代码，“wn”为连接符。“immunity”与“AIDS”必须同时出现在摘要中，且前后相隔不超过3个单词，即二者间可以只隔1个、2个或3个单词，但摘要中二者相隔了4个及其以上单词的文献则不作为检索结果。对“immunity”与“AIDS”出现的前后位置不作限制
onear/n（n为正整数）	EI	onear前后连接的检索词必须同时出现在同一文献中，前后相隔不超过n个单词，并且，onear前面的检索词必须出现在onear后面的检索词之前。检索词若是词组，需要用英文半角的双引号括起	(immunity onear/3 AIDS) wn ab “immunity”与“AIDS”必须同时出现在摘要中，前后相隔不超过3个单词，并且“immunity”必须出现在“AIDS”的前面
Nn（n为正整数）	EBSCO	N前后连接的检索词必须同时出现在同一文献中，前后相隔不超过n个单词，且不指定检索词在原文中出现的前后顺序。检索词若是词组，需要用英文半角的双引号括起	AB(immunity n2 AIDS) “AB”为摘要字段代码，小括号为连接符。“immunity”和“AIDS”必须同时出现在摘要中，且前后相隔不超过2个单词。对“immunity”与“AIDS”出现的前后位置不作限制
Wn（n为正整数）	EBSCO	W前后连接的检索词必须同时出现在同一文献中，前后相隔不超过n个单词，并且，W前面的检索词必须出现在W后面的检索词之前。检索词若是词组，需要用英文半角的双引号括起	AB(immunity w2 AIDS) “immunity”与“AIDS”必须同时出现在摘要中，且前后相隔不超过2个单词，“immunity”必须出现在“AIDS”的前面

续表

位置算符	适用数据库或检索系统	检索规则	检索示例及注释
w/n (n 为正整数)	Science Direct	w 前后连接的检索词必须同时出现在同一文献中，前后相隔不超过 n 个单词，且不指定检索词在原文中出现的前后顺序。检索词若是词组，需要用英文半角的双引号括起	abstract(immunity w/3 AIDS) "abstract"为摘要字段代码，小括号为连接符。"immunity"与"AIDS"必须同时出现在摘要中，且前后相隔不超过 3 个单词。对"immunity"与"AIDS"出现的前后位置不作限制
pre/n (n 为正整数)	Science Direct	pre 前后连接的检索词必须同时出现在同一文献中，前后相隔不超过 n 个单词，并且 pre 前面的检索词必须出现在 pre 后面的检索词之前。检索词若是词组，需要用英文半角的双引号括起	abstract(immunity pre/3 AIDS) "immunity"与"AIDS"必须同时出现在摘要中，且前后相隔不超 3 个单词，"immunity"必须出现在"AIDS"的前面

2.3.4 精确检索

当检索词与文献中的语词完全一致时，才将相关文献作为命中记录的检索技术称为精确检索。精确检索能有效地缩小检索范围，提高检准率。不同的数据库或检索系统采用的精确算符不同，常用的精确算符是英文半角的双引号""""，有的也使用大括号"{ }"。不同的数据库使用的精确算符相同时，其检索规则不一定相同，检索结果也有很大的不同。例如，在 Science Direct 数据库中，检索式"information search behavior"的结果有 information search behavior、INFORMATION SEARCH BEHAVIOR、information search behaviour 和 information search behaviors。但结果中没有 information searching behavior 和 search behavior of design information 等。大多数外文数据库中的精确算符会将名词的单复数以及英式与美式写法的变化排除在检索结果之外，所以，只有在非常明确的检索要求下，才使用精确检索，否则会漏检不少文献，影响检全率。

与精确检索密切相关的一个概念是模糊检索，模糊检索要求检索结果中只要包含检索词即可。而且检索结果中出现的检索词未必与检索式中的检索词一模一样。模糊检索的作用是扩大检索范围，提高查全率。

2.3.5 字段检索

任何一项检索都有各种各样的检索要求，而这些检索要求反映在检索过程中就集中体现为综合利用不同的检索途径和限制条件，实现检索目标。而检索途径主要指检索字段，也即检索项或检索点。它主要描述文献的内部特征与外部特征，同时也描述与文献相关的其他重要特征，如是否为第一作者、作者的国别与单位、文献被引频次、是否为核心期刊、是否为SCI收录期刊等。数据库或检索系统对每个字段都会规定一个规范的字段名称及其字段代码。检索时，将每一个检索词限定在特定的字段中，并综合运用各种检索技术，就能实现复杂的检索要求。

不同的数据库或检索系统因其收录的文献种类不同以及功能设计不同，由此会形成不同的字段。对相同的字段，不同的数据库或检索系统对字段代码以及对字段与检索词之间的连接符号的规定都会不同。因此，同样一个检索课题，在不同的数据库或检索系统中，检索式的写法各不相同。

2.4 检索步骤

检索是一个复杂的过程，对于一个检索课题需要分析它的检索目的、所涉及的学科领域，确定需要查阅的文献类型和时间跨度，锁定检索工具，制定检索策略，选择恰当的检索方式实施检索，在分析检索结果的基础上优化检索策略并反复检索，最后获取原始文献等。这些过程中既要考虑检全，又要考虑检准，还要考虑省时、省力和省钱。虽然检索过程如此复杂，但也要遵循相应的检索步骤，把每一步都落到实处，这样达到理想的检索效果就不是难事。

2.4.1 信息需求分析

明确检索目的、检索内容和检索要求是检索的前提。为此，检索前，必须对信息需求进行分析，这是检索步骤的第一步，也是最为关键的一环，它引领着整个检索方向，是其他检索工作开展的基础。信息需求分析的主要内容有以下几个方面。

1. 分析检索目的

不同的检索课题有着不同的检索目的。一般来说，主要有以下几种。

(1) 求新

这类检索目的是为了了解前沿动态，要求及时获取与本课题相关的最新文献、最新成果。这类信息需求的特点是不需要很高的检全率，但对文献的新颖性和检准率有较高的要求。为此，需要针对课题所属的学科领域，选择那些资源更新速度较快的数据库和报道速度比较快的文献类型作为检索对象。

(2) 求全

这类检索目的是为了系统地了解课题的全面信息，如为申请科研项目或者博士学位论文开题而撰写文献综述。这类信息需求的特点是需要全面检索国内与国外、现在与过去的所有文献，对检全率要求较高。为此，这类检索需要选择能够一次性跨库检索多种文献类型的综合性大型数据库，数据库的时间跨度要长、学科范围要广，且要兼具国内与国外文献。

(3) 求准

这类检索目的是为了解决某一问题而有针对性地检索某方面的文献,有时甚至已知自己需要的知识点在哪篇文献中,只需要检索出具体的某篇文献而已。这类信息需求的特点是检索目标明确,检索范围小,对检全率没有要求,但对检准率要求很高。

2. 分析检索主题

对检索课题涉及的主题进行分析,需要将课题解析成几个能够表达主题内容的概念,对主要的概念要理清它的上位类概念、下位类概念、同位类概念,据此进一步扩大或缩小检索课题所属的学科类别和主题范围,再根据新确定的主题范围进一步提炼新的主题概念。

3. 分析检索范围

检索目的和检索主题明确之后,就可以进一步分析并确定检索范围,如应该在什么学科类别中检索,应该检索什么类型的文献,检索年限从哪年到哪年,是否需要检索外文文献,是否需要原始文献,利用什么样的检索工具、数据库或检索系统。

2.4.2 选择检索工具

根据检索目的、检索主题和检索范围的要求,选择检索工具时应该考虑以下因素。

1. 检索工具或检索系统的类型

检索工具或检索系统是事实型还是数据型,抑或是文献型;检索工具或检索系统对文献的加工深度如何,是零次文献、一次文献、二次文献还是三次文献数据库。

2. 检索工具或检索系统的收录范围

检索工具或检索系统收录哪些类型的文献;检索工具或检索系统收录的学科类别是否齐全;检索工具或检索系统收录了哪些国家或地区的文献,文献以哪个语种为主;检索工具或检索系统收录文献的年代跨度;检索工具或检索系统收录的文献是否是核心文献,被国际知名检索工具收录的文献量占总文献量的比重如何。

3. 检索工具或检索系统的检索功能

检索工具或检索系统采用了哪些检索语言;检索途径有多少,检索方式有多少,检索技术采用了哪些,有无逻辑与、逻辑或、逻辑非等多种检索技术;检索规则是否简单易学,容易掌握;检索响应速度如何,网页反应是否迅速。

4. 检索工具或检索系统的其他性能

检索工具或检索系统的信息服务能力如何;有无对检索工具或检索系统的使用说明;对检索结果的分析与处理能力如何;对检索结果有无简单的分析与评价功能;检索工具与检索系统是否收费,收费是否合理;检索工具或检索系统的网站是否支持多语种界面,有无用户的母语界面,网站的清爽程度如何,对用户有无亲和力。

2.4.3 确定检索策略

广义的检索策略是指根据检索需求，对整个检索过程进行科学而合理的安排，制订出一个能达到理想检索结果的全盘计划和方案①。它包括从分析信息需求到选择检索工具和检索途径、确定检索词、编制检索式、实施检索、根据初次的检索结果修正检索策略、反复多次检索直到获得满意的检索结果，最后获得原始文献为止的整个过程。狭义的检索策略是指在分析信息需求的基础上，确定检索途径与检索用词，明确各词之间的逻辑关系并制定检索式的整个过程，即主要包括选择检索词和编制检索式这两部分内容。

1. 检索词的选取

检索词是表达文献信息需求的基本元素，也是计算机检索系统中文献数据库与检索提问进行匹配的基本单元。检索词选择得是否准确、齐全，将影响检准率与检全率。检索词选取的方法与步骤如下。

（1）切词

在信息需求分析的基础上，明确检索主题，然后在检索主题的基础上，对表达检索主题的句子进行切词。切词指的是从句子中划分出一个个的词语。例如，对于检索主题"银杏叶中黄酮提取方法研究"，该句可切分出以下词语："银杏叶""黄酮""提取方法""研究"。

（2）取词

对于从主题语句中切分出来的语词，需要进一步提炼，取出能够表达主题概念的检索词，这时需要注意以下几点：

① 检索词必须具有实质意义。

一般而言，具有实质意义的词才能作为检索词。实质意义的词是指对表达检索主题概念具有关键性作用的词，一般是名词性术语，也包括少量动词、形容词等实词。而对于不能表达主题概念的虚词，如副词、介词、连词、助词、拟声词和叹词等都不能作为检索词。另外，有些词语虽然是名词，但是，它们本身不表达专指的概念，必须与其他词语搭配才行，这样的词一般不作为检索词，如"研究"、"应用"、"发展"、"动态"、"进展"和"技术"等。所以，对于从主题语句中切分出来的词"银杏叶"、"黄酮"、"提取方法"和"研究"，其中，"研究"就不能作为检索词，应该剔除。对于宽泛概念的词，也不是任何情况下都不能作为检索词，具体情况要具体分析。

② 检索词要切分到不能切分为止。

为保证检全，检索词要切分到不能切分为止。例如，"石榴皮多酚"，应当切分成两个词："石榴皮"和"多酚"。而将"石榴皮"和"多酚"分别作为检索词，以"TI = 石

---

① 张英福，包和平，宛文红. 网络信息检索原理与应用[M]. 呼和浩特：内蒙古大学出版社，2005.

榴皮 and TI = 多酚”检索,则文献题名中不但有“石榴皮多酚”,还有“石榴皮总多酚”和“石榴皮中的多酚”等。所以,对于从主题语句中切分出来的词“银杏叶”、“黄酮”和“提取方法”,其中“提取方法”还可以进一步切分为“提取”和“方法”。但由于“方法”属于宽泛概念的词,所以应当剔除。而“银杏叶”还可以进一步切分为“银杏”和“叶”。这样,该例的检索词为“银杏”、“叶”、“黄酮”和“提取”。

需要注意的是,为保证查全,对于“检索词应该切分到不能切分为止”这一取词原则,并不完全适用于关键词字段。关键词字段的检索词应该选取那些常用词汇、专业词汇或具有代表性的词汇。当然,用关键词字段检索时,那些已经切分到不可切分为止的最小单元的词语可以与常用词汇、专业词汇和代表性词汇做逻辑或的运算,以保证查全。

③ 有些检索词由检索系统或数据库指定。

有些检索系统或数据库对一些特定字段中的检索词进行了指定,检索时必须用指定的词,否则系统提示出错。例如,美国专利数据库(USPTO)对发明人所在国家这一字段统一规定了国别代码,如“CN”表示中国,该库中就不能用“ICN/China”,而必须用“ICN/CN”。为此,检索前必须查看检索系统或数据库的检索规则说明,防止自由取词造成的错误。

④ 优先选择主题词作为检索词。

主题词是能够反映文献主题概念的经过规范化处理的词语。主题词专指度高,概念具有单义性,不容易产生歧义。为此,当检索系统或数据库应用了叙词语言时,就应该通过系统提供的叙词表将检索词替换为规范化的主题词。

(3) 扩词

初步选取检索词后,如果检索系统或数据库没有应用叙词检索语言,而只应用了关键词检索语言,那么,对于检索词就必须进行扩展,以便将检索词的同义词、近义词、相关词都作为检索词,以提高检全率。扩词的方法主要有以下几种:

① 考虑词形变体。词形变体主要有中文简体、繁体与异体字;英文单词的原形与过去式、过去分词、现在分词;单数与复数;英式写法与美式写法;比较级与最高级;英译中人名的各种表达形式等。这些词虽然写法不同,但实质含义并无太大区别,为此,应该将各种变体都作为检索词。

② 考虑多词一义。扩词时,应将一个词的俗称与学名,常用词与专业术语,旧词与新词,全称与简称、代称、缩略语,口头语与书面语,化学元素与其符号,外来词与本民族用语,音译词与意译词,产品的通用名称与商品名称,产品型号与代号,人名与其字、号、别名等都要充分考虑到,使之成为检索词。

③ 考虑词间关系。对一个检索词,应该对它的上位类概念、下位类概念和同位类概念进行分析,明确该检索词的上位类词、下位类词和近义词,有时也需要将它们作为检索词,以提高检全率。

在无叙词功能的数据库或检索系统中,对于检索主题“银杏叶中黄酮提取方法研究”，通过以上方法，选取的检索词有“银杏”、“白果”、“叶”、“树叶”、“叶子”、“叶片”、“黄酮”、“提取”、“提纯”、“纯化”和“分离”等。

2. 检索式的编制

检索词确定后，便可以根据检索要求，选择相应的检索途径，确定检索字段，将检索词与检索字段相搭配，并确定字段间的逻辑关系，由此编制出检索式。检索式是上述步骤的综合体现，是检索策略的表达形式。编制检索式应该注意以下几点。

（1）选择恰当的字段

不同的字段其含义不同，因此不能混用。使用的字段不同，检索范围就不同，检全率与检准率也就不同，例如，表 2-5 为《中国学术期刊网络出版总库》不同字段检索示例，从中可以看出不同字段的检索结果差别很大。

表 2-5 《中国学术期刊网络出版总库》不同字段检索示例

字段名称	检索式	结果/篇
题名	TI =（银杏 + 白果）*（叶 + 树叶 + 叶子 + 叶片）* 黄酮 *（提取 + 提纯 + 纯化 + 分离）	233
关键词	KY =（银杏 + 白果）*（叶 + 树叶 + 叶子 + 叶片）* 黄酮 *（提取 + 提纯 + 纯化 + 分离）	0
摘要	AB =（银杏 + 白果）*（叶 + 树叶 + 叶子 + 叶片）* 黄酮 *（提取 + 提纯 + 纯化 + 分离）	770
主题	SU =（银杏 + 白果）*（叶 + 树叶 + 叶子 + 叶片）* 黄酮 *（提取 + 提纯 + 纯化 + 分离）	809
全文	FT =（银杏 + 白果）*（叶 + 树叶 + 叶子 + 叶片）* 黄酮 *（提取 + 提纯 + 纯化 + 分离）	17 705

案例 2-1

《中国学术期刊网络出版总库》提供了多个表示主题检索的字段，如题名、关键词、摘要、主题、全文。当检索一个课题时，到底应该选择哪个检索字段呢？以检索课题“银杏叶中黄酮提取方法研究”为例，在相同检索条件下，如学科类别和检索年限等各限定性条件都一样的前提下，分别用题名、关键词、摘要、主题、全文字段检索，然后比较分析检索结果，就能知道答案了。

从表 2-4 可知，分别从题名、摘要、主题、全文字段检索，检索结果越来越多，即检全率越来越高，但从分析检索结果来看，检准率越来越低。而关键词字段的检索结果比较特殊，为 0 篇。这是什么原因呢？通过专门对关键词字段的检索实验发现（实验结果见表 2-6），对于主题为“银杏叶中黄酮提取方法研究”方面的期刊论文，绝大多数论文的作者都将“银杏叶”作为一个完整的关键词标引，这样标引的文献有 405 篇，而分别用“银杏”、“白果”和“叶”、“树叶”、“叶子”、“叶片”作为关键词的文献只有 6 篇。并且这 6 篇文献没有一篇用“提取”、“提纯”、“纯化”或“分离”同时作为关键词。但是，通过查看表 2-6 中“检索式 4”检出的唯一的 1 篇文献，发现这 6 篇文献中有 1 篇用“提取方法”作为关键词。

综上所述，检索式“KY =（银杏 + 白果）*（叶 + 树叶 + 叶子 + 叶片）* 黄酮 *（提取 + 提纯 + 纯化 + 分离）”的结果为 0 的原因是多数作者用银杏叶作为关键词，而只有 6 篇文献将“银杏叶”做了概念拆分，使关键词成为“银杏”、“白果”和“叶”、“树叶”、“叶子”或“叶片”。所以，对于关键词字段，检索词的提取应特别慎重，应尽量选择那些常用词、专业术语或具有代表性的语词作为关键词字段的检索词，而不能机械地照搬“将检索词切分到不能切分为止”的取词原则。而这 6 篇将“银杏叶”做了概念切分的文献中又没有一篇文献用“提取”作为关键词。对于“提取”这个概念，这 6 篇以外的文献中采用的关键词有“提取”“提取工艺”“提取方法”“溶剂热提取”“超声提取”“乙醇浸提”“浸提”“回流提取法”“水提法”“萃取”等，不胜枚举。为此，对于关键词字段，应尽量不用动词作为检索词，而只用名词作为检索词。

如果该课题只在关键词字段中检索，比较合理的检索式是“KY =（银杏叶 + 白果叶 +（银杏 + 白果）*（叶 + 树叶 + 叶子 + 叶片））* 黄酮”，其检索结果为 164 篇。与检索式“TI =（银杏 + 白果）*（叶 + 树叶 + 叶子 + 叶片）* 黄酮 *（提取 + 提纯 + 纯化 + 分离）”（233 篇）相比，关键词字段的检全率不及题名字段。在检准率上，关键词字段的检索式中删除了关于“提取”的概念，题名字段的检索式中含有“提取”及其相关概念，所以，题名字段的检准率明显高于关键词字段的检准率。而摘要、主题、全文字段与题名字段相比，它们的检全率很高，但检准率不足，给用户筛选文献造成困难。为此，在 CNKI 中国知网中，为保证检全和检准，以及考虑到检索词选取的便利性，应优先采用题名字段作为检索字段，而若使用关键词字段时，检索词的选择要慎重。

表 2-6 《中国学术期刊网络出版总库》关键词字段实验分析

序号	检索式	结果/篇
1	SU =（银杏 + 白果）*（叶 + 树叶 + 叶子 + 叶片）* 黄酮 *（提取 + 提纯 + 纯化 + 分离）AND KY = 银杏叶	405
2	SU =（银杏 + 白果）*（叶 + 树叶 + 叶子 + 叶片）* 黄酮 *（提取 + 提纯 + 纯化 + 分离）AND KY =（银杏 + 白果）AND KY =（叶 + 树叶 + 叶子 + 叶片）	6
3	SU =（银杏 + 白果）*（叶 + 树叶 + 叶子 + 叶片）* 黄酮 *（提取 + 提纯 + 纯化 + 分离）AND KY =（银杏 + 白果）AND KY =（叶 + 树叶 + 叶子 + 叶片）AND KY =（提取 + 提纯 + 纯化 + 分离）	0
4	SU =（银杏 + 白果）*（叶 + 树叶 + 叶子 + 叶片）* 黄酮 *（提取 + 提纯 + 纯化 + 分离）AND KY =（银杏 + 白果）AND KY =（叶 + 树叶 + 叶子 + 叶片）AND KY = 提取方法 + 提纯方法 + 纯化方法 + 分离方法	1

（2）使用规范化的字段代码

数据库或检索系统对字段代码都有严格的规定，必须使用数据库或系统提供的字段代码。不同的数据库或检索系统对字段代码的规定不同。例如，ScienceDirect中，刊名字段代码是“srctitle”；而Web of Science，EBSCO中都使用“SO”作为刊名字段代码。有的数据库规定字段代码必须大写，比如EBSCO；而在有的数据库中，字段代码大写与小写都行。

（3）使用规范化的连接符

对于字段代码与检索词之间的连接符号，不同的数据库或检索系统有不同的规定。例如，EI使用“wn”；Web of Science、上海知识产权专利信息公共服务平台、读秀等使用等于号“＝”；EBSCO，ScienceDirect等使用小括号“（ ）”；而万方知识服务平台、百度等使用冒号“：”；美国专利文献数据库使用反斜杠“/”；CNKI中国知网的精确检索时用等于号“＝”，模糊检索时用百分号“%”。

（4）使用正确的连接方式

不同的数据库或检索系统中，字段代码与检索词连接的方式也不一样。例如，EI中，检索词放在连接符的前面，如“（AIDS）wn ti”，且检索词必须用英文半角的小括号括住。而Web of Science中，检索词放在连接符的后面，如“AU＝li js”。

（5）准确地判定字段间的逻辑关系，并使用正确的检索算符

字段之间的布尔逻辑关系千万不能出错。表示并列关系的用逻辑或，表示限定或交叉关系的用逻辑与，表示排除关系的用逻辑非。不同的数据库或检索系统不仅对布尔逻辑算符的规定有所不同，而且，对于其他算符，如截词算符、位置算符和精确算符等都有不同的规定。不同的数据库或检索系统间的检索算符不能混用。检索前应该仔细阅读系统中的帮助文件，熟悉检索算符及其使用规则。

2.4.4 调整检索策略

编制好检索式后，应该结合检索课题提供的检索范围，如文献所属学科领域、文献类型、检索年代、是否被国际著名检索工具收录、是否一次性检索多个数据库等，确定检索的限定性条件，以便将检索式限定在特定的数据库、文献类型、学科类别、年代等条件中。在检索系统或数据库中，对这些限定性条件一般只需要勾选相关按钮即可。确定好限定性条件以后，可以将检索式直接输入检索系统或数据库的专业检索框中进行检索。一般而言，初次检索时，可以制定几个字段不同的检索式分别用于检索，然后对这些检索式得出的结果分别做以下工作。

1. 查看是否检准

对照检索式，查看检索结果指定的字段中是否出现检索式要求的检索词，检索词之间的逻辑关系是否正确。

2. 查看是否漏检

浏览每个检索式得出的检索结果并进行比较。这时或许能够发现检索结果中会出现其他与检索课题密切相关的词语，而在选取检索词时又没有考虑到。这时应该把这些词语记录下来，当修改检索式时，将它们列入，以便提高检全率。

3. 查看是否误检

通过浏览检索结果，有时还能发现检索结果中有大量不相干的文献出现。这时需要将这些大量不相干的文献的共同点找出来，比如它们都是关于哪方面的，并提取相关检索词。当修正检索式时，可用逻辑非去除它们。

4. 分析检索结果的数量是否合适

对照检索课题的信息需求，分析检索结果的数量是否能满足其要求。如果检索结果太多，则需要缩检；如果检索结果太少，则需要扩检。

（1）扩检的策略

扩检指的是扩大检索范围，目的是为了提高检全率。扩检的方法主要包括：① 选择多种检索工具、检索系统或数据库，使检索范围扩大。例如，从只检索馆内的数据库，扩展到使用馆内和馆外的多种数据库；从只检索国内文献库，扩展到检索国内和国外的文献库。② 增选文献类型。例如，从只检索期刊论文，扩展到检索会议论文、学位论文、专利文献等。③ 增加相近学科或交叉学科的检索。例如，从只检索药学，扩展到生物学甚至化学等学科。④ 扩大检索年限。例如，从近几年的检索扩展到近十几年甚至几十年的检索。⑤ 减少其他限定性条件。例如，从只检索核心期刊论文或国际检索工具收录的期刊论文，扩展到检索所有的期刊论文。⑥ 改变字段代码，将检索范围小的字段代码，扩展到检索范围大的字段代码。例如，从题名字段，扩展到摘要字段；从摘要字段，扩展到全文字段等。⑦ 改变检索算符。将严格限定性的算符改为非严格限定性的算符。例如，将精确检索改为模糊检索，取消位置检索，采用截词检索等。⑧ 减少逻辑与和逻辑非运算，取消一些限制性逻辑关系。⑨ 增加逻辑或运算。例如，将题名字段与关键词字段之间的逻辑与运算改为逻辑或运算。⑩ 降低检索词的专指度，增加同义词、近义词、相关词，甚至上位类关系或下位类关系的词，词的各种变体等都将作为检索词，并将它们做逻辑或运算。

（2）缩检的策略

缩检指的是缩小检索范围，目的是为了提高检准率。缩检的方法与扩检的方法正好相反，其主要包括：① 改选检索工具、检索系统或数据库，缩小检索范围。例如，从选用综合性的数据库，改为选用专门学科的数据库。② 限定文献类型。例如，从检索期刊论文、会议论文、学位论文、专利文献等，改为只检索其中某类与检索课题关系密切的文献。③ 限定学科类别。例如，从大学科的检索范围，限定到其子学科下面检索；从检索多个交叉学科，改为只检索与课题密切相关的学科。④ 缩短检索年限。例如，从近几十年的检索，缩短到近十几年甚至近几年的检索。⑤ 增加其他限定性条件。例如，从检索所有期刊论文，限定为只检索核心期刊论文或国际检索工具收录的期刊论文，抑或检索被引频次达到多少次以上的论文。⑥ 改变字段代码，将检索范围大的字段代码，缩小到检索范围小的字段代码。例如，从全文字段，缩小到摘要字段；从摘要字段，缩小到题名字段等。⑦ 改变检索算符。将非严格限定性的算符改为严格限定性的算符。例如，将模糊检索改为精确检索，取消截词检索，采用位置检索等。⑧ 增加逻辑与和逻辑非运算，增加一些限制性逻辑关系，或者在检索结果中进行二次检索。⑨ 减少逻辑或运算。例如，将题名字段与关键词字段之间的逻辑或运算改为逻辑与运算。⑩ 提高检索词的专指度。取消上位类概念的词或下位类概念的词，只选取本位词作为检索词；将俗称、旧词、口头语、产品商品名、产品型号与代号、人名的字号与别名等都改为常用词或专业术语等。

2.4.5 获取原始文献

检索到结果后，对于全文型数据库或检索系统而言，可以直接通过链接下载全文。然而有的数据库或检索系统是二次文献数据库，它只提供文献的内、外部特征及馆藏信息，并不提供原始文献。那么如何获取原始文献呢？用户可以试着从以下途径获取原始文献。

1. 超星读秀中文学术搜索的原文传递功能

超星读秀中文学术搜索对大部分电子图书可以进行原文传递。用户在该库中检索到相关图书的目录信息后，通过单击“图书馆文献传递”按钮，填写需要传递的图书的页码和自己的电子信箱即可。系统对图书的传递是即时的，只要用户成功提交表单后，立即打开电子信箱就能阅读和分页下载电子图书。不过该库规定每本图书每次传递的页数最多只能是 50 页，同一图书每周传递的页数不超过全书的 20%。对于已经购买了此库的图情报机构的读者而言，传递电子图书是不用付费的。

2. 全国图书馆参考咨询服务平台（http://www.ucdrs.net/admin/union/index.do）

全国图书馆参考咨询联盟是在全国文化信息资源共享工程国家中心指导下，由我国公共、教育、科技系统图书馆合作建立的公益性服务机构，其宗旨是以数字图书馆馆藏资源为基础，以因特网的丰富信息资源和各种信息搜寻技术为依托，为社会提供免费的网上参考咨询和文献远程传递服务①。

全国图书馆参考咨询联盟拥有我国目前最大规模的中文数字化资源库群，提供网络表单咨询、文献咨询、电话咨询和实时在线咨询等多种方式的服务。公民注册登录后便可获得免费文献传递的服务。但是，读者运用获取到的信息时须严格遵守

① 全国图书馆参考咨询联盟管理中心，广东省立中山图书馆. 全国图书馆参考咨询联盟服务指南[EB/OL]. [2014-09-20]. http://www.ucdrs.net/admin/union/service.jsp.

国家法律法规和知识产权保护等相关规定。

3. 开放获取期刊

开放获取期刊(Open Access Journal,简称 OA),是一种经同行评审,可供公众免费获取的网络型电子期刊。它的出版模式较其他类型期刊有很大的不同,编辑评审、出版以及资源维护的费用不是由读者,而是由作者本人或其他机构承担。任何公众对开放期刊内容的获取不受权限、费用等因素的限制。而且,开放获取不以个人授权为前提,著作权人事先已经同意用户进行任意在线阅读、下载、复制、存储、打印、检索和增加链接等行为,公众可以最大限度地自由使用①。

4. 网上免费的专利与标准数据库

国内外不少专利数据库借助互联网发布专利说明书的全文,如中华人民共和国知识产权局和美国专利商标局的专利数据库。公众只要能上互联网就能免费检索并查看大量的专利说明书。我国国家标准馆在其主网站"中国标准服务网"发布我国强制性国家标准的全文,公众只要注册登录后,就能检索并查看它们。

5. 馆际互借或文献传递

文献传递是图情机构将用户所需的文献以快速方式与合理的价格(主要包括文献复制费用与传递的费用),直接或者间接传递给用户的一种非返还式文献提供服务。依据用户的要求,文献传递可使用 E-mail、普通函件、平信挂号、特快专递、传真以及读者自取等方式。馆际互借是同一系统或者不同系统的图情机构之间根据互签的协议,相互出借馆藏文献,是一种返还式的文献提供服务②。申请文献传递的用户必须登录其所在图情机构的馆际互借系统,在系统中注册并登录,通过系统提交文献传递的申请,填写申请表时,必须写明准确的联系电话、电子信箱和联系地址。

6. 直接与作者联系

直接给作者发电子邮件,请求文献作者传递文献的复件,这也是一种可以尝试的文献获取途径。一般通过文献检索,能够获取到文献作者的姓名与电子信箱。

2.4.6 检索效果评价

英国情报学家克莱维登(C. M. Cleverdon)首先提出评价信息检索效果的指标主要有 6 个:收录范围、查全率、查准率、响应时间、用户负担和输出形式③。收录范围是指信息检索系统所能提供的文献信息的类型、数量、学科范围、语种和时间跨度等。收录范围越广,说明系统的文献信息资源越丰富。响应时间是指用户向系统提交指令直到获得系统反馈期间的时间长度。系统响应时间过长,会耽误用户的时

① 张立频. 中英文免费数字知识获取研究[M]. 北京:中国工商出版社,2007.

② 王守华. 文献传递与馆际互借——利用本馆获取原文的主要途径[EB/OL]. [2014-09-20]. http://lib.ujs.edu.cn/news/showall.asp? pp=1209.

③ 马林山. 信息检索与利用[M]. 合肥:安徽科学技术出版社,2013.

间，并影响用户的心情。一般用户都希望系统反应迅速，响应及时。用户负担是指用户在检索过程中所耗费的物力、财力与精力的总和。用户一般希望检索系统的功能强大、齐全、简便、易用，系统界面符合用户的习惯，具有亲和力，收费合理甚至免费。输出形式是指检索系统所提供的检索结果和形式。用户一般希望文献信息系统能够提供多种检索结果的输出形式，以满足文献阅读、分析、鉴别、引用和管理的要求。查全率和查准率是指信息检索系统的效率。这两项是评价检索效果最为重要的指标。另外两个概念——漏检率与误检率是从反面评价检索效果的指标。

1. 查全率

查全率也称为检全率，是指从检索系统中检出的与课题相关的文献量和检索系统中实际与该课题有关的文献总量之比。

$$\text{查全率} = \frac{\text{检出的相关文献量}}{\text{系统中相关文献总量}} \times 100\%$$

2. 查准率

查准率也称为检准率，是指从检索系统中检出的与课题相关的文献数量与检出的文献总量之比。

$$\text{查准率} = \frac{\text{检出的相关文献量}}{\text{检出的文献总量}} \times 100\%$$

3. 漏检率

漏检率是指漏检与课题相关的文献量和检索系统中与课题相关的文献总量之比。

$$\text{漏检率} = \frac{\text{漏检的相关文献量}}{\text{系统中相关文献总量}} \times 100\%$$

4. 误检率

误检率是指检出的与课题不相关的文献量与检出的文献总量之比。

$$\text{误检率} = \frac{\text{误检的文献量}}{\text{检出的文献总量}} \times 100\%$$

这 4 项检索效果评价指标的计算方法举例如下：假设利用某个文献信息检索系统查找与某个课题相关的文献时，检出的文献总篇数为 100 篇，经审查，其中与检索课题相关的只有 70 篇，又假设在该系统中与该课题相关的文献共有 80 篇，那么，检全率 $=70/80=87.5\%$；检准率 $=70/100=70\%$；漏检率 $=(80-70)/80=12.5\%$；误检率 $=(100-70)/100=30\%$。

检全率与漏检率是相对的，检全率越高，则漏检率越低；而漏检率越高，则检全率越低。检索实践中，总是力求提高检全率，或是降低漏检率。检准率与误检率是相对的，检准率越高，则误检率越低；而误检率越高，则检准率越低。检索实践中，总是力求提高检准率，或是力求降低误检率。然而，实践中，检全率与检准率都不可能达到 100%。而且，实践证明，检全率与检准率之间存在着互相制约的现象——互逆相关性,也即提高检全率会使检准率下降,而提高检准率会使检全率下降。为此,在检索实践中,不能一味求检全,也不能一味求检准,而是要根据检索目的和检索要求等实际情况协调检全与检准的关系。

扩展阅读

信息检索的发展趋势

信息检索起源于图书馆的参考咨询和文摘索引工作,从19世纪下半叶开始发展,至20世纪40年代,索引和检索已成为图书馆独立的工具和用户服务项目。信息检索一词出现于20世纪50年代,是指将信息按一定的方式组织和存储起来,并根据信息用户的需要找出有关的信息的过程和技术。20世纪60年代到80年代,信息检索在教育、军事和商业等各领域高速发展,得到了广泛的应用。信息检索由手工检索过渡到计算机检索。计算机信息检索大体经历了3个发展阶段:脱机检索阶段、联机检索阶段和网络化联机检索阶段。网络信息检索是从20世纪90年代开始的,World Wide Web的出现和发展,使网络信息检索工具快速发展起来。

目前,信息检索正朝着网络化和智能化的方向发展。信息检索的对象从相对封闭、稳定一致、由独立数据库集中管理的信息内容扩展到开放、动态、更新快、分布广泛、管理松散的网络内容。因此,未来的信息检索必将体现智能化、个性化、多样化的特点①。

智能化是信息检索的主要发展方向。智能化体现在信息检索工具的智能化和检索软件的智能化。智能检索是基于自然语言的检索形式,机器根据用户所提供的以自然语言表述的检索要求进行分析,而后形成检索策略进行搜索。智能搜索引擎是结合了人工智能技术的新一代搜索引擎,它使因特网信息检索从基于关键词检索提高到基于知识或概念检索,并对知识有一定的理解及处理能力,能够实现分词技术、同义词技术、概念搜索、短语识别及机器翻译等技术。

个性化信息检索是指能够为具有不同信息需求的用户提供个性化检索结果的技术,即对不同用户提供的同一种查询词语也能按照不同的用户需求而生成不同的检索结果。从实现原理上看,目前的个性化信息检索的方法主要有3种,分别为基于文本内容分析的方法、基于单击流量的方法和基于超链接分析的方法。

多样化信息检索体现在3个方面:一是可以检索的信息形态多样化,如文本、声音、图像、动画等。二是检索工具向多国化、多语种化方向发展。三是网上检索工具的服务多元化,如提供站点评论、天气预报、新闻报道等多种面向大众的信息服务,以满足用户多种形式的需要。无论是在国际上还是在国内,检索工具都在朝多元化

① 戴莉. 网络信息检索的发展趋势[J]. 情报探索,2005(2):52-55.

方向发展,为用户提供全方位服务。

未来网络信息检索发展方向①主要包括新一代的搜索引擎、可视化检索、语义检索、多媒体检索、P2P检索以及基于网格的信息检索。元搜索引擎被称为搜索引擎之上的搜索引擎,极大程度上满足了一次查询就可以获得多个搜索引擎有关查询结果的要求,极大地提高了检索效率,节省了用户的时间。可视化检索是把文献信息、用户提问、各类检索模型以及利用检索模型进行信息检索的过程,展示在一个低维的可视化空间中,并向用户提供信息检索服务。语义检索是把信息检索与人工智能技术、自然语言处理技术相结合的检索,能够较好地解决传统全文检索中关键词词间关系模糊、检准率低的问题。基于内容的多媒体信息检索是根据媒体和媒体对象的内容及上下文联系在大规模多媒体数据库中进行检索。

练习与思考

1. 文献的内部特征主要有哪些?
2. 文献的外部特征主要有哪些?
3. 请比较叙词语言与关键词语言的相同点与不同点。
4. 请说出分类检索语言与主题检索语言各自的特点。
5. 我国对西医药学和中医药学文献的主题标引分别采用了什么样的叙词表?
6. 你知道哪些信息检索技术? 它们各自的功能是什么?
7. 选取检索词时一般要经过哪几个步骤? 其中需要注意哪些要点?
8. 评价检索效果最主要的指标是哪两项? 如何计算?

参考文献

[1] 李红梅,王振亚. 医学信息检索与利用[M]. 北京:人民邮电出版社,2013

[2] 吴兰成. 中国中医药学主题词表(上卷)[M]. 北京:中医古籍出版社,2008.

[3] 肖晓旦,张士靖. 医学文献主题标引[M]. 北京:高等教育出版社,2008.

[4] 程艾军.《医学主题词表》(MeSH)及其在医学文献检索中的应用[J]. 首都医科大学学报:社科版,2008(S1):73-75.

[5] 曹彩英. 科技信息资源检索[M]. 北京:海洋出版社,2013.

[6] 洪全. 信息检索与利用[M]. 北京:人民邮电出版社,2011.

[7] 吴贤奇. 现代文献信息检索[M]. 南京:东南大学出版社,2007.

[8] 邰峻,张利平. 信息素养与计算机信息检索[M]. 北京:北京航空航天大学出版社,2011.

① 高凡. 网络信息检索的发展方向[J]. 情报理论与实践,2004,27(2):202-205.

[9] 蔡丽萍. 文献信息检索教程[M]. 北京:北京邮电大学出版社,2013.

[10] 过仕明. 现代信息检索[M]. 哈尔滨:黑龙江教育出版社,2004.

[11] 何琍芳. 电子信息资源与计算机检索[M]. 北京:机械工业出版社,2009.

[12] 马林山. 信息检索与利用[M]. 合肥:安徽科学技术出版社,2013.

[13] 彭莲好,王勇. 现代信息检索基础教程[M]. 武汉:华中科技大学出版社,2014.

[14] 张怀涛,黄健,岳修志. 信息检索新编[M]. 武汉:武汉大学出版社,2012.

[15] 戴莉. 网络信息检索的发展趋势[J]. 情报探索,2005(2): 52-55.

[16] 高凡. 网络信息检索的发展方向[J]. 情报理论与实践,2004,27(2): 202-205.

第3章

中文期刊信息资源检索

学习目标

⊙ 了解CNKI、万方、维普数据库的基本情况；

⊙ 掌握CNKI的使用方法、检索分类和技巧；

⊙ 掌握常用中文医学文摘数据库的使用。

开篇案例

2014年9月重庆某大学某教授被报道涉嫌论文抄袭，其2009年发表的一篇论文与1995年中山大学发表的一篇论文严重雷同。两篇论文绝大部分内容甚至标点符号都一样，在一万余字的论文中，仅有40余处细微差异。这些差异集中在近义词替换、汉字数字改写为阿拉伯数字、增删文字三类。

近年来，学术造假事件在我国屡屡见诸各类媒体，论文抄袭现象成了整个科技界和教育界一个十分严重的问题。发表于2014年5月的文章《中文学术期刊撤销论文研究》对论文撤销现象进行了关注。该文作者从CNKI数据库检索得到83篇撤稿声明，涉及92篇撤销论文，撤销现象集中于2007年之后。作者分析了这些论文的撤稿原因后发现，因学术不端引起的撤稿占总比的67.4%。

为此中国知网、万方和维普基于自己庞大的数据库资源，分别推出了各自的学术不端或论文相似性检测系统，并被国内各大高校和科研院所应用于研究生论文查重分析，防止论文抄袭。但这些查重系统也有一定的局限性，各个系统在比对算法、判定标准、数据源覆盖范围、分析翻译文本等方面都存在着差异，有可能造成漏判或误判。因此，还要借助于制定合理的法律法规和充分的同行评审制度来抑制学术造假现象。

3.1 全文数据库

3.1.1 CNKI 中国知网数字图书馆

CNKI 即中国知识基础设施工程(China National Knowledge Infrastructure)。① CNKI 工程是以实现全社会知识资源传播共享与增值利用为目标的信息化建设项目,由清华大学、清华同方发起,始建于 1999 年 6 月。CNKI 工程经过多年努力,建成了世界上全文信息量规模最大的"CNKI 数字图书馆",并正式启动建设《中国知识资源总库》及"CNKI 网格资源共享平台"(CNKI - GRID)。《中国知识资源总库》是中国知网的核心资源,深度集成整合了期刊、博硕士论文、会议论文、报纸、年鉴、工具书等各种文献资源,为全社会知识资源高效共享提供最丰富的知识信息资源和最有效的知识传播与数字化学习平台。

基于知识网络和知识服务网络而建造是 CNKI 数字图书馆的突出特点。它通过一个庞大的知识服务网络,将 CNKI 工程自建的知识信息资源与互联网上的动态信息资源、其他公共知识信息资源以及印刷版馆藏资源,虚拟为一个统一的网络数字图书馆,向用户提供丰富、便利和个性化的知识信息服务。CNKI 是由一组多种资源类型的全文数据库组成的数据库群;支持跨库检索,数据库间通过知识关联;可用于文献内容查找,也可用于数字化学习、评价、查新等工作。CNKI 中国知网主页的网址为 http://www.cnki.net/。

1. 中国期刊全文数据库

中国期刊全文数据库是目前世界上最大的连续动态更新的中国学术期刊全文数据库,是"十一五"国家重大网络出版工程的子项目,是《国家"十一五"时期文化发展规划纲要》中国家"知识资源数据库"出版工程的重要组成部分。该库以学术、技术、政策指导、高等科普及教育类期刊为主,内容覆盖自然科学、工程技术、农业、哲学、医学、人文社会科学等各个领域。截至 2014 年 9 月,其收录了国内学术期刊 8 000多种,全文文献总量 4 100 多万篇②。中心网站版、网络镜像版,每个工作日出版,法定节假日除外。网络镜像版和光盘版每月 10 日出版。

该库以学科分类为基础,兼顾用户对文献的使用习惯,分为十大专辑:基础科学、工程科技 I、工程科技 II、农业科技、医药卫生科技、哲学与人文科学、社会科学 I、社会科学 II、信息科技、经济与管理科学。

该库的期刊能够集中迅速地反映各行业、各学科的最新研究进展和社会热点问

① 中国知识基础设施工程[EB/OL].[2014-09-30]. http://cnki.net/gycnki/gycnki.htm.

② 中国知网[EB/OL].[2014-09-30]. http://epub.cnki.net/kns/brief/result.aspx? dbPrefix=CJFQ.

题；可根据文献的有关信息与内容直接进行查询检索，也可以直接打开全文进行在线摘录；是进行历史资料查询、学科研究、市场调研、更新知识、自主学习的最好资源。

（1）“一框式”检索

图 3-1 显示了从 CNKI 数字图书馆主页中进入中国期刊全文数据库的路径和“一框式”检索，使用“一框式”检索之前，要先选择“一框式”检索上方所需使用的数据库。

图 3-1　CNKI 数字图书馆主页

案例 3-1

在中国期刊全文数据库中检索篇名中含有“肿瘤癌变”的期刊文章，则首先单击“一框式”检索上方的期刊数据库，选择字段篇名，在后面的输入框中输入“肿瘤癌变”，单击“检索”，系统默认的是对检索词进行模糊检索，检索结果如图 3-2 所示。共检索出 27 条结果，系统默认按照主题排序，当然也可以手动按照发表时间、被引次数和下载次数对检索出的文献进行排序。检索结果页面显示了检索出的文献的基本信息和常用的功能，如篇名、作者、刊名、年/期、被引次数、下载次数、预览、分享。对检索出的结果可以在分组浏览中选择按照学科、发表年度、基金、研究层次、作者、机构进行浏览。在检索结果的右侧显示了对检索出的结果进行统计和近期的检索概况，其中含有来源类别、期刊、关键词、检索历史、浏览概况、下载历史、近期关注。如要导出相应的文章，可以选中相应期刊文章前面的小方框，单击“导出/参考文献”，进行导出相应期刊文章的基本信息和著录格式等。根据分组浏览和统计分析可以分析出相关课题的年度、作者、区域等分布状况。

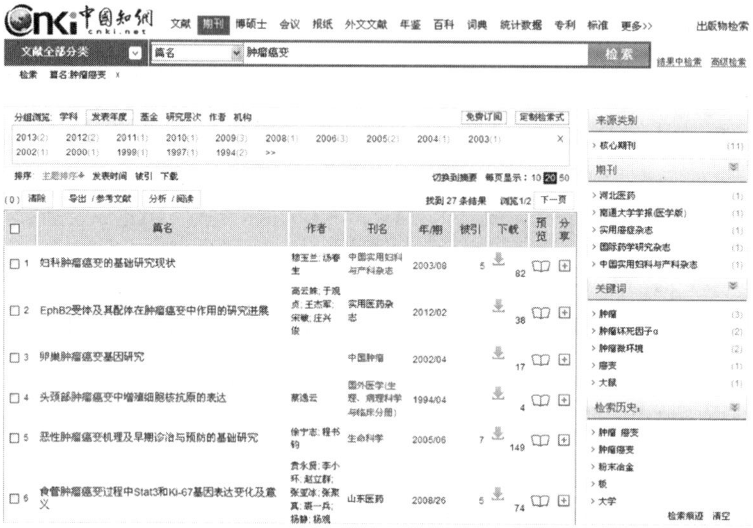

图 3-2 "一框式"检索结果

（2）简单检索

中国期刊全文数据库主页提供简单检索或初级检索、高级检索、专业检索、作者发文检索、科研基金检索、句子检索和来源期刊检索。此外，在检索页面的左面可以对检索的课题进行学科领域的限制。中国期刊全文数据库主页的网址为 http://epub. cnki. net/kns/brief/result. aspx?dbPrefix = CJFQ，系统默认的检索界面为简单检索。

简单检索的检索项或检索字段包括主题、篇名、关键词、作者、单位、刊名、ISSN、CN、期、基金、摘要、全文、参考文献、中图分类号。精确检索是指检索结果中含有与检索词完全匹配的词语。模糊检索是指检索结果包含检索词或检索词中的词素。在输入框中直接输入检索词，当检索词多时，可以单击检索项之前的加减号来增减检索输入框。并且在检索的同时，根据课题的需要可以确定年限和期刊种类。

案例 3-2

检索在各个学科 2010—2013 年的核心期刊中，篇名中包括"肿瘤癌变"的期刊文献，对检索条件进行限制，年限限定为"2010"年到"2013"年，来源类别选中"核心期刊"，由于"肿瘤癌变"是两个独立概念词的组合，故输入拆分的检索词"肿瘤""癌变"，检索结果如图 3-3 所示。

图 3-3 简单检索结果

(3) 高级检索

高级检索是提供检索项之间的逻辑组合、检索词之间逻辑组合和段句组合，并提供多种检索控制功能的多条件联结检索。所有检索项按“并且”“或者”“不包含”3 种逻辑关系进行组合检索，这 3 种逻辑关系的优先级相同，即按先后顺序进行组合。词频是指检索词在相应检索项中出现的频次，如果词频为空，表示至少出现 1 次；如果为数字，例如“3”表示至少出现 3 次，以此类推。

案例 3-3

检索在各个学科 1990—2013 年的所有期刊中，作者单位为暨南大学，篇名中包括“肿瘤癌变”的期刊文献，对检索条件进行限制，年限限定为“1990”年到“2013”年，作者单位为“暨南大学”，输入拆分的检索词“肿瘤”“癌变”，检索结果如图 3-4所示。

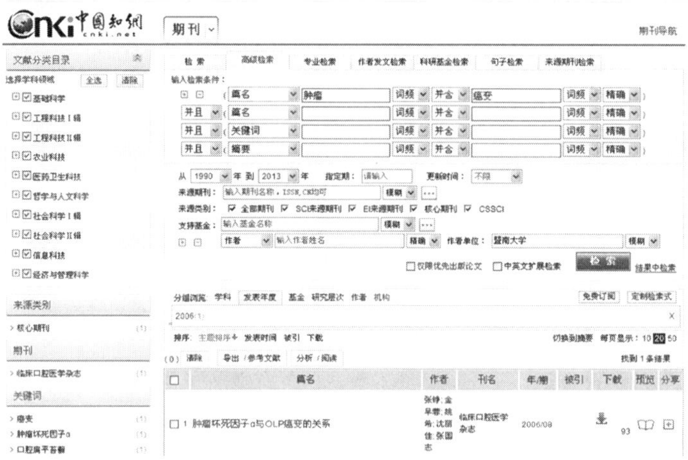

图 3-4　高级检索结果

（4）专业检索

专业检索是采用系统提供的检索语法，将各种检索条件构造成检索表达式，并将其直接输入检索框中进行检索的方法。提供的组合功能包括逻辑组合、距离匹配（字距、词距、同句、同段）、包含匹配、模糊匹配、前方一致、后方一致、词频控制、数值匹配。不同数据库所采用的检索语法及控制手段基本相同，但因文献特征及数据库字段定义上的差异，各库的检索项及功能会有所不同。因此，各个数据库执行各自的检索语法表。可检索的字段包括"SU = 主题""TI = 题名""KY = 关键词""AB = 摘要""FT = 全文""AU = 作者""FI = 第一作者""AF = 作者单位""JN = 期刊名称""RF = 参考文献""RT = 更新时间""YE = 期刊年""FU = 基金""CLC = 中图分类号""SN = ISSN""CN = CN 号""CF = 被引频次""SI = SCI 收录刊""EI = EI 收录刊""HX = 核心期刊"。可使用的运算符见表 3-1。

表 3-1　专业检索可以使用的运算符①

运算符	检索功能	检索含义	举例	适用检索项
= 'str1' * 'str2'	并且包含	包含 str1 和 str2	TI = '转基因' * '水稻'	
= 'str1' + 'str2'	或者包含	包含 str1 或者 str2	TI = '转基因' + '水稻'	所有检索项
= 'str1' - 'str2'	不包含	包含 str1 不包含 str2	TI = '转基因' - '水稻'	

① 专业检索表达式语法[EB/OL].[2014 - 09 - 30]. http://epub.cnki.net/kns/help/help.aspx?helpType = zhuanye&url = help_yufa.htm.

续表

运算符	检索功能	检索含义	举例	适用检索项
='str'	精确	精确匹配词串 str	AU ='袁隆平'	作者、第一责任人、机构、中文刊名 & 英文刊名
='str /SUB N'	序位包含	第 n 位包含检索词 str	AU =' 刘强 /SUB 1 '	
%'str'	包含	包含词 str 或 str 切分的词	TI%'转基因水稻'	全文、主题、题名、关键词、摘要、中图分类号
='str'	包含	包含检索词 str	TI ='转基因水稻'	
=' str1 /SEN N str2 '	同段,按次序出现,间隔小于 N 句		FT =' 转基因 /SEN 0 水稻'	
=' str1 /NEAR N str2 '	同句,间隔小于 N 个词		AB =' 转基因 /NEAR 5 水稻'	主题、题名、关键词、摘要、中图分类号
=' str1 /PREV N str2 '	同句,按词序出现,间隔小于 N 个词		AB =' 转基因 /PREV 5 水稻'	
=' str1 /AFT N str2 '	同句,按词序出现,间隔大于 N 个词		AB =' 转基因 /AFT 5 水稻'	
=' str1 /PEG N str2 '	全文,词间隔小于 N 段		AB =' 转基因 /PEG 5 水稻'	
=' str $ N '	检索词出现 N 次		TI ='转基因 $ 2'	
BETWEEN	年度阶段查询		YE BETWEEN ('2000','2013')	年、发表时间、学位年度、更新日期

小贴士

多个检索项的检索表达式可使用“AND”或“ * ”、“OR”或“ + ”、“NOT”或“ - ”逻辑运算符进行组合,3 种逻辑运算符的优先级相同,如果要改变组合的顺序,可以使用圆括号“( )”将条件括起来;所有符号和英文字母都必须是英文字符,也就是说,必须使用半角字符;使用“同句”“同段”“词频”时,需对多个检索词及其运算符加西文单引号。

案例 3-4

检索 2000—2013 年各个学科且作者单位为中国医科大学或上海市肿瘤研究所发表的主题中含有“肿瘤癌变”的期刊文献,则构造检索式:SU = 肿瘤 AND SU = 癌变 AND(AF% 中国医科大学 OR AF% 上海市肿瘤研究所),年限在专业检索输入框的下面填入,检索结果如图 3-5 所示。

图 3-5　专业检索结果

（5）作者发文检索

作者发文检索是通过作者姓名、单位等信息，查找作者发表的全部文献及其被引用和下载的情况。通过作者发文检索不仅能找到某一作者发表的文献，还可以通过对结果的分组筛选情况全方位地了解作者的主要研究领域、研究成果等情况。

案例 3-5

检索作者为王雁玲、作者单位为中国医科大学的期刊文献，检索结果如图 3-6 所示。

图 3-6　作者发文检索结果

（6）科研基金检索

科研基金检索是通过科研基金名称，查找科研基金资助的文献。通过对检索结果的分组筛选，还可全面了解科研基金资助学科范围、科研主题领域等信息。若不确定基金名称，可以单击检索输入框后面的“…”进行基金项目的选择。

案例 3-6

检索分子肿瘤学国家重点实验室的基金的期刊文献，注意选择检索词为“模糊匹配”，检索结果如图 3-7 所示。

图 3-7　科研基金检索结果

（7）句子检索

句子检索是通过用户输入的两个关键词，查找同时包含这两个词的句子或者段落。由于句子中包含了大量的事实信息，因而可以通过检索句子为用户提供有关事实的问题的答案。

案例 3-7

检索在同一句中既含有“肿瘤”又含有“癌变”的期刊文献，检索结果如图 3-8 所示。

图 3-8 句子检索结果

（8）来源期刊检索

来源期刊检索是通过期刊的来源、期刊的名称、ISSN、CN 进行期刊检索。期刊的来源类别包含了全部期刊、SCI 来源期刊、EI 来源期刊、核心期刊和 CSSCI 来源期刊。

案例 3-8

检索 2012—2013 年，来源于临床医学相关核心期刊的文献，注意选择检索词为“模糊匹配”，检索结果如图 3-9 所示。

图 3-9 来源期刊检索结果和期刊导航

（9）在结果中检索（二次检索）

首次检索后，若检索结果太多，难以选择，可以进行二次检索，使结果进一步明确。无论是高级检索还是简单检索，每一步检索结果的页面上均设置了"在结果中检索"的功能。在结果中检索只是在上次检索结果的范围内进行的检索，可以多次进行。这样可以逐步缩小检索范围，不断接近检索结果。这一功能显示在实施检索后的检索结果页面。

案例 3-9

图 3-9 所示是第一次检索的结果，检索结果数量很多，若只需要查看 2013 年的期刊，则将年限限制改为"2013"年到"2013"年，单击"结果中检索"，那么检索结果只出现 2013 年有关临床医学的核心期刊。

（10）检索结果浏览、下载

用户一般可以通过检索结果显示的篇名、作者、刊名等信息对检索结果进行初步筛选和取舍。如果要浏览和下载选中文章的原文，一是可以直接单击"原文下载"的图标，二是可以通过单击篇名打开摘要显示窗口，选择 CAJ 或 PDF 格式下载。

（11）期刊导航

用户可直接浏览期刊的基本信息，按期查找期刊文章，也可以直接通过刊名、ISSN、CN 号检索出所需要的期刊，如图 3-9 所示。期刊导航主要包括专辑导航、世纪期刊导航、核心期刊导航、数据库刊源导航、中国高校精品科技期刊导航、刊期导航、出版地导航、主办单位导航、发行系统导航。

专辑导航按照期刊知识内容分类，分为 10 个专辑，178 个专题；世纪期刊导航按期刊的知识内容分类，只包括 1994 年之前出版的期刊；核心期刊导航按 2008 年版"中文核心期刊要目总览"核心期刊表分类，只包括被 2008 年版"中文核心期刊要目总览"收录的期刊；数据库刊源导航按期刊被国内外其他数据库收录情况对其进行分类①。

2. 中国博士学位论文全文数据库

中国博士学位论文全文数据库简称 CDFD，是国内内容最全，质量最高，出版周期最短，数据最规范、最实用的博士学位论文全文数据库。出版内容覆盖基础科学、工程技术、农业、医学、哲学、人文、社会科学等各个领域。截至 2014 年 9 月，该库收录了来自 416 家培养单位的博士学位论文 23 万多篇②，以及从 1984 年至今的全国"985"和"211"工程等重点高校，中国科学院、社会科学院等研究院所的博士学位论文。

---

① 期刊导航[EB/OL].[2014-09-30]. http://epub.cnki.net/kns/oldnavi/n_Navi.aspx?NaviID=100&Flg=.

② 博士学位论文—中国知网[EB/OL].[2014-09-30]. http://epub.cnki.net/kns/brief/result.aspx?dbPrefix=CDFD.

3. 中国优秀硕士学位论文全文数据库

中国优秀硕士学位论文全文数据库简称 CMFD，是国内内容最全，质量最高，出版周期最短，数据最规范、最实用的硕士学位论文全文数据库。其出版内容覆盖基础科学、工程技术、农业、哲学、医学、哲学、人文、社会科学等各个领域。截至 2014 年 9 月，其收录了从 1984 年至今的来自 650 家培养单位的优秀硕士学位论文 211 万多篇①，重点收录了“985”和“211”高校、中国科学院、社会科学院等的优秀硕士论文及重要特色学科如通信、军事学、中医药等专业的优秀硕士论文。

4. 国内外重要会议论文全文数据库

国内外重要会议论文全文数据库的文献是由国内外会议主办单位或论文汇编单位书面授权并推荐出版的重要会议论文。由中国学术期刊（光盘版）电子杂志社编辑出版的国家级连续电子出版物专辑，重点收录了 1999 年以来，中国科协系统及国家二级以上的学会、协会，高校，科研院所，政府机关举办的重要会议以及在国内召开的国际会议上发表的文献。其中，国际会议文献占全部文献的 20% 以上，全国性会议文献超过总量的 70%，部分重点会议文献可追溯至 1953 年。

5. 中国科技项目创新成果鉴定意见数据库

中国科技项目创新成果鉴定意见数据库（知网版）主要收录正式登记的中国科技成果，按行业、成果级别、学科领域分类。每条成果信息包含成果概况、立项、评价，知识产权状况及成果应用，成果完成单位、完成人等基本信息。核心数据为登记成果数据，具备正规的政府采集渠道，权威、准确。其是唯一收录专家组对该项成果的推广应用前景与措施、主要技术文件目录及来源、测试报告和鉴定意见等内容鉴定数据的数据库。

6. 标准数据总库

标准数据总库是国内数据量最大、收录最完整的标准数据库，分为《中国标准题录数据库》（SCSD）、《国外标准题录数据库》（SOSD）、《国家标准全文数据库》和《中国行业标准全文数据库》。《中国标准题录数据库》收录了所有的中国国家标准（GB）、国家建设标准（GBJ）、中国行业标准的题录摘要数据，共计标准约 13 万条；《国外标准题录数据库》收录了世界范围内的重要标准，如国际标准（ISO）、国际电工标准（IEC）、欧洲标准（EN）、德国标准（DIN）、英国标准（BS）、法国标准（NF）、日本工业标准（JIS）、美国标准（ANSI）、美国部分学/协会标准（如 ASTM，IEEE，UL，ASME）等标准的题录摘要数据，共计标准约 31 万条。标准的内容来源于中国标准化研究院国家标准馆，相关的文献、专利、成果等信息来源于 CNKI 各大数据库。

3.1.2 万方数据知识服务平台

万方数据知识服务平台（Wanfang Data Knowledge Service Platform）是建立在原万

① 中国知网[EB/OL].[2014-09-30]. http://epub.cnki.net/kns/brief/result.aspx? dbPrefix=CMFD.

方数据资源系统的基础上，海纳中外学术期刊论文、学位论文、中外学术会议论文、标准、专利、科技成果、特种图书等各类信息资源，资源种类全、品质高、更新快，具有广泛的应用价值；提供检索、多维知识浏览等多种人性化的信息揭示方式及知识脉络、查新咨询、论文相似性检测、引用通知等多元化增值服务。万方数据知识服务平台的网址为 http://www.wanfangdata.com.cn/。

1. 中国学术期刊数据库

中国学术期刊数据库是万方数据知识服务平台的重要组成部分，集纳了多种科技及人文和社会科学期刊的全文内容。其中绝大部分是进入科技部科技论文统计源的核心期刊。其内容包括论文标题、论文作者、来源刊名、论文的年卷期、中图分类法的分类号、关键字、所属基金项目、数据库名、摘要等信息，并提供全文下载。该数据库收录了自 1998 年以来国内出版的各类期刊文献 2 000 多万篇。

中国学术期刊数据库提供的检索包括“一框式”检索、高级检索和专业检索。

(1) “一框式”检索

“一框式”检索内涵丰富，功能强大，带给用户简单、快捷、稳定的检索体验，已经成为用户最常用的检索方式。用户可以使用该功能方便地输入和构造检索表达式。检索出的文献可以按照相关度、出版时间、被引次数进行排序。同时，用户在检索结果页面可以增加或调整检索条件，缩小检索范围。

案例 3-10

检索肿瘤癌变的相关期刊文献，首选数据库为期刊数据库，只需在输入框输入“肿瘤癌变”即可检索论文中含有肿瘤癌变的期刊文献，也可以查找刊名中含有肿瘤癌变的期刊，系统默认检索词为“模糊检索”，如图 3-10 所示。

图 3-10　中国学术期刊数据库的“一框式”检索

（2）高级检索

用户可以使用高级检索工具对检索词进行“与”“或”“非”的运算、设置“精确”或“模糊”检索。系统内含跨库检索功能，根据用户的选择结果自动生成检索表达式，也可自动转化为专业检索。如检索题名中含有“肿瘤癌变”的期刊文献，如图 3-11所示。

图 3-11　万方期刊数据库的高级检索

（3）专业检索

用户可以在专业检索工具中使用 PQ 表达式构造更复杂的检索策略。当用户用“高级检索”检索后，直接单击“专业检索”，则高级检索的检索式会自动转换为专业检索的检索式，如图 3-12 所示。

图 3-12　万方期刊数据库的专业检索

2. 中国学位论文数据库

中国学位论文数据库是万方数据知识服务平台的重要组成部分，收录了我国90%以上学位授予单位的博士后、博士、硕士及同等学力的学位论文，内容涵盖理学、工业技术、人文科学、社会科学、医药卫生等各学科领域，是我国收录数量最多的学位论文全文数据库，适合各大学和科研机构使用。该库收录了自1980年以来国内高校的硕士、博士论文200多万篇。

3. 中国学术会议文献数据库

中国学术会议文献数据库由中文全文数据库和西文全文数据库两部分构成。其中，"中文版"所收录的会议论文内容是中文；"英文版"主要收录在中国召开的国际会议的论文，论文内容多为西文。该数据库内容涵盖人文社会、自然、农林、医药、工程技术等各学科领域，以国家级学会、协会、研究会组织，部委，高校召开的全国性学术会议论文为主。该库是目前国内收集学科最全、数量最多的会议论文数据库，是了解国内学术动态必不可少的帮手。

4. 中外专利数据库

中外专利数据库包括中国专利文献、国外与国际组织专利两部分，收录了国内外的发明、实用新型及外观设计等，内容涉及自然科学各个学科领域，是科技机构、大中型企业、科研院所、大专院校和个人在专利信息咨询、专利申请、科学研究、技术开发，以及科技教育培训中不可多得的信息资源。

5. 中外标准数据库

中外标准数据库包括标准文摘数据库和标准全文数据库。该库综合了由国家技术监督局、建设部情报所、建材研究院等单位提供的中国国家标准、建设标准、建材标准、行业标准及国际标准、国际电工标准、欧洲标准以及美、英、德、法四国的国家标准和日本工业标准等各类标准题录。

6. 中国科技成果数据库

中国科技成果数据库是国家科技部指定的新技术、新成果查新数据库。数据主要来源于历年各省、市、部委鉴定后上报国家科技部的科技成果及星火科技成果。其内容涵盖国内的科技成果及国家级科技计划项目，范围有新技术、新产品、新工艺、新材料、新设计，涉及自然科学的各个学科领域。该库收录了自1980年以来的国内的科技成果及国家级科技计划项目，总计80多万项。

3.1.3 维普期刊资源整合平台

重庆维普数据库包括《中文科技期刊数据库》、《中国科技经济新闻数据库》、《中文科技期刊数据库（引文版）》、《外文科技期刊数据库》、《中国科学指标数据库》、中文科技期刊评价报告、中国基础教育信息服务平台、维普-google学术搜索平台、维普考试资源系统、图书馆学科服务平台、文献共享服务平台、维普期刊资源整合服务平台、维普机构知识服务管理系统、文献共享平台、维普论文检测系统等系列产品。其中,《中文科技期刊数据库》分3个版本(全文版、文摘版、引文版)和8个专辑(社会科学、自然科学、工程技术、农业科学、医药卫生、经济管理、教育科学、图书情报),定期出版发行。

维普期刊资源整合服务平台(V6.5),是中文科技期刊资源一站式检索及提供深度服务的平台,是一个由单纯提供原始文献信息服务过渡延伸到提供深层次知识服务的整合服务系统。其包括但不限于以下功能:中刊检索、文献查新、期刊导航、检索历史、引文检索、引用追踪、H指数、影响因子、排除自引、索引分析、排名分析、学科评估、顶尖论文、搜索引擎服务等。

维普期刊资源整合服务平台包含5个功能模块:期刊文献检索、文献印证追踪、科学指标分析、高被引析出文献库、搜索引擎服务。

期刊文献检索有效继承原《中文科技期刊数据库》检索查新及全文保障功能,并进行检索流程梳理和功能优化,新增文献传递、检索历史、参考文献、基金资助、期刊被知名国内外数据库收录的最新情况查询、查询主题学科选择、在线阅读、全文快照、相似文献展示等功能。

文献印证追踪采用科学计量学中的引文分析方法,对文献之间的引证关系进行深度数据挖掘,除提供基本的引文检索功能外,还提供基于作者、机构、期刊的引用统计分析功能,可广泛用于课题调研、科技查新、项目评估、成果申报、人才选拔、科研管理、期刊投稿等用途。

科学指标分析是运用科学计量学有关方法,以维普中文科技期刊数据库近10年的千万篇文献为计算基础,对我国近年来科技论文的产出和影响力及其分布情况进行客观描述和统计。

高被引析出文献库是一个基于期刊参考文献筛选出的一次文献资源产品模块,包括学位论文、会议论文、标准、专利、图书等。

搜索引擎服务是为机构用户基于搜索引擎面向读者提供服务的有效拓展支持工具。

期刊文献检索模块提供的检索方式有基本检索、传统检索、高级检索、期刊导航、检索历史。

1. 基本检索

基本检索是期刊文献检索功能模块默认的检索方式,检索方便快捷。基本检索步骤如下:第一步,登录期刊资源整合服务系统。登录系统后,默认功能模块为期刊文献检索,默认检索方式为基本检索。第二步,检索条件限定。在基本检索首页使用下拉菜单选择时间范围、期刊范围、学科范围等检索限定条件。第三步,选择检索入口,输入检索词。选择检索入口,输入题名、关键词、作者、刊名等检索内容条件。第四步,进行检索。单击“检索”进入检索结果页,查看检索结果题录列表,反复修正检索策略得到最终检索结果。第五步，检索结果操作。根据题录信息判断文献相关性，可筛选导出文献题录，也可单击题名进入文献细览页查看详细信息和知识节点连接。第六步，获取全文。在检索结果页或文献细览页都可以通过单击“下载全文”“文献传递”“在线阅读”按钮获取全文。

案例 3-11

检索各个学科、核心期刊、2010—2013 年题名含有“肿瘤癌变”的期刊文章，检索界面和结果如图 3-13、图 3-14 所示。

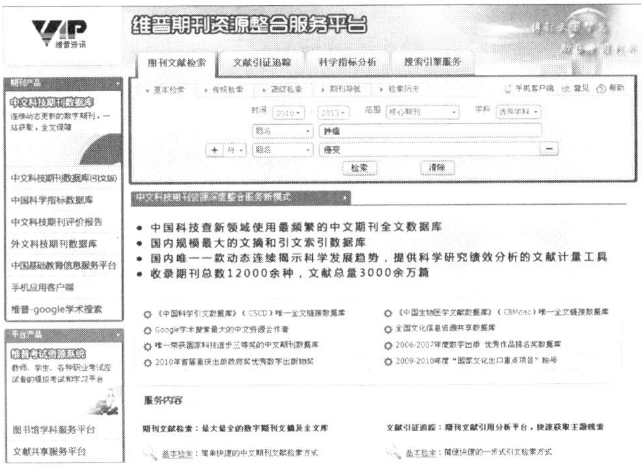

图 3-13　基本检索示例

图 3-14　基本检索结果

小贴士

在已经进行了检索操作的基础上，可进行重新检索或二次检索（在结果中检索、在结果中添加、在结果中去除）。

① 在结果中检索：检索结果中必须出现所有的检索词，相当于布尔逻辑的“与”“and”“＊”。

② 在结果中添加：检索结果至少出现任一检索词，相当于布尔逻辑的“或”“or”“＋”。

③ 在结果中去除：检索结果中不应该出现包含某一检索词的文章，相当于布尔逻辑的“非”“not”“－”。

2．传统检索

原网站的《中文科技期刊数据库》检索模式，经常使用本网站的老用户可以单击此链接进入。检索界面进行检索操作，可进行中刊文章题录文摘浏览、下载及全文下载。

案例 3-12

检索各个学科、核心期刊、2010—2013 年篇名含有“肿瘤癌变”的期刊文章，检索结果如图 3-15 所示。

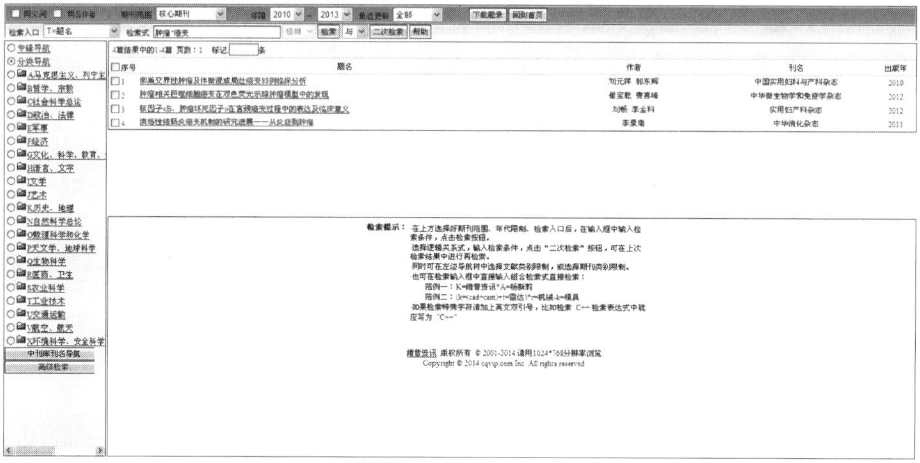

图 3-15　传统检索结果

3．高级检索

高级检索提供向导式检索和直接输入检索式检索两种方式，运用逻辑组配关系，查找同时满足几个检索条件的中文期刊文章。向导式检索为读者提供分栏式检索词输入方法，除可选择逻辑运算、检索项、匹配度外，还可以进行相应字段扩展信息的限定，最大限度地提高了检准率。其严格按照从上到下的顺序进行，用户在检索时可根据检索需求进行检索字段的选择。直接输入检索式检索需要手动输入检索式，“ * ”代表“并且”，“ + ”代表“或者”，“ - ”代表“不包含”。

案例 3-13

检索各个学科、核心期刊、2010—2013 年篇名含有“肿瘤癌变”的期刊文章，若采用向导式检索，则检索界面和检索结果分别如图 3-16、图 3-17 所示；若采用直接输入检索式检索，则检索结果如图 3-17 所示。

图 3-16　向导式检索示例

图 3-17　向导式检索、直接输入检索式检索的检索结果

小贴士

CNKI、万方、维普三大期刊全文数据库存在一些同质化现象，各有千秋、各具长短，在期刊文献收录方面，没有哪一种数据库完全包括了另两种数据库所收录的期刊。CNKI收录最稳定，全部提供全文，而维普和万方存在大量文摘；CNKI的期刊最早回溯至1915年，维普收录自1989年（没有回溯），万方仅从1998年才开始收录（没有回溯）。

CNKI国内学术期刊收录完整，收录的期刊质量高，回溯时间早，可以满足用户进行回溯性检索，如追溯某一事物脉络、某一学科研究发展历程，或以收集资料的丰富性和完整性为检索目的的文献。万方重点收录科技部论文统计源的核心期刊，核心期刊的比例高，内容以科技信息为主，兼顾人文社会科学，适合工科、医科、理工科院校使用。另外，对于医学专业来说，万方数据和中华医学会、中国医师学会形成战略联盟，独家合作，拥有1 000多种中文医学期刊，其中独家收录中华医学会、中国医师协会等系列期刊250多种。维普收录内容以自然科学和工程技术为主，以科技期刊为主要特色，也扩展到人文、社会科学类期刊，偏重于地方性期刊和研究方面的论文。但各库需注意查缺补漏补齐收录文献。①

3.2 文摘数据库

文摘属于二次文献，不直接提供全文，是“查找文献的文献”。近20年来，国内开发出了很多生物医学文摘数据库，其中最具权威性、代表性及实用性的是中国生物医学文献数据库（CBM）、中国生物医学期刊目次数据库（CMCC）和中国药学文摘（CPA）。本节将分别介绍这3个数据库的收录内容、各自特点和检索方法。

3.2.1 中国生物医学文献数据库

1. 数据库简介

中国生物医学文献数据库（Chinese Biology Medicine disc，简称CBMdisc）是国内第一个综合性中文生物医学文献光盘数据库（1994年首次推出），也是目前国内最大的医药卫生专业文献数据库。该数据库收录了1978年以来1 800余种中国生物医学期刊，以及汇编、会议论文的文献题录，总计700余万篇，年增文献40余万篇，每月更新。其内容涉及基础医学、临床医学、预防医学、药学、中医学、兽医学及医院管理等生物医学的各个领域。2008年，中国医学科学院医学信息研究所又推出了中国生

① 杨慕莲.数字环境下中文学术信息资源的比较与分析——以CNKI、万方、维普三大期刊全文数据库为例[J].湖北科技学院学报，2013(11)：190－191.

物医学文献服务系统（简称 SinoMed），涵盖 8 种资源，CBM 成为该系统的主要资源之一。

CBM 全部题录均进行主题标引、分类标引，同时对作者机构、发表期刊、所涉基金等进行规范化加工处理，支持在线引文检索，辅助用户开展引证分析、机构分析等学术分析。CBM 的题录是根据美国《医学主题词（MeSH）》中译本和中国《中医药学主题词表》进行主题标引，并根据《中国图书馆分类法·医学专业分类表》把主题词到分类号进行自动分类标引。随着 MeSH 词表的更新，CBM 也每年对全部题录的主题词进行一次年度更新。

CBM 是题录文摘型数据库，本身不包括全文。基于中文期刊文献数字对象唯一标识符技术和 XML 技术，1989 以后的 CBM 题录数据实现了与维普全文数据库的链接，可以通过链接获取全文。

目前 CBM 数据库已经被整合到了 SinoMed 数据库中，要单独访问 CBM 数据库，首先要进入 SinoMed，网址为 http://www.sinomed.ac.cn/，然后再单击首页的“中国生物医学文献数据库”即可。

2. 数据结构和检索规则

CBM 的记录有 30 多个可检索字段，主要包括 AB（文摘）、AD（第一著者地址）、AU（著者）、CN（国内期刊号）、CL（分类号）、CT（特征词）、FS（资助类别）、IS（ISSN）、LA（语种）、MH（主题词）、PG（页码）、PP（期刊出版地）、PS（人名主题）、PY（出版年）、PT（文献类型）、RF（参考文献）、SO（文献出处）、TA（期刊名称）、TI（中文标题）、TT（英文标题）、TW（关键词）等。CBM 检索方式灵活，提供主题、分类、期刊、作者、机构等多种词表辅助查询功能，可满足简单检索和复杂检索的需求。

CBM 检索基本规则主要包括以下几个方面。

① 逻辑表达式检索：支持布尔逻辑运算符 AND（与）、OR（或）和 NOT（非）与检索词组成的检索表达式，运算符优先级顺序为 NOT > AND > OR，可用圆括号改变优先级顺序。运算符不分大小写，但要注意与检索词之间用空格隔开。

② 截词（通配符）检索：支持两种通配符检索，分别为单字通配符“?”和任意通配符“%”，如输入“血? 动力”可检索出含有血液动力、血流动力等词的文献；输入“肝炎%疫苗”，可检索出含“肝炎疫苗”“肝炎病毒基因疫苗”“肝炎减毒活疫苗”“肝炎灭活疫苗”等词的文献。

③ 强制检索：即对检索词用英文半角双引号进行标识，系统将把检索词词组或短语视作一个整体不进行分割去数据库检索。另外，如检索词中含有特殊符号如“-”“,”“(”等，也可使用引号标识，表明这些符号属于检索词的一部分，如“1,25-(OH)2D3”。

④ 模糊/精确检索：模糊检索亦称包含检索，即在返回的检索结果中会发现，用户输入的检索词包含在命中文献的检索字符串中。例如，检索作者“张明”的文献，

在不勾选“精确检索”的情况下可检出作者为“张明”“刘张明”“张明丽”等的文献。与精确检索（检索词与命中检索字符串完全等同）相比，模糊检索能够扩大检索范围，提高查全率。如无特殊说明，SinoMed 系统中默认进行的是模糊检索。

3. 数据库检索

SinoMed 包含 8 种数据库资源，可对包括 CBM 在内的数据库进行跨库检索，并提供了快速检索、高级检索、主题检索和分类检索 4 种跨库检索方式。CBM 数据库提供了快速检索、高级检索、主题检索、分类检索、期刊检索、作者检索、机构检索、基金检索和引文检索等众多检索途径（如图 3-18 所示）。

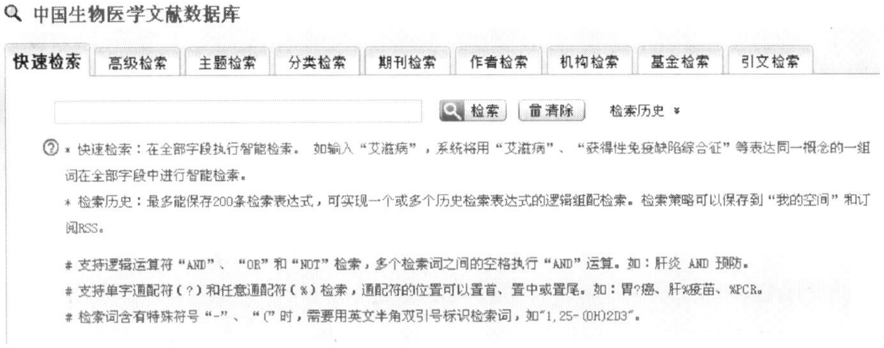

图 3-18 CBM 默认检索界面

（1）快速检索

快速检索为 CBM 默认的检索界面，它集成了智能检索功能，自动实现检索词及其同义词（包含主题词及主题词所含下位词）的扩展检索，并默认在数据库全部字段检索。输入多个检索词时，词间用空格分隔，则系统默认为“AND”逻辑组配关系，也可使用逻辑运算符“AND”、“OR”和“NOT”来组建明确的检索表达式进行检索。根据需要还可以使用双引号或通配符标识检索词进行强制检索和截词检索，通配符位置可以在词首、词中或词尾，如“胃？癌”“肝% 疫苗”“% PCR”。同 CNKI 数据库类似，初次检索结果显示之后，快速检索框旁会出现“二次检索”选项，继续输入检索词，可在已有检索结果范围内进一步缩小检索范围再检索，它与上一检索词是“AND”组配关系。

案例 3-14

通过快速检索查找胃肠癌手术方面的中文文献，可以输入以下检索词。

① 在检索框输入“胃肠癌手术”，单击“检索”按钮得到检索结果。系统自动扩展检索词为（“胃肠癌”[全字段] OR “胃肠肿瘤”[全字段] OR “胃肠肿瘤”[主题词]）AND “手术”[全字段]。

② 或输入"胃? 癌手术",单击"检索"按钮得到检索结果。系统自动扩展检索词为("胃? 癌"[全字段] OR "胃肠肿瘤"[全字段] OR "胃肠癌"[全字段] OR "胃肠肿瘤"[主题词]) AND "手术"[全字段]。

③ 或输入"(胃癌 or 肠癌) and 手术",单击"检索"按钮得到检索结果。系统自动扩展检索词为(("胃癌"[全字段] OR "胃肿瘤"[全字段] OR "胃瘤"[全字段] OR "胃肿瘤"[主题词]) or ("肠癌"[全字段] OR "肠肿瘤"[全字段] OR "肠癌症"[全字段] OR "肠肿瘤"[主题词])) and "手术"[全字段]。

以上3种检索词检索结果记录数稍有差异,均为5万余条,检索词经过自动扩展后在查全方面有所保证,但也会造成结果记录太多的现象,这就需要通过二次检索、强制检索或其他检索方式来缩小检索范围。

小贴士

对于截词符"?""%"和强制检索双引号"""",CBM系统会自动把中文输入格式转成英文输入格式。对于逻辑运算使用的圆括号"()",CBM系统对英文输入格式能很好地进行识别和自动扩展,对中文输入格式则不能进行自动识别和转换。对于逻辑运算符"AND"、"OR"和"NOT",CBM系统则不区分大小写。

(2)高级检索

CBM高级检索主要是通过编辑构建多字段的布尔表达式来进行检索,同时结合年代、文献类型、年龄、性别、对象等一些限定关系选项对检索结果进行限定(如图3-19所示)。构建表达式时可选择一些基本字段进行限定,如常用字段、全部字

图3-19 CBM高级检索界面

段、中英文标题、摘要、关键词、主题词、特征词、分类号、作者、第一作者、作者单位、国省市名、刊名、出版年、期、ISSN、基金等,其中"常用字段"是中文标题、摘要、关键词和主题词的组合。注意不同字段对智能检索和精确检索支持形式不一样,选择不同字段时网页上的相应选项会发生改变。支持精确检索的有关键词、主题词、特征次、分类号、作者、第一作者、刊名、期和 ISSN 字段,不勾选"精确检索"则为模糊检索。支持智能检索的字段为常用字段、全部字段、中英文标题、摘要、关键词等。

高级检索的布尔表达式构建如下:先在"构建表达式"栏下拉选项中选择合适的字段,再在表达式框中输入检索词,选择逻辑运算符,最后单击"发送到检索框"按钮将表达式发送到检索框,多个检索词的逻辑组合通过多次发送来进行构建。表达式框里一般一次只输入一个检索词,以空格隔开的多个检索词会被自动以引号标识视作一个整体词组。

进行高级检索时,还可以根据需要勾选年代、文献类型、年龄组、研究对象、性别等限定条件,这样可以减少二次检索操作,提高检索效率。设置限定条件可以在检索前,也可以在检索后。如果在检索后设置或修改限定条件,需要单击"检索条件"才能按新条件刷新当前检索结果。

案例 3-15

查找北京大学胡大一教授发表的关于高血压方面的文献,采用高级检索步骤如下:

① 进入高级检索界面,在"构建表达式"栏选择"常用字段",右边输入框填写"高血压",单击"发送到检索框"按钮。

② 在"构建表达式"栏选择"作者",右边输入框填写"胡大一",并勾选"精确检索"项,单击"发送到检索框"按钮,逻辑运算符选"AND"。

③ 继续在"构建表达式"栏选择"作者单位",右边输入框填写"北京大学",单击"发送到检索框"按钮,逻辑运算符仍选"AND"。此时上方检索框形成的检索表达式为((("高血压"[常用字段:智能])) AND "胡大一"[作者]) AND "北京大学"[作者单位],单击"检索"按钮即可得到检索结果。

(3)主题检索

主题检索是指采用规范化的主题词进行检索。由于 CBM 与 PubMed 一样采用《医学主题词表》对题录进行主题标引,因此主题检索是它们的特色功能。主题词检索与自然语言的检索词相比能有效地提高查准率。

主题词表是对主题词进行规范化处理的依据,也是文献处理者和检索者共同参照的依据。在主题词表中,如白介素 2、白细胞介素 2、IL2、IL-2 等表达同一概念的不同表述形式统一规范为主题词"白细胞介素-2";艾滋病、AIDS、爱滋病、获得性免疫缺陷综合征等表述则统一为主题词"获得性免疫缺陷综合征"。

主题检索步骤如下：① 首先在检索框中输入自然语言检索词，单击“查找”按钮查找并浏览相关主题词，然后选择确定需要的恰当主题词，进入主题词详细注释页面。② 在主题词注释页面，选择是否“加权”和“扩展”选项，再选择添加相应的副主题词后，单击“主题检索”即可。

案例 3-16

通过主题检索查找关于糖尿病并发症治疗方面的文献，步骤如下：

① 首先在 CBM 主题检索框中输入自然语言“糖尿病”查找对应主题词（若查找英文“diabetes”，检索入口应选择“英文主题词”），单击“查找”按钮。

② 系统显示含“糖尿病”的主题词列表，如图 3-20 所示。词条中带“见”字的词为主题词的款目词（入口词），中间列的词为正式主题词；词条中无“见”字的，前后均为主题词。这里找到“糖尿病并发症”，单击中间列的主题词链接。

③ 单击进入主题词“糖尿病并发症”的详细注释页面，这里显示了该主题词的详细解释，以及所在的树形结构及可组配的副主题词（如图 3-21 所示）。在副主题词栏选择“TH 治疗（＋）”，添加到右侧框，带“＋”表示该副主题词有下位词，包括“外科学”“穴位疗法”“中药疗法”等。单击“发送到检索框”按钮，再单击“主题检索”按钮，即可得到检索结果。

根据需要选择对主题词是否“加权检索”“扩展检索”。添加副主题词时，带“＋”的副主题词可以选择扩展添加或不扩展添加。

图 3-20 “糖尿病”主题词查找和显示界面

图 3-21 “糖尿病并发症”主题词详细信息及副主题词选择界面

对主题检索界面中的一些选项和概念做进一步的解释：

① 加权检索。选择此项表示仅对加星号“＊”的主题词(主要概念主题词)进行检索,不选此项则对加星号和非加星号的主题词(非主要概念主题词)均进行检索。系统默认为不选此项。在加权检索时,检索词被赋予一个权值并有一个相应的检索阈值,当检索过程中计算得出的总权值大于或等于阈值时,该文献命中;否则不命中。

② 扩展检索。它是对当前主题词及其下位词进行检索,不扩展检索则仅对当前主题词进行检索,系统默认为扩展检索,若不进行扩展检索可选择“不扩展”选项。如主题词“糖尿病”分属 2 个树并都有下位主题词(如图 3-22 所示),选择“扩展”则表示对该主题词及其分属几个树的下位词全部检索,若选择“不扩展”则只对“糖尿病”进行查找。系统默认对主题词进行扩展检索。

主题树1

营养和代谢性疾病
- 代谢疾病
  - 葡萄糖代谢障碍
    - 糖尿病
      - 糖尿病，实验性
      - 糖尿病，1型(+1)
      - 糖尿病，2型(+1)
      - 糖尿病前期
      - 糖尿病，妊娠
      - 糖尿病酮症酸中毒

主题树2

内分泌系统疾病
- 糖尿病
  - 糖尿病，实验性
  - 糖尿病，1型(+1)
  - 糖尿病，2型(+1)
  - 糖尿病前期
  - 糖尿病，妊娠
  - 糖尿病并发症(+9)

图 3-22 主题词“糖尿病”扩展树形图

③ 副主题词添加及扩展。副主题词用于对主题词的某一特定方面加以限定,强调主题概念的某些专指方面。如“糖尿病并发症/治疗”限定那些重点讨论糖尿病并发症治疗方法等方面的文献,而非糖尿病并发症的影响或检查手段等其他方面的文献。可添加多个副主题词检索主题词多个方面的文献,“无副主题词”表示检出主题

词不组配任何副主题词的文献。部分副主题词也含有下位词(带“ + ”号的副主题词),如“诊断”的下位词有“病理学”、“放射摄影术”、“放射性核素显像”和“超声检查”,对副主题词进行扩展添加时则指示系统对副主题词及其下位词都进行检索。系统默认对副主题词进行扩展添加和检索。

小贴士

主题检索关键在于选择恰当的主题词,确定主题词的方法有以下几种:

① 利用多个意义相近的中英文关键词及其同义词进行多次查找。

② 仔细阅读主题词详细信息页,了解其相关词、上位词及专指词。

③ 通过快速检索页查找标题包含某个检索词的文献,再查看该文献标引的主题词予以借鉴。

④ 尽量采用专指的主题词进行检索,没有最专指主题词时,可选择其最邻近的上位词。主题检索页面中的主题导航(主题词表结构树)有助于从整体了解和把握主题词的选择。

(4) 分类检索

分类检索从文献所属的学科角度进行查找,能提高族性检索效果。CBM 依据《中图分类法 · 医学专业分类表》(第 4 版)进行分类检索,检索入口包括分类导航、类名和类号,可通过选择是否扩展、是否复分使检索结果更贴切。要查找某学科主题文献,有两种实现方式:① 在类名、类号输入框输入学科类名或类号;② 通过分类导航逐级展开来实现。分类检索的操作过程与主题检索非常相似。

案例 3-17

使用分类检索查找肺肿瘤的药物疗法方面的文献,可进行如下操作:

① 在 CBM 分类检索页面的检索入口选择“类名”,输入“肺肿瘤”后单击“查找”,在列出的所有分类名中查找“肺肿瘤”,单击分类名“肺肿瘤”(如图 3-23 所示)。

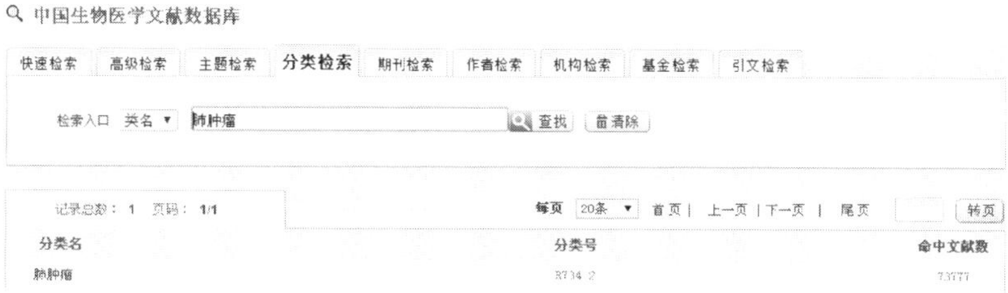

图 3-23 “肺肿瘤”分类名及分类号查找和显示界面

② 在分类词注释详细页面显示了该分类可组配的复分号(类似于副主题词)、详细解释和所在的树形结构。可根据检索需要,选择是否“扩展检索”(意义同主题检索中的扩展检索)。“肺肿瘤的药物疗法”应选择复分号“药物疗法、化

学疗法”。“添加”后单击“分类检索”按钮，即可检索出“肺肿瘤的药物疗法”方面的文献（如图 3-24 所示）。

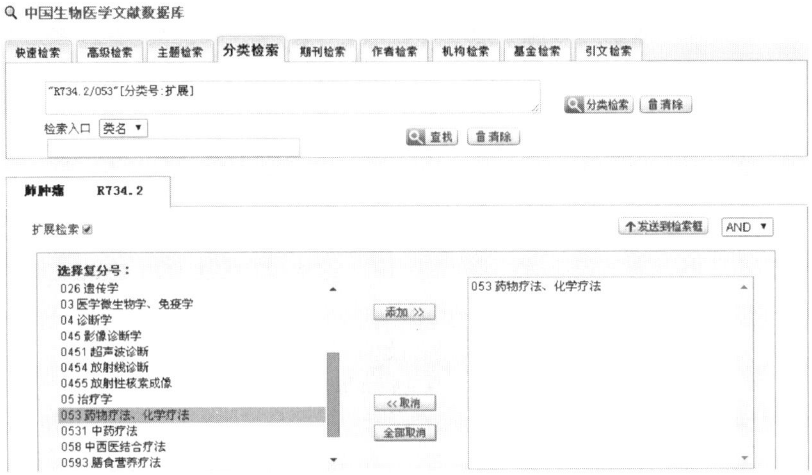

图 3-24 “肺肿瘤”分类名详细信息及复分号选择界面

（5）期刊检索

期刊检索是指通过期刊列表来检索有关的文献信息，并能对期刊的发文情况进行统计与分析。在科研工作中，人们通常重点关注某种或某几种期刊，利用期刊检索可以查找关注期刊上发表某课题或领域方面的论文，进行重点追踪。期刊检索列出了期刊的详细信息，通过其可以了解期刊的学科主题、出版频率、编辑部联系方式，是帮助了解期刊、辅助投稿的一个好窗口。另外“期刊主题词”检索或“分类导航”可以获取涵盖或涉及某学科领域的所有期刊信息，有助于全面了解某学科主题的期刊分布，是查阅领域文献、选择投稿目标期刊的好工具。

案例 3-18

通过期刊检索查找《北京大学学报（医学版）》2012 年第 3 期的文献步骤如下：

① 在期刊检索页面检索入口选择“刊名”，输入“北京大学学报”后，单击“查找”。在列出的所有期刊中查找“北京大学学报·医学版”，单击刊名（如图 3-25 所示）。

② 在期刊详细注释信息页面里，在“全部年”的下拉列表中选择“2012”年，在“全部期”的下拉列表中选择“第 3 期”。单击“浏览本刊”，即检索出“北京大学学报·医学版”2012 年第 3 期的文献。若在“在本刊中检索”输入框输入文字，则会在该刊的限定卷期内查找特定主题的文献。

图 3-25 刊名检索

(6) 作者检索

通过作者检索,用户可以查找该作者署名发表的文献,还能查找该作者作为第一作者发表的文献,并能通过指定作者的单位,准确查找所需文献。

案例 3-19

作者检索的主要步骤如下(以查找中国医学科学院基础医学研究所沈岩教授为例):

① 在作者检索框输入“沈岩”,勾选“第一作者”,单击“查找”按钮。然后,从系统返回的作者列表中选择作者“沈岩”(如图 3-26 所示),进入“下一步”。

图 3-26 作者检索

② 从系统显示的作者机构列表中选择该作者所在机构，这里选择“中国医学科学院基础医学研究所北京协和医学院基础学院”“中国医学科学院基础医学研究所医学分子生物学国家重点实验室”等相关几项机构，然后单击“查找”，即可得到该作者发表的相关文献。可以看出，这种检索方式能够有效解决“同名著者”“同构异名”问题，提高查准率与查全率。

（7）机构检索、基金检索与引文检索

这 3 项是 CBM 新增的功能，其中机构检索可以了解指定机构及作为第一机构时论文发表情况和被引用情况，基金检索可帮助用户查找特定基金项目资助的成果发表情况。这两项检索功能操作方法类似，都是输入特定机构名称或基金名称，查找后选择目标机构或基金名，然后单击“检索”按钮获取相关文献（如图 3-27 所示）。系统还提供了对指定机构或基金相关文献进行统计分析的功能，可以从宏观把握科研成果指标或效果。

图 3-27 基金检索结果

引文检索支持从被引文献题名、主题、作者/第一作者、出处、机构/第一机构、资助基金等途径查找引文，帮助用户了解自己感兴趣的文献在生物医学领域的引用情况。

引文检索操作如下（以检索 2007—2012 年间被引文献主题包含“胃肿瘤”的引文为例）：在 CBM 引文检索页面，被引年代处选择“2007”和“2012”，检索入口选择“被引文献主题”，输入“胃肿瘤”，单击“检索”，即可查看到所需结果（如图 3-28 所示）。在引文检索结果界面，用户还能对检索结果做进一步的限定，包括限定被引频次、被引年代、引文发表年代等。

图 3-28　引文检索界面

（8）检索历史运用

系统将每次的检索步骤记录在“检索历史”中（上述每项检索功能中都有“检索历史”一项，单击即可显示），包括序号、检索表达式、命中文献数、检索时间和推送功能。检索式最多保存 200 条，按时间先后顺序从上到下显示，最新的检索在最上方。

在“检索历史”中可对检索记录进行相应操作，实现逻辑组配检索。可选择一个或多个检索表达式进行逻辑运算（AND，OR，NOT）组合，组成更恰当的检索策略，从而缩小或扩大检索范围，如图 3-29 所示。

图 3-29　检索历史中检索式的逻辑组配

4. 检索结果显示、分析与管理

(1) 检索结果的显示

CBM 检索结果分为全部检索结果、核心期刊、中华医学会期刊和循证文献 4 种分类显示,一个分类一个标签页面,切换非常方便(如图 3-30 所示)。这里核心期刊是指被《中文核心期刊要目总览》或者《中国科技期刊引证报告》收录的期刊;中华医学会期刊是由中华医学会编辑出版的医学期刊;循证文献是指 CBM 系统对检索结果进行循证医学方面的策略限定所得结果。

图 3-30 CBM 检索结果界面

检索结果页面可以设置显示的格式(题录、文摘)、每页显示的条数(20 条、30 条、50 条、100 条)、排序的规则(入库、年代、作者、期刊、相关度、被引频次),并且可以进行翻页操作和指定页数跳转操作。系统默认按题录数据入库时间输出,系统支持的最大排序记录数为 65 000 条。

在检索结果的题录中,CBM 还提供链接检索功能,如图 3-31 所示。

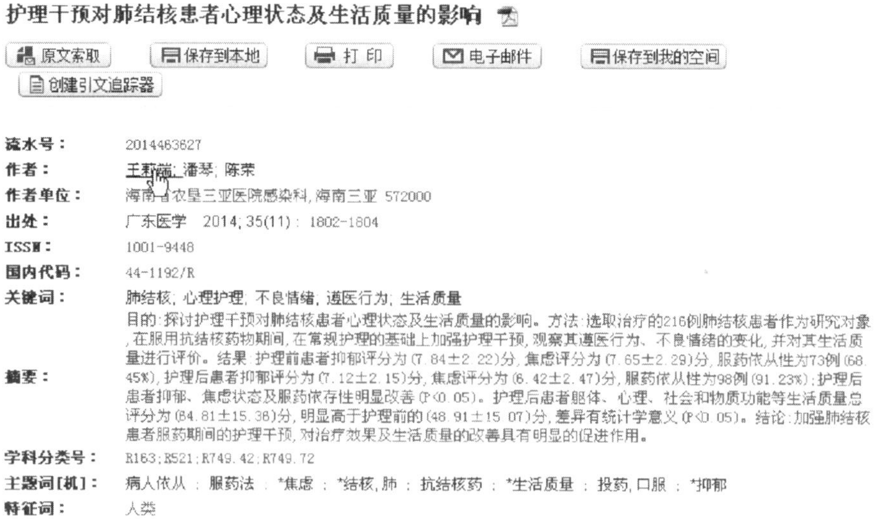

图 3-31 CBM 链接检索

题录中的作者、期刊、关键词、主题词和副主题词、特征词、相关文献等都提供了链接(鼠标指向有下划线),单击即可获得该链接的进一步检索内容。全文链接图标能与合作的全文数据库关联,单击即可获取全文。

(2) 检索结果的评价分析

通过对显示内容和检出数量进行比较分析,可用于评价判断检索效果。特别是比较检索历史中不同检索方式得到的文献数量,用于判断检索结果的覆盖范围和相关程度,从而调整检索词、检索式或检索途径以获取最佳检索结果。

CBM 另一特色功能是提供了一些对检索结果的学术分析和结果统计功能。其中,学术分析功能包括期刊分析、第一作者分析、机构分析、基金分析和引文分析,这些功能分别包含在对应的检索途径中。如期刊检索完成后单击界面上的"分析"按钮,即可生产期刊分析报告,该报告由历年发文和被引情况柱状统计图、分析文献综合统计信息、近 10 年发文被引情况、近 5 年发文地区、引用期刊和发文机构分布几大部分组成(如图 3-32 所示)。期刊分析可为用户提供全面翔实的期刊内容和被引情况统计,可用于医学核心期刊的筛选与评价。其他分析报告也由柱状统计图和综合统计分析信息组成。

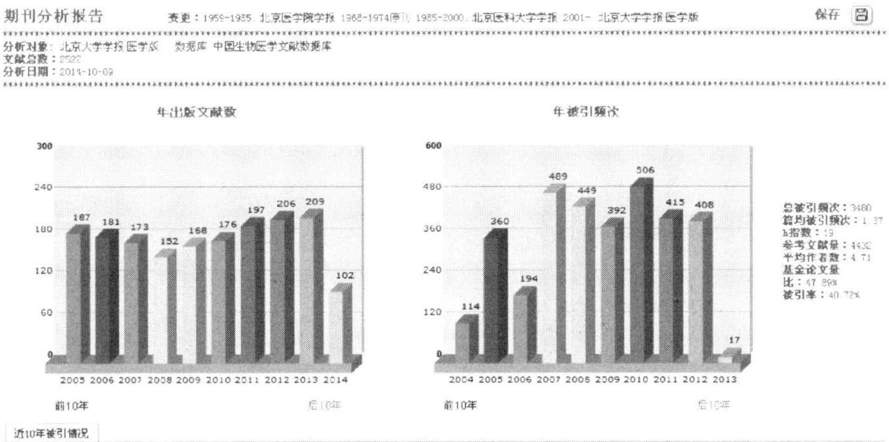

年份	即年指标	被引频次	被引率	影响因子
2005	1.60%	360	49.20%	0.00
2006	1.66%	194	43.65%	0.46
2007	13.29%	489	58.38%	0.27
2008	2.63%	449	50.00%	0.30
2009	0.60%	392	45.24%	0.26

图 3-32　期刊分析报告

检索结果的统计分析功能在检索结果页面右侧,按照主题、学科、期刊、作者、时间和地区 6 个维度对检索结果进行统计,单击统计结果数量可以在检索结果页面中展示所需内容。CBM 最多支持 200 000 条文献的结果统计。单击检索结果界面右侧结果统计处的"分析"按钮,可查看从主题、学科、作者、期刊、时间、地区 6 个方面的分布统计。单击"结果浏览"可查看限定后的结果。系统还通过统计图来展示限定检索后的详细内容,并提供保存或打印功能(如图 3-33 所示)。

图 3-33 检索结果统计

(3)检索结果的管理与保存

CBM 系统对注册用户提供了"我的空间",登录系统后,可以在"我的空间"里设置保存"我的检索策略"、"我的订阅"、"我的数据库"、"引文追踪器"和"我的写作助手"等个性化服务。

检索结果页面提供了检索结果输出方式、输出范围和保存格式,用于保存检索结果,如图 3-34 所示。

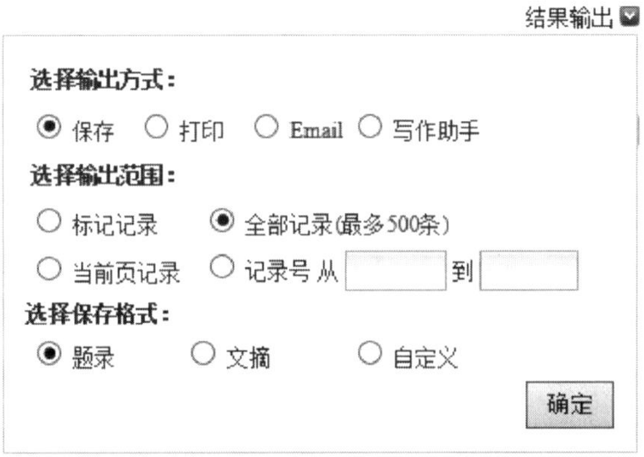

图 3-34 CBM 检索结果输出

3.2.2 中文生物医学期刊文献数据库

1. 数据库简介

中文生物医学期刊文献数据库(Chinese Medical Current Contents,简称CMCC)收录了1994年以来的我国包括港澳台地区出版的生物医学期刊、汇编、会议论文的文献题录和摘要。该库共收录了1 400余种中文生物医学期刊,涵盖国内生物医学领域全部重要期刊和核心期刊,文献量累计270万篇,每年递增30万篇;还收录了全国医学学术会议论文(CMAC)30余万篇,文献内容涉及基础医学、临床医学、预防医学、药学、生物学、中医学、医院管理及医学情报等方面。

CMCC数据库收录文献量大、专业性强、信息新、查询途径广、更新及时、系统功能比较完备、用户界面友好、使用方便,是检索最新医学文献的重要工具。CMCC更新及时,每年24期光盘,每半月更新一次,几乎与期刊同步。

CMCC属文献目录型数据库,部分文献附有文摘。其检索项目包括中文题名、外文题名、全部作者、第一作者地址、关键词、摘要、文献类型、出处、引文数据、资助项目等,各检索项目可进行逻辑组配。

2. 数据库检索

CMCC检索界面友好,操作简便,具备中文提示、简洁流畅、图标驱动的浏览器风格用户界面(如图3-35所示)。其具有多种检索路径,支持字段限定检索、通配符(*,?)截词检索、高级逻辑组配(AND,OR,NOT)检索。CMCC同样支持检索史的保存、修改、删除,检索策略的反复调用和重新组配,以及中文生物医学期刊出版概况浏览查询。检索结果有多种输出格式,输出结果可任意排序、批量存盘或打印,该库还提供核心刊、文献类型、出版年代、摘要标记的限定检索。

CMCC提供的检索途径包括自由词检索、分类检索、作者检索、单位检索、刊名检索、字段检索、表达式检索、逻辑组配检索和检索史组配检索等。

① 自由词检索。进入自由词检索界面(如图3-35所示),在检索框输入自由词或短语进行检索。自由词检索是同时在题名、外文题名、关键词和摘要4个字段进行搜索。检索结果可选择排序方式(按题名、作者、刊名),并可对检索结果进行二次检索。输入多个检索词时以空格分隔,词与词之间默认为“and”的关系。检索词可以使用通配符(*,?)进行截词检索,使用半角问号“?”代表一个英文字符,“??”代表一个汉字,使用“*”代表0~N个字符。检索时还可以选择附加限定条件,如文献类型、出版年代、核心刊,以及是否带文摘的文献。文献类型有讲座、文摘、译文和综述等。

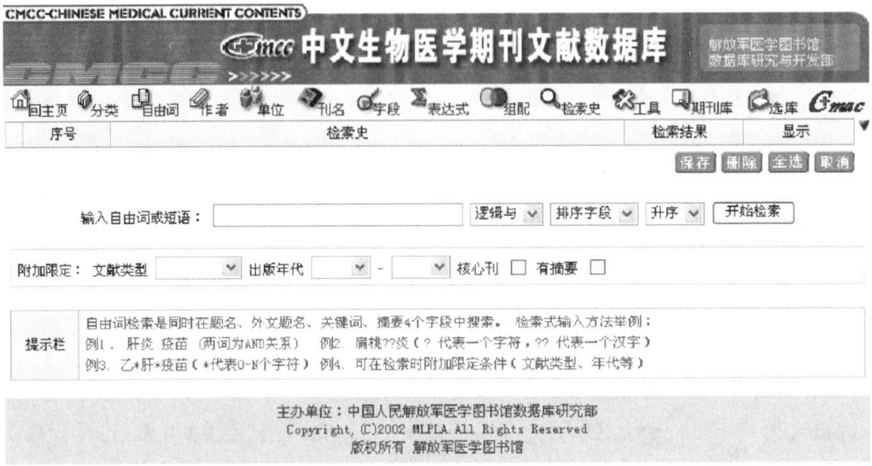

图 3-35 CMCC 检索界面

② 分类检索。CMCC 将所有期刊分成生物科学、医药卫生等大类，分层单击即可按类浏览刊名（如图 3-36 所示），单击刊名链接可以打开期刊的详细信息与卷册信息，单击相应卷册链接可查看该册收录文献的题录。

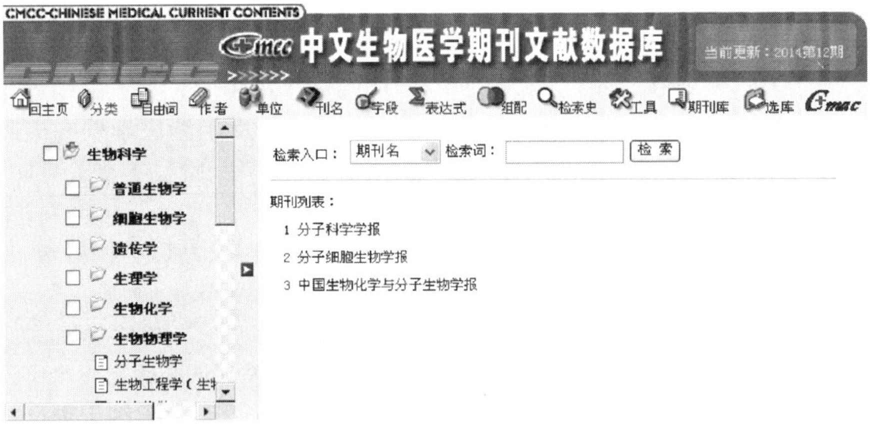

图 3-36 CMCC 分类检索

③ 作者检索。作者检索有精确检索与包含检索两种选择。输入"张丽"选择"精确"检索后单击"开始"，可查到张丽的全部文献。选择"包含"检索后单击，可查到名为"张丽""张丽红""张丽萍"等的文献。还可以进行多作者检索，如输入"何旭 张海英 张丽红"，选择"包含"选项，将会检索出这三人共同撰写的文献。

④ 单位检索。单位检索即通过作者的单位名称进行检索。单击工具栏的"单位"按钮，输入单位名称如"福建医科大学"，单击"开始检索"，就可检索出所查单位所有作者发表的文献。

⑤ 刊名检索。刊名检索即利用刊名来进行检索的途径(如图3-37所示)。下拉刊名列表可选择要检索的刊名,刊名会自动填入刊名的输入框,还可输入欲查的年、卷、期,即可检出该刊名的所有文献,也可直接输入刊名进行检索,如果在"检索词"输入框中填写检索词,将在限定的刊名范围内进行全部字段搜索。

图3-37　CMCC刊名检索

⑥ 字段检索。字段检索即利用数据库所著录的各个字段项进行限定检索(如图3-38所示)。可在输入框中填写一个或多个检索词,词间用空格隔开,允许使用"＊"或"?"通配符。在逻辑关系列表中选择一种逻辑关系,还可选择限定字段。若不做选择,则在全部字段中进行检索。

图3-38　CMCC字段检索

⑦ 表达式检索。表达式检索即利用逻辑关系组成表达式进行检索(如图3-39所示)。用户可以在检索式输入框中自行输入较复杂的检索式,也可使用自动添加表达式功能:在检索词框中输入单个检索词(允许使用通配符"＊"或"?"),选择限

定字段和逻辑关系，单击“添加表达式”，系统会自动将检索词添入检索式输入框，经过多次添加后，组成完整的表达式。

图 3-39 CMCC 表达式检索

案例 3-20

构建检索表达式“(P53 or P21) and 胃癌”，进行表达式检索，步骤如下：

① 在表达式检索页面，选择“左括号”，则检索表达式框会出现“(”。

② 在检索词框输入“P53”，左边字段名称就选择“题名”，关系为“包含”，单击“添加表达式”，则“P53”会出现在表达式框中，然后选择“或”，表达式框出现“OR”。同理继续添加“P21”、“右括号”、“AND”和“胃癌”。

③ 最后检索表达式框生成的表达式为(P53/fld = 题名 OR P21/fld = 题名) AND 胃癌/fld = 题名，单击“开始检索”即可执行检索。

⑧ 逻辑组配检索。用“AND”“OR”逻辑符在字段之间进行组配检索，相当于 CNKI 的高级检索功能。在字段项输入框中填写检索词(允许使用“ * ”或“?”通配符)，通常选择“包含”关系，作者字段选择“相等”关系可实现人名精确匹配检索。各检索词之间的组合关系可以选择“AND”或者“OR”，还可用“包含”“相等”“前缀”“后缀”等选项进行精确或模糊检索。

⑨ 检索史组配检索。与 CBM 数据库类似，CMCC 也提供了检索历史查询及检索历史策略的组配检索功能，即对已使用过的检索策略再进行各种逻辑组合运算(如图 3-40 所示)。先在“选择检索史序号”下拉列表中选择一个检索史，再选择一

种逻辑关系，依此方法，系统会自动将相应的检索式填入输入框中，单击“开始检索”，系统便进行检索。

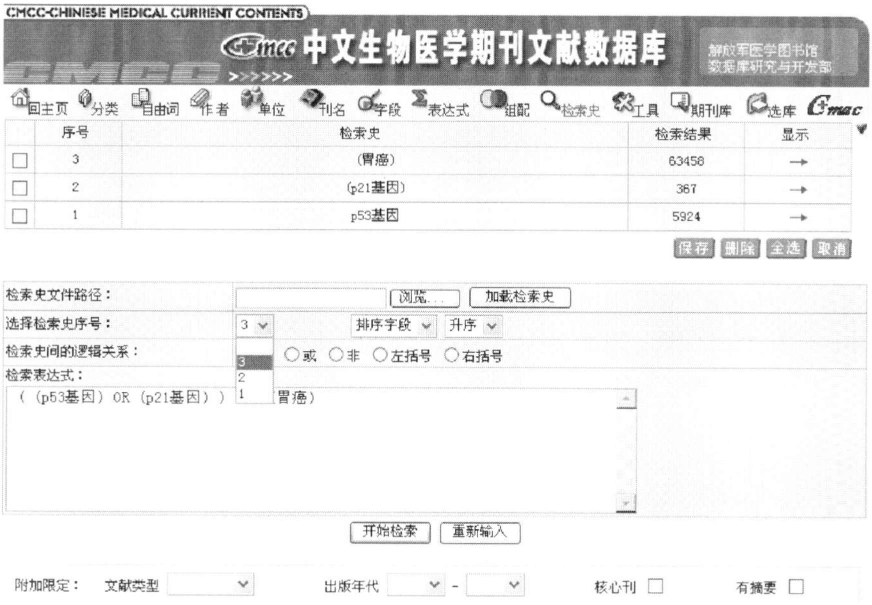

图 3-40　CMCC 检索史组配检索

除了上述基本检索功能外，CMCC 数据库还提供了一些辅助功能，如在选库界面可以按年份选择要检索的 CMCC 收录数据。在工具界面可以设定每页显示检索结果的记录条数，还可以加载和打开以前保存的检索历史文件。期刊库存放了 CMCC 数据库收录的全部期刊目录，介绍所收录期刊的详细信息，可通过输入检索词搜索包含该词的所有刊名。另外，所有检索结果显示页面都提供了检索结果的保存功能，可以对检索记录进行保存和打印。

3.2.3　中国药学文摘数据库

1. 数据库简介

中国药学文摘数据库（Chinese Pharmaceutical Abstracts，简称 CPA）是国家食品药品监督管理总局信息中心编辑出版的国内唯一的大型药学文献数据库，内容涵盖了《中国药学文摘》印刷版的全部文献题录和文摘，置于国家食品药品监督管理总局中国医药信息网（CPI），网址为 http://www.cpi.gov.cn/。

CPA 收录了 1982 年至今国内外公开发行的 800 余种医药学及相关学科期刊中的药学文献，以文摘、简介等形式报道，内容涉及中西药学理论、生药学和中药材、药物化学、生产技术、制剂、生物药剂学、药物分析、药理、临床应用、药品评价、药品生产管理、经营管理和质量管理、制药设备和工厂设计、新药介绍等方面，有近 54 万多条数据，以每年 3 万多条数据的速度递增，按月更新。该系统采用全新的系统结构和快速检索的新标引法，实现了对大容量、大范围全文本信息资料的零等待智能快速查询，实现了库、刊、网为一体的服务系统，既可全文检索，又可从文献类型、主题词、关键词等入口检索和查询。

2. 数据库检索

进入中国医药信息网网站，单击主菜单栏的“数据检索”即可进入数据库查询页面（如图 3-41 所示），进行查询之前首先要登录该系统。

检索方式分为普通检索和高级检索两种，普通检索即按字段依次输入检索词进行检索，高级检索则需编辑检索表达式并添加到检索框后进行检索。具体检索时，首先选择要检索的子数据库。子数据库分为产品与企业类、市场与研发类、国外信息类、知识产权类、文献信息类、政策信息类和其他类七大类，共 27 个子数据库，其中药学文摘库属于文献信息类，若要查询药学文摘信息，则必须要把这个子数据库勾选上。选择不同的子数据库，检索框左边的检索字段下拉选项的内容是不一样的，如选择药学文摘库，则检索字段有全文检索、主题词、主标题和文摘 4 项；选择国产药品库，检索字段则有全文检索、药品名称、批准文号、批准日期和生产企业 5 项；选择多个库时，一般只有全文检索这一个字段项。

图 3-41 CPA 数据库查询页面

选择检索字段后，输入检索词，各检索词之间可进行“AND”“OR”“NOT”运算，如“（computer or PC）and design”。也可以增加检索框，一个检索框一个检索词，再选择左侧的“与”“或”“非”逻辑运算组合起来。另外还可以设置查询的限制条件，如馆藏范围、时间范围等，一般使用默认条件。单击“检索”按钮即可执行检索，检索结果会显示用户已获得授权的子数据库、未授权的子数据库等信息，以及在这些数据库中检索到的条目数。若单击各个子数据库,则在该数据库中检索到的具体结果会显示在网页下方,按照每页 10 条数据进行分页显示,可对检索结果按时间和标题排序,并且单击"选择展示项"后可以自定义检索结果的显示内容。此外,系统支持对检索结果进行二次检索。

练习与思考

1. 利用 CNKI 数据库检索与"埃博拉"病毒相关的文献。

2. 简述 CNKI、万方、维普数据库在期刊收录范围、检索方法以及检索技巧方面的异同。

3. 在 CBM 数据库中使用主题检索查找头孢呋辛副作用方面的文献。

4. CBM 数据库支持的截词符有哪些? 分别代表什么含义? 如何应用在检索词中?

5. 通过 CBM 基金分析功能分析受国家自然科学基金资助项目的论文发表情况。

6. 通过 CMCC 刊名检索查找 2006 年以来发表在《遗传》杂志上有关 MicroRNA 的文献。

参考文献

[1] 重庆大学教授涉嫌剽窃[EB/OL].[2014 - 09 - 10].澎湃新闻.http://www.thepaper.cn/newsDetail_forward_1266157.

[2] 张晴,姚长青,潘云涛,等.中文学术期刊撤销论文研究[J].中国科技期刊研究,2014,25(5):611 -615.

[3] 中国知识基础设施工程[EB/OL].[2014 -09 -30].http://cnki.net/gycnki/gycnki.htm.

[4] 中国知网[EB/OL].[2014 -09 -30].http://epub.cnki.net/kns/brief/result.aspx? dbPrefix = CJFQ.

[5] 专业检索表达式语法[EB/OL].[2014 -09 -30].http://epub.cnki.net/kns/help/help.aspx? helpType = zhuanye&url = help_yufa.htm.

[6] 期刊导航[EB/OL].[2014 -09 -30].http://epub.cnki.net/kns/oldnavi/n_Navi.aspx? NaviID = 100&Flg = .

[7] 中国知网[EB/OL].[2014 -09 -30].http://epub.cnki.net/kns/brief/result.aspx? dbPrefix = CDFD.

[8] 中国知网[EB/OL].[2014 -09 -30].http://epub.cnki.net/kns/brief/result.aspx? dbPrefix = CMFD.

[9] 杨慕莲. 数字环境下中文学术信息资源的比较与分析——以CNKI、万方、维普三大期刊全文数据库为例[J]. 湖北科技学院学报,2013(11):190-191.

[10] 周晓政. 医药信息检索与利用(第2版)[M]. 南京:东南大学出版社,2012.

[11] 董建成. 医学信息检索教程(第2版)[M]. 南京:东南大学出版社,2009.

[12] 曹洪欣. 医学信息检索与利用(第2版)[M]. 上海:第二军医大学出版社,2008.

[13] 高岚. 网络医学信息资源检索[M]. 北京:化学工业出版社,2005.

[14] 周金元. 医药信息检索与利用教程[M]. 镇江:江苏大学出版社,2008.

第4章

外文期刊信息资源检索

学习目标

⊙ 了解常用的外文全文数据库及外文文摘数据库的基本情况；
⊙ 掌握 ScienceDirect，Web of Science 的检索分类和方法；
⊙ 掌握常用国外生物医学文献专业数据库的使用方法。

开篇案例

2013 年 10 月，诺贝尔奖陆续在瑞典斯德哥尔摩揭晓，其包括诺贝尔生理学或医学奖的 3 位得主、物理学奖的 2 位得主、化学奖的 3 位得主和诺贝尔经济学奖的 3 位得主。上述 11 位诺贝尔奖得主中有 8 位曾被汤森路透预测将获得诺贝尔奖，其中物理学奖的 2 位得主弗朗索瓦 · 恩格勒和彼得 · W · 希格斯，在 2013 年 9 月被汤森路透预测将获得诺贝尔奖。

每年，汤森路透都会根据其权威的引文数据库 Web of Science 核心合集的数据进行定量分析，以确定诺贝尔奖颁发的学科领域中最具影响力的科研人员。这些高影响力的科研人员被授予汤森路透“引文桂冠奖(Citation Laureates)”。汤森路透从 2002 年开始发布诺贝尔奖预测，到 2013 年已成功预测了 35 位诺贝尔奖得主。因此，汤森路透“引文桂冠奖”就被学术界视为预测诺贝尔奖的“风向标”。

预测的力量来自于引文分析，因为论文之间的引用是基于每个科研人员的学术判断，因而引文数据库就蕴藏了全球科学家的群体判断，并反映了科研活动的延续性和知识的传承。基于大数据的信息分析能够为科技规划和决策提供多方面的支持，包括了解科技革命的趋势，发现机会和风险，制订合理的发展目标，根据评估研发投入的产出情况来优化资源的分配等。

4.1 外文全文数据库

4.1.1 ScienceDirect 全文电子期刊数据库

ScienceDirect 数据库由 Elsevier Science 公司出版。ScienceDirect（简称 SD）是 Elsevier 公司的核心产品，是全学科的全文数据库，集世界领先的经同行评审的科技和医学信息之大成，得到70多个国家的认可，且大多数为核心期刊，并被世界上许多著名的二次文献数据库所收录，共收录2 500多种期刊、20 000多本书。根据 ScienceDirect 的访问方式可分为国内镜像 ScienceDirect OnSite（SDOS）和国外镜像 ScienceDirect OnLine（SDOL）两种。SDOS 是它的网络全文期刊数据库，用户可通过互联网在线上搜索、浏览、打印以及下载所需的期刊论文。

ScienceDirect 数据库的数据回溯时间长，最早回溯至1823年创刊号，涵盖数学、物理、化学、天文学、医学、生命科学、商业及经济管理、计算机科学、工程技术、能源科学、环境科学、材料科学、社会科学等学科。图4-1为 ScienceDirect 数据库的主页界面，网址为 http://www.sciencedirect.com/。在主页上，用户可以按照学科进行分类浏览，也可以进行快速检索，只需要输入一些基本的检索信息即可。

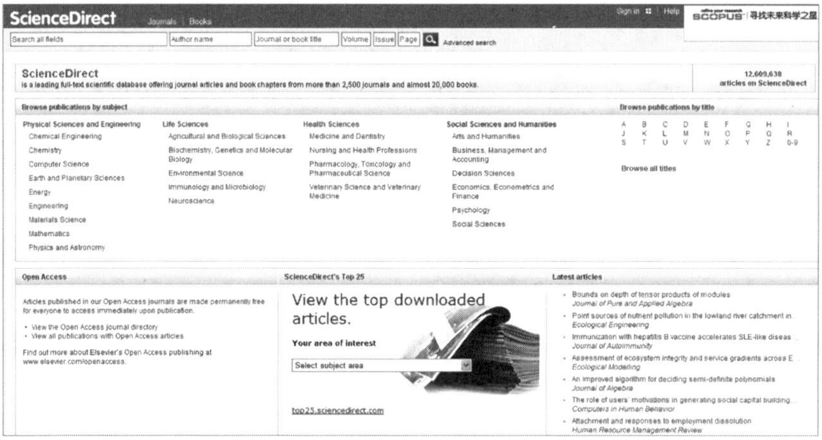

图4-1 ScienceDirect 数据库的主页界面

1. 快速检索

ScienceDirect 的快速检索在 ScienceDirect 数据库主页面的上方，可以直接快速地对期刊或书籍进行检索，在“Search all fields”输入框中输入检索词，意为在所有检索项（如篇名、作者名等）中检索包含该输入框中输入的字符记录；“Author name”用来指定文献的作者;“Journal or book title”用来指定要找的文章所在的期刊或者书籍的标题;“Volume”用来指定期刊的卷;“Issue”用来指定期;“Page”用来指定页码。

案例 4-1

检索在文章中含有“肿瘤癌变”相关的期刊或者书籍,将检索式“(tumor OR cancer) AND (carcinogenesis OR canceration OR cancerization)”输入检索框中,要注意中文翻译成英文时不同的翻译形式,在 ScienceDirect 数据库检索中,当英式与美式拼写方式不同时,可使用任何一种形式检索,如 behaviour 和 behavior;使用单词单数形式可同时检索复数形式。

检索结果如图 4-2 所示,左面的“Refine filters”将检索出的文献进行分类,如按照发表时间、文献类型、期刊名等进行分类。系统默认按照文献的相关性进行排序,也可以手动按照文献的出版时间进行排序。如要了解所需文献的摘要信息,可单击所需文献下面的“Abstract”;如要下载所需的文献,只需单击所需文献下面的“PDF”字样即可,也可以对文献进行批量下载,首先要选中批量下载的文献,然后单击“Download PDFs”。

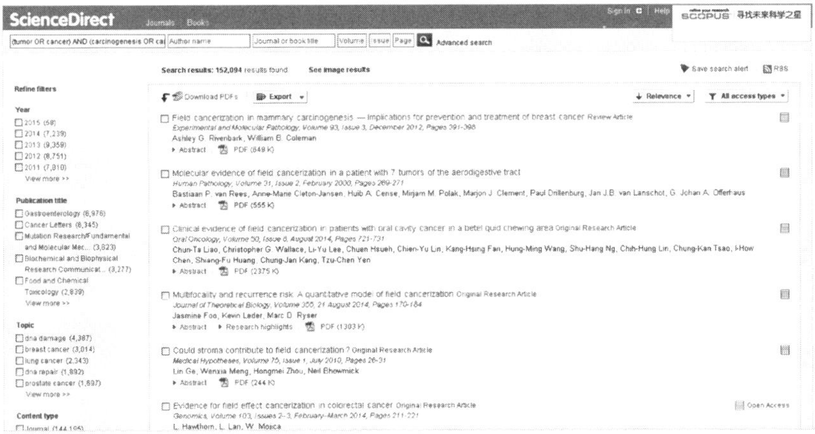

图 4-2　快速检索结果

2. 高级检索

如果需要进行更详细的检索,在基本检索的界面或检索结果的界面中,单击快速检索右侧的“Advanced search”进入高级检索界面。ScienceDirect 的高级检索和 CNKI 的高级检索类似,首先在“Search”文本框中输入要检索的关键词、选定“检索项”、添加检索条件、设定检索范围、设定文献的出版年限,然后单击“Search”按钮。高级检索界面可以进行全库搜索、期刊库搜索、书库搜索、参考工作库搜索和图库搜索,下面以检索期刊文献为例。

案例 4-2

在全库界面进行期刊文献的检索：检索 2010—2013 年题名中含有与“肿瘤癌变”相关的期刊文献。首先选择“Journals”类型，然后将检索词“tumor OR cancer”“carcinogenesis OR canceration OR cancerization”输入检索框中，选择“Title”检索字段，并进行年限的限制，检索结果如图 4-3 所示。

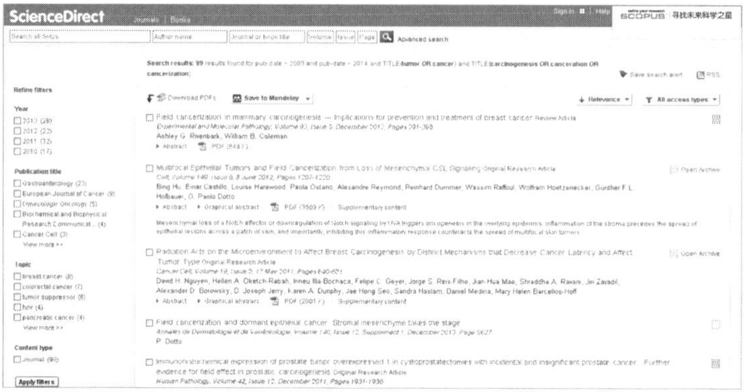

图 4-3　全库的高级检索结果

案例 4-3

在期刊库界面进行期刊文献的检索：仍检索 2010—2013 年题名中含有与“肿瘤癌变”相关的期刊文献。此时就不用选择“Journals”类型，因为已经在期刊库中进行检索了，只需将检索词“tumor OR cancer”“carcinogenesis OR canceration OR cancerization”输入检索框中，选择“Title”检索字段并进行年限的限制，检索界面如图 4-4 所示。

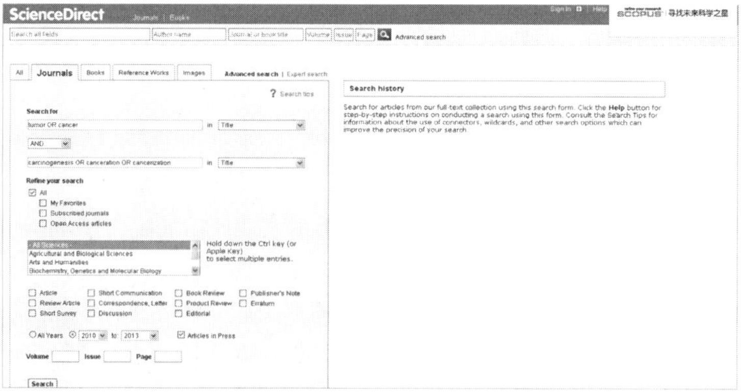

图 4-4　期刊库的高级检索实例

3. 专业检索

在 ScienceDirect 的高级检索界面的“Advanced search”后面有“Expert search”，即专业检索。专业检索可以编写较复杂的检索式进行检索。专业检索界面的执行方式类似于高级检索，不同的是其检索界面只有一个检索输入框，需要用户根据检索要求建立一个完整的检索表达式。这就要求用户熟悉该数据库的逻辑算符、位置算符、通配符等检索算符的运用，以实现较高的文献查全率和查准率。

小贴士

当英式与美式拼写方式不同时，可使用任何一种形式检索，如 behaviour 和 behavior；使用单词单数形式可同时检索复数形式；支持希腊字母“α，β，γ，Ω”检索；法语、德语中的重音和变音符号“é，è，ä”均可以检索；限定“authors”字段，则意味着检索词出现在“authors”字段中，但可能来自不同人的名字，限定“specific authors”字段，则意味着检索词必须出现在同一个人的名字中。

专业检索的运算符见表 4-1，专业检索字段缩写见表 4-2。

表 4-1　专业检索运算符①

AND	默认算符，要求多个检索词同时出现在文章中
OR	检索词中的任意一个或多个出现在文章中
AND NOT	后面所跟的词不出现在文章中
*	取代单词中的任意一个字母，如“transplant *”可以检索到 transplant，transplanted，transplanting 等
?	取代单词中的一个字母，如“wom? n”可以检索到 woman，women
W/nPRE/n	两词相隔不超过 n 个词，次序不定，如“quick w/3 response”；两词相隔不超过 n 个词，次序一定，如“quick pre/3 response”
“ ”	宽松短语检索，标点符号、连字符、停用字等会被自动忽略，如检索“heart attack”和检索“heart-attack”一样
{ }	精确短语检索，所有符号都将被作为检索词进行严格匹配
( )	定义检索词的顺序，如“(remote OR satellite) AND education”

表 4-2　专业检索字段缩写②

常用检索字段	字段名	
	字段全称	简写编码
所有字段	all	all
题名/摘要/关键词	title-abs-key	tak

① 利用 ScienceDirect 获取前沿学术信息［EB/OL］.［2014-09-30］. http://lib.ujs.edu.cn/gczy/kejian/SD0709.ppt.
② 同①。

续表

常用检索字段	字段名	
	字段全称	简写编码
标题	title	ttl
摘要	abstract	abs
关键词	keywords	key
作者	authors	aut
特定作者	specific-author	aus
参考文献	references	ref
期刊/图书名	srctitle	src
作者机构	affiliation	aff

案例4-4

检索2010—2013年题名中含有“肿瘤癌变”的期刊文献，若在全库检索则需要选择文献类型，若在期刊库检索则不用选择文献类型。下面在期刊库进行检索示例，构造检索式：ttl((tumor OR cancer) AND (carcinogenesis OR canceration OR cancerization))，将检索式输入到检索框，并进行年限限制。

检索结果如图4-5所示，可以看出图4-5所示专业检索结果和图4-3所示高级检索结果是相同的，这是因为它们输入的检索词、检索词之间的逻辑关系和其他限定条件都一样。

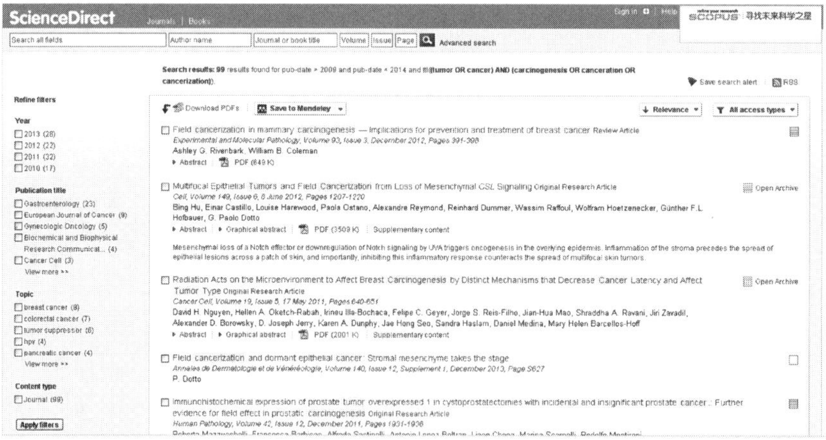

图4-5 专业检索结果

4. 学科分类浏览

ScienceDirect数据库的期刊分为四大类：物理科学与工程、生命科学、健康科学、社会科学和人文学科。物理科学与工程包括化学工程、化学、计算机科学、地球与行星科学、能源、工程、材料科学、数学、物理和天文学；生命科学包括农业与生物科学、生物化学、遗传学和分子生物学、环境科学、免疫学与微生物、神经科学；健康科学包括医学和牙科、护理和卫生专业、药理学、毒理学和制药科学、动物科学与动物医学；社会科学和人文学科包括艺术与人文、商业、管理与会计、决策科学、经济学、计量经济学和金融、心理学、社会科学。

案例 4-5

浏览护理和卫生专业的文献：单击“Nursing and Health Professions”，找到的是与护理、卫生相关的期刊，进入后单击“Nursing and Health Professions”前的“＋”号，可选择性地浏览“Nursing and Health Professions”下面的各个小类，如要浏览手法治疗方面的文献，则选中“Manual Therapy”，单击“Apply”，有两本书和一个期刊被筛选出，单击所需的标题，对书或期刊进行进一步的阅读，如单击“Acupuncture in Manual Therapy”这本书，进入后页面如图 4-6 所示，该页面提供了该书的目录列表和部分文献的 PDF 下载。

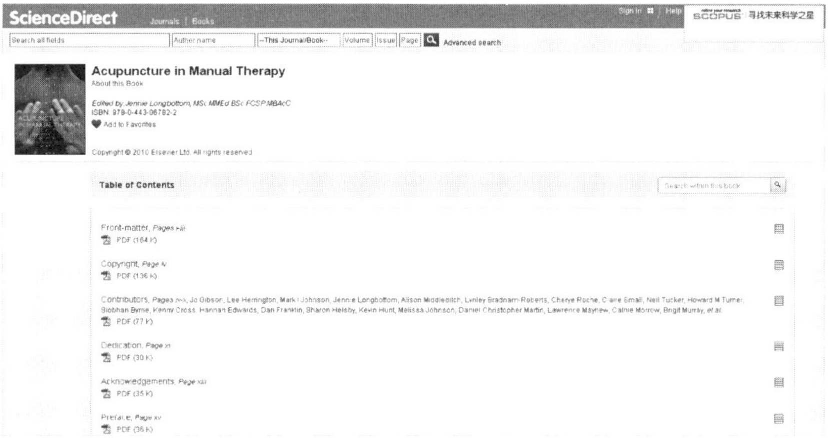

图 4-6　学科分类浏览——Acupuncture in Manual Therapy

4.1.2　Wiley Online Library

Wiley 出版公司于 1807 年在美国创建，是有 200 多年历史的专业出版机构，2007 年 2 月 Wiley 收购英国的 Blackwell 出版公司，并将其与自己的科学、技术及医学业务（STM）合并组建 Wiley-Blackwell。

作为全球最大、最全面的经同行评审的涵盖科学、技术、医学和学术多学科研究的在线多学科资源平台之一，Wiley Online Library 覆盖了生命科学、健康科学、自然科学、社会与人文科学等学科领域。它收录了来自 1 500 余种期刊、10 000 多本在线图书以及数百种多卷册的参考工具书、丛书系列、手册和辞典、实验室指南和数据库的 400 多万篇文章，并提供在线阅读。

Wiley Online Library 数据资源平台的特点包括以下几个方面。

（1）探索直观的全新界面

它的全新用户界面为所有用户提供了直观导航，使用户可以轻松地搜索、阅读、下载和引用当前的期刊和图书内容、Early View 文章、回溯期刊、相关材料和数据。访问权限图标会清楚地显示可用的访问方式：机构许可、协会成员、作者资助 OnlineOpen 文章或免费获取内容。

（2）轻松搜索相关内容

综合搜索引擎优化功能确保了内容的轻松搜索，使用户不仅可以即时找到相关结果，而且可以按照图书、期刊、参考工具书和数据库的主题交叉检索分类浏览内容，轻轻松松找到相关文章，使用参考链接和即时更新的引用文章链接追踪以前和现有的研究。

（3）个性化的服务，即时了解最新的研究内容

通过 My Profile 注册并管理账户，如存储浏览的期刊文章、书籍章节及搜索结果，便于下次登录时快速使用；注册电子邮件和 RSS 源，跟踪业界最新出版的研究内容及感兴趣的期刊的最新出版信息；在所选主题领域的期刊目录提醒、Early View 和 Accepted Articles 提醒、搜索提醒和电子通讯等更新内容。

Wiley Online Library 所提供的数据内容包括以下几个方面。

（1）期刊（包括回溯期刊）

作为全球最大的学会/协会出版商，目前 JohnWiley 已经与全球 700 多个享有声望的学会/协会建立了合作伙伴关系，为全球一百多万学会/协会成员提供专业的服务。目前 JohnWiley 每年出版大约 1 500 种由同行评审的期刊，既有印刷版又有电子版。

（2）在线图书（Online Books）（含在线参考图书）

在线图书含多达 10 000 余种书目（2011 年新增 650 种）（Wiley Online Library 上有超过 127 种参考工具书，覆盖了学术和专业学科的全部领域）。其涵盖科学、技术、医学、商业、社会科学等各学科，包括许多诺贝尔奖得主的著作，内容全面，访问便捷（包括专题论文、手册、经典图书系列等）。

（3）数据库（Databases）及实验指南

其包括 14 种数据库，包括化学数据库、医学资料库（循证医学在线资源）、卫生经济评价数据库（Health Economic Evaluations Database，简称 HEED）、The Cochrane Library、Essential Evidence Plus、EBM Guidelines（EBM 指南）等；实验指南有 16 种书目。

1. 根据学科分类,实行资源浏览

用户可根据分类找到相应(或较小)的学科类别来浏览题录,取得相关学科文献信息(如图4-7所示),有全文权限的可以下载全文,没有的可以通过文献传递取得全文。在全题录页还可以进行二次文献检索。

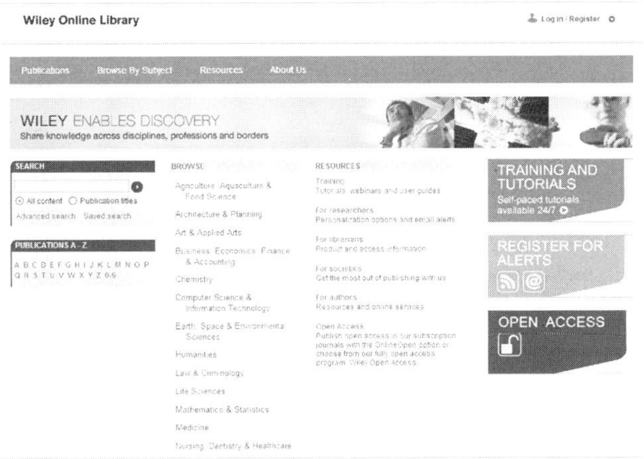

图 4-7　**Wiley Online Library** 数据库首页

经过浏览分类进入分类页面,如选择"Medicine"里的"Hematology",单击进入后再单击"View all products in Hematology"可以看到所有有关"Hematology"的产品,如选择"American Journal of Hematology"期刊单击进入(如图4-8所示),在这里可以根据卷、期进行浏览题录并取得有全文权限的全文,还可以选择"In this journal"字段进行关键词的二次检索。

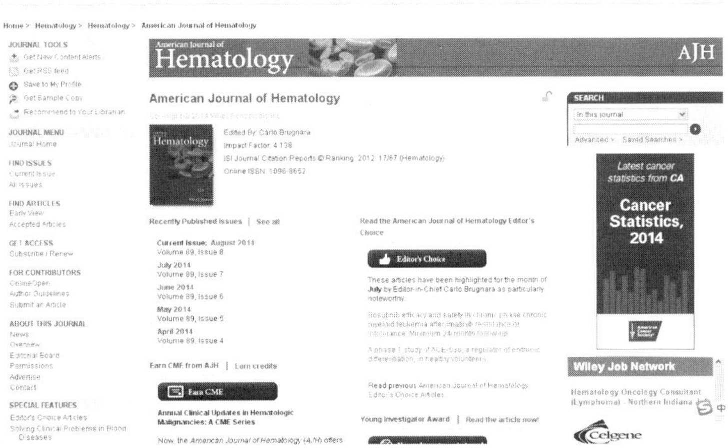

图 4-8　**American Journal of Hematology** 期刊

2. 全文关键词(或出版物题名)检索

由图 4-7 所示关键词检索显示,在输入框中直接输入检索词,选择“All content”字段,如输入关键词“tumor OR cancer”,得到如图 4-9 所示检索结果,在该页面有两种全文阅读方式:PDF 格式和 HTML 网页阅读格式。用户还可以选择“In this issue”字段,在该期刊中进行二次检索。单击文献题名,可以查询文献摘要、全文、参考文献、该文献被引用的文献记录等信息。在文献类型过滤中,用户可以单击其中的任何一种文献,如单击相关的“Books”,用户可以浏览具体的图书书名目录并进行选择性阅读。

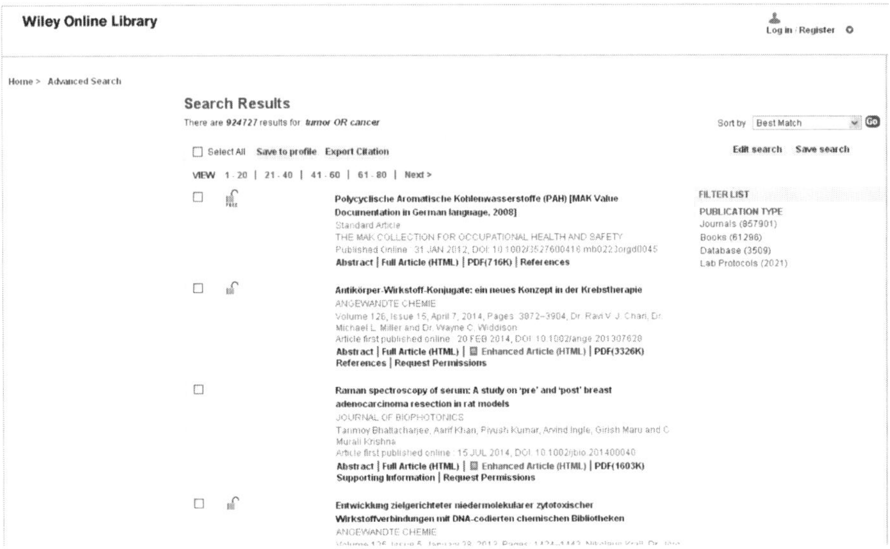

图 4-9 全文关键词检索结果

案例 4-6

选择图 4-7 中“Publication titles(出版物题名)”字段,用户可以检索到出版物名称中含有被检词的出版物。全文关键词检索文献不够精准,如果要取得准确的相关文献信息还需使用“Advanced search”。

3. 高级检索

在如图 4-7 所示主页中单击“Advanced search”进入高级检索界面,它有 3 个默认输入框,如果需要添加一个输入框,则单击“Add another row”,框下面有被检索结果刊载的时间限定。框右边为被检索词限定的字段,框左边为布尔算符。高级检索结果的题录与全文关键词检索结果页面格式相似,用户可以根据需要下载阅读。

案例 4-7

检索 2010—2013 年题名中含有“tumor OR cancer”的文章，输入相关的检索词和限制条件，检索结果如图 4-10 所示。

图 4-10　高级检索结果

4.1.3 Springer Link

自 1996 年推出以来，Springer Link 已是全球最大的在线科学、技术和医学(STM)领域学术资源平台。Springer Link 提供多种远端存取方式，包括 IP、Athens 或 Shibboleth 等认证方式。Springer 已经出版超过 150 位诺贝尔奖得主的著作。Springer Link 正为全世界 600 家企业客户、超过 35 000 个机构提供服务。Springer Link 的服务范围涵盖各个研究领域，提供超过 1 900 种同行评议的学术期刊，以及不断扩展的电子参考工具书、电子图书、实验室指南、在线回溯数据库及更多内容。Springer Link 的网址为 http://link.springer.com/。

1. 按照学科浏览

在页面左方的框中，浏览功能按学科分类，如图 4-11 所示。用户也可以按照内容的类型进行浏览。在学科导航框的下方，用户可以找到详细的内容类型：(期刊)文章、参考文献、(图书)章节、实验室指南。

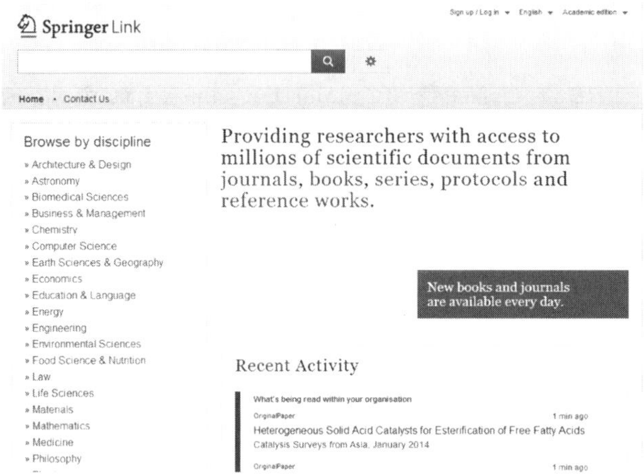

图 4-11 Springer Link 主页

2. "一框式"检索

"一框式"检索是指直接在 Springer Link 数据库主页的检索输入框中输入检索词,即可快速检索相关的文献。

案例 4-8

将"tumor OR cancer"输入检索框中,检索结果如图 4-12 所示,搜索结果仅限预览,预览结果将以黄色背景显示,如果想看到权限范围内的搜索结果,取消黄色框中的勾选即可。

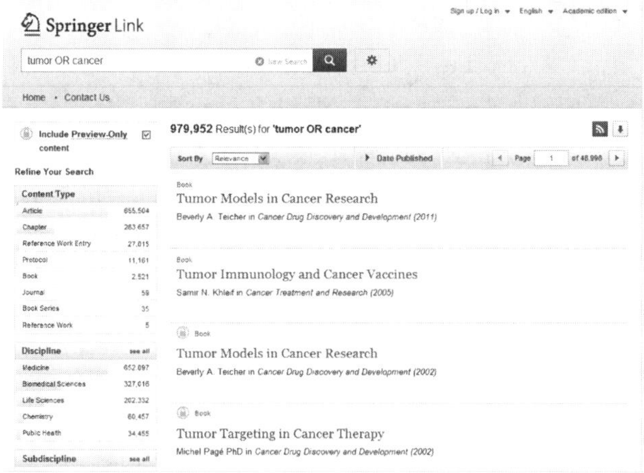

图 4-12 Springer Link 检索结果

4.2 外文文摘数据库

4.2.1 Web of Science 核心合集

ISI(Institute for Scientific Information)译名为科学情报研究所,是世界著名的学术信息出版机构。Web of Science 是 ISI 建设的三大引文数据库的 Web 版,是大型综合性、多学科、核心期刊引文索引数据库,包括科学引文索引(Science Citation Index,简称 SCI)、社会科学引文索引(Social Sciences Citation Index,简称 SSCI)和艺术与人文科学引文索引(Arts & Humanities Citation Index,简称 A&HCI)三大引文数据库,检索新化学反应(Current Chemical Reactions,简称 CCR)、检索新化合物(Index Chemicus,简称 IC)2 个化学信息事实型数据库,科学引文检索扩展版(Science Citation Index Expanded,简称 SCIE)、科技会议文献引文索引(Conference Proceedings Citation Index-Science,简称 CPCI-S)和社会科学以及人文科学会议文献引文索引(Conference Proceedings Citation index-Social Science & Humanities,简称 CPCI-SSH)3 个会议录引文数据库,以 ISI Web of Knowledge 作为检索平台。

以上 3 种数据库包括的检索字段不尽相同,但都包括作者、题名、文献出处、引文等信息,除此以外,Science Citation Index Expanded 还包括著者详细信息。Web of Science不仅收录核心期刊中的学术论文,而且 ISI 把其认为有意义的其他文章类型也收录在数据库内,包括期刊中发表的信件、更正、补正、评论、会议文摘等 17 种类型。Web of Science 所独有的引文检索机制提供了强大检索能力,其数据每周更新。

小贴士

数据库具有以下特点:通过引文检索功能可查找相关研究课题各个时期的文献题录和摘要;可以看到论文引用参考文献的记录、论文被引用情况及相关文献记录;可选择检索文献出版的时间范围,对文献的语种、文献类型做限定检索;检索结果可按照相关性、作者、日期、期刊名称等项目排序;可保存、打印、Email 检索式和检索结果;全新的 WWW 超文本链接功能,可将用户链接到 ISI 的其他数据库;部分记录可以直接链接到电子版原文;具有链接到用户单位图书馆 OPAC 记录的功能,方便用户获取本馆馆藏;数据每周更新。

2014 年 Web of Knowledge 平台已更名为 Web of Science,而原 Web of Science 数据库更名为 Web of Science Core Collection(Web of Science 核心合集)。

通过 Web of Science™核心合集可以直接访问 Thomson Reuters 的三大引文数据库 SCIE,SSCI,A&HCI,以及两大国际会议录引文索引 CPCI-S,CPCI-SSH;两大化学信息数据库 IC,CCR。这一丰富的综合性信息来自于全球 12 000 多份权威的、高影响力的学术期刊和超过 170 000 种会议录。

通过独特的被引文献检索,可以用一篇文章、一个专利号、一篇会议文献或者一本书作为检索词,检索这些文献被引用的情况,了解引用这些文献的论文所做的研究工作;可以轻松地回溯某一项研究文献的起源与历史(Cited References,参考文献)或者追踪其最新的进展(Citing Articles,施引文献),既可以越查越深,也可以越查越新。

在 Web of Science™页面单击"所有数据库"右侧的下拉菜单,则可以看到所有可供检索的数据库,单击"Web of Science™核心合集"链接即可进入,如图 4-13 所示。

图 4-13 Web of Science 核心合集的路径

1. 基本检索

基本检索用于检索特定的研究主题、某个作者发表的论文、某个机构发表的文献,以及特定期刊特定年代发表的文献等。

案例 4-9

检索 2010—2013 年标题是"肿瘤癌变"的研究论文:将检索式"(tumor * OR cancer *) AND (carcinogenesis OR canceration OR cancerization)"录入检索输入框,并进行字段和年限的限制,点开"更多设置"可以看到 Web of Science 核心合集包括的各个数据库,并可以进行单库或者跨库的检索,检索结果如图 4-14 所示。在检索结果页面左边,可将检索出的文献按照文献类型、研究方向、作者、团体、出版年、语种等进行分类,并可以对检索出的文献进行二次检索,缩小文献范围。通过单击摘要,可以查看所需文献的摘要信息。

图 4-14　Springer Link 检索结果

2. 作者检索

作者检索是指通过作者的姓名、研究领域、组织进行检索。

案例 4-10

在基本检索界面选择检索方式为作者检索，如要检索江苏大学 Wei Jishu 的相关文献，则将姓“Wei”输入姓的输入框中，名“Jishu”的首字母“JS”输入名的输入框中，单击选择研究领域。若研究领域不详，则进一步单击“选择组织”，在组织中单击“J”找到“JIANGSU UNIVERSITY”，并在其前面勾选，最后单击“完成检索”，如图 4-15 所示。

图 4-15　作者检索结果

3. 被引参考文献检索

被引参考文献检索是指通过一篇文章、一个专利号、一本书或者一个会议论文，了解该研究领域的最新进展及该作者发表文献的被引用情况。

案例 4-11

检索 Wei Jishu 在 2013 年发表的标题是“食管癌”的文章被引用的情况，如图 4-16 所示，可以看出 Wei Jishu 在 2013 年发表的标题是“食管癌”的文章被 11 篇文献引用。

图 4-16　被引参考文献检索结果

4. 其他检索

化学结构检索：通过输入化学结构、化合物名称、化合物生物活性、分子量、化学反应条件等进行检索。

高级检索：使用字段标识、布尔运算符、括号和检索结果集创建检索式，检索式由一个或多个字段标识以及一个检索字符串组成，允许使用逻辑运算符和通配符。

4.2.2　EI

美国工程索引（Engineering Index，简称 EI）是世界著名的检索工具，由美国工程信息公司编辑出版发行，该公司始建于 1884 年，是世界上最大的工程信息提供者之一，早期出版印刷版、缩微版等信息产品，1969 年开始提供 EI Compendex 数据库服务。EI 以收录工程技术领域的文献全面且水平高为特点。EI 收录 5 000 多种工程类期刊论文、会议论文和科技报告，收录范围包括核技术、生物工程、运输、化学和工艺、光学、农业和食品、计算机和数据处理、应用物理、电子和通信、材料、石油、航空和汽车工程等学科领域。

Engineering Village2 是美国工程信息公司的产品，是 1995 年以来 EI 公司开发的称为“EI Village”的系列产品之一。Engineering Village2 是以 EI Compendex 等数据库为信息源的网上统一检索平台，该信息检索平台可检索美国工程索引、美国专利等信息资源。EI Compendex 数据库检索可追溯到 1884 年，数据库记录 700 万条，另有 1884—

1968 年的记录 200 万条为印刷型。数据库现在每周更新,每年新增记录 25 万条。

EI 提供快速检索(Quick Search)、专家检索(Expert Search)、词条检索(Thesaurus Search)3 种检索方式。

1. 快速检索

输入规则:检索词大小写均可,输入框按顺序键入。

逻辑算符:逻辑算符用“AND”“OR”“NOT”表示,分别表示词与词之间的“与”“或”“非”的逻辑关系。

自动取词根:“autostemming”,即词干检索,在作者栏的检索词除外。

截词符:星号“ * ”为右截词符,放置在词尾或词中,可代替任意多个字母。

精确短语检索:做精确短语检索时,词组或短语需用引号“""”或大括号“{}”标引。

停用词:如果用精确短语检索时,允许句中使用停用词“and”“or”“not”“near”,但该语句必须用引号或大括号括起。要进一步了解检索规则可以单击“检索提示”。

案例 4-12

检索 2010—2013 年标题是“肿瘤癌变”的研究论文:将检索词“tumor * OR cancer * ”“carcinogenesis OR canceration OR cancerization”录入检索输入框,并进行字段和年限的限制,检索结果如图 4-17 所示,对检索出的结果可以进行二次检索,即在结果中再进一步限定检索,或者在检索结果中排除检索。EI 是文摘型数据库,不提供全文;数据库中的全文链接可链接到其他提供全文的数据库,如本馆已购买该数据库则可下载全文,否则无法下载全文。用户也可直接在其他已购买的全文数据库中检索所需原文。

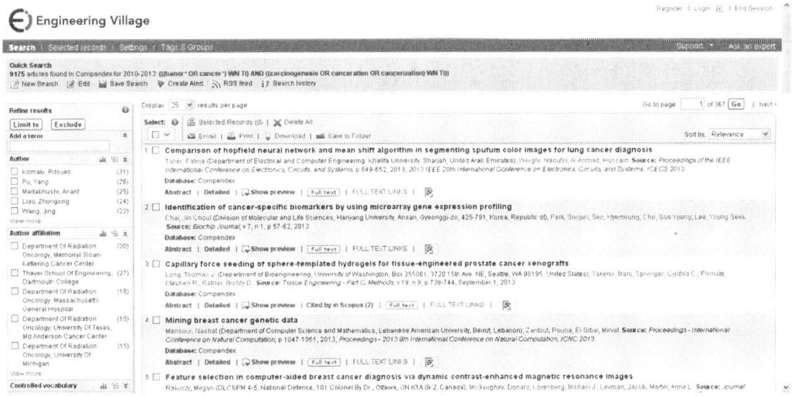

图 4-17 快速检索结果

2. 专家检索

快速检索中的规则适用于专家检索。使用专家检索时,应在检索词后加入字段说明,否则系统默认在全字段检索。

检索式中,可以同时完成各种字段限定,如 diodes wn TI and Journal article wn DT "international space station" wn TI and French wn LA。在专家检索中,系统不自动进行词干检索;若做词干检索,需在检索词前加上"$"符号。

案例 4-13

检索 2010—2013 年标题是"肿瘤癌变"的研究论文:将检索式"(tumor * OR cancer *) wn TI AND (carcinogenesis OR canceration OR cancerization) wn TI"录入检索输入框,并进行字段和年限的限制,检索结果同样如图 4-17 所示。

3. 词条检索

词条检索是指根据 EI 控制词(Controlled terms)进行检索。

4.3 专业数据库

除了 Web of Science 和 EI 这些收录面广、非常通用的外文文摘数据库,在生物、化学和医药学领域还有一些非常重要且在本专业领域使用非常频繁的文摘数据库,包括 Medline/PubMed、美国化学文摘 SciFinder、美国生物学文摘 BA、荷兰医学文摘 EMBASE和国际药学文摘 IPA 等。对这些专业数据库的掌握,已成为从事相关领域科学研究的基本素质要求。本节将分别介绍这几个数据库的背景知识、收录特点和使用方法。

4.3.1 美国医学索引与 PubMed

1. 数据库简介

PubMed 是生物医学领域最重要也是最权威的二次文献数据库之一,它与美国《医学索引》(*Index Medicus*,简称 IM)、《医学主题词表》(*Medical Subject Headings*,简称 MeSH)、Medline 数据库等都是美国国立医学图书馆(National Library of Medicine,简称 NLM)编辑出版和研发推出的,因此它们之间有着很深的渊源。美国国家生物技术信息中心(National Center for Biotechnology Information,简称 NCBI)是 NLM 的下属机构之一,开发和管理着世界上最大的分子生物学数据库,包括 GenBank 和 PubMed。

(1) 美国医学索引和医学主题词表

美国《医学索引》创刊于 1879 年,是世界著名的大型医学文献题录型检索期刊,收录了全世界近 80 个国家和地区、47 种语言文字出版的近 5 000 种生物医学期刊,其中英文文献占 80% 左右。对非生物医学期刊,只选录其中与生物医学有关的文献。截至 2011 年,IM 共收录中国期刊 111 种(含港、澳、台地区),其中大陆地区期刊 93 种,台湾地区 13 种,香港地区 4 种,澳门地区 1 种。目前 IM 为月刊,每年出 1 卷。该索引历史悠久、收录范围广、质量高,虽然随着近年来 Medline 等网络检索的普及,IM 使用越来越少,但其在医学文献检索中的地位和影响力仍然存在。其中跟随 IM 每卷第一期出版的《医学主题词表》在很多医学文献检索系统中发挥了巨大的作用。

MeSH 是 NLM 为使文献标引者与检索用户在检索语言上保持一致而编制的主题词表,是标引、编排和检索 IM 的指南,也是目前最具代表性、使用最为广泛的受控医学叙词表,有印刷版与电子版两种形式。MeSH 词表收入的词主要有主题词(Subject Headings)和款目词(Entry Terms)两种类型。MeSH 词表内容有字顺表(Alphabetical List)和树状结构表(Tree Structure)两种形式。详细内容可参阅第 2 章的《医学主题词表》部分。为方便 MeSH 主题词的查找和浏览,NLM 开发了医学主题词浏览器(MeSH Browser),其网址为 http://www.nlm.nih.gov/mesh/,这是一个免费的在线主题词查找工具,可以通过树状结构浏览和直接输入词或词根进行查找(如图 4-18 所示)。

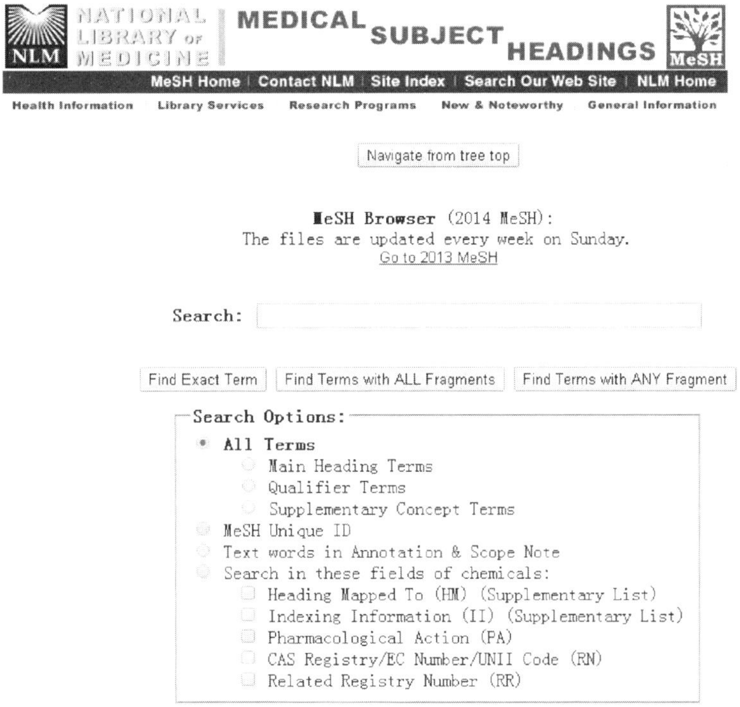

图 4-18　MeSH Browser 查询界面

(2) Medline

Medline 是 NLM 研制开发的国际上最具权威性的综合性生物医学文献书目数据

库。其中包括了3种重要的索引:《医学索引》(IM)、《牙科文献索引》(Index to Dental Literature)和《国际护理索引》(International Nursing Index)。它收录了自1950年以来世界上70多个国家和地区近40种语言的约5 600种期刊,内容涉及临床医学、基础医学、药学、护理学、口腔医学、心理学、保健、卫生事业等领域。其中大约91%的文献为英文文献,数据库不提供全文,53%的文献都带有英文文摘(1975年以前的文献为题录,1950—1965年的Medline称为Old Medline,不含文摘)。Medline有光盘版和网络版两种发布形式,光盘版每月更新,网络版每周更新,近年来数据年增量约40~50多万条记录,目前总条目已超过1 900万条。Medline的产品众多,很多文检系统都包含有Medline,包括Silver Platter,Cambridge,Dialog,OVID,ISI,EMBASE等。Web形式的Medline也有许多,其中不少还是免费使用的,如PubMed,Medline Search on Medscape,Knowledge Finder,Medical Matrix,Ovid Medline等,而最著名的就是由NLM下属NCBI开发的Medline网络版PubMed。

(3) PubMed与NCBI

PubMed是美国国立医学图书馆国家生物信息技术中心(NCBI)1997年推出的基于因特网、以Medline数据库为核心的生物医学文献检索系统,是NCBI众多数据库中的一部分,和NCBI数据库共用一个统一的搜索引擎"Entrez"。NCBI从1992年创建GenBank DNA序列数据库以来,其管理和维护的数据库已达40多种,包括核酸序列、蛋白质序列、基因组数据、基因芯片数据、分子结构、孟德尔遗传学数据、生物医学文献资料及生物信息学软件资源等,数据庞大、内容丰富,其网址为http://www.ncbi.nlm.nih.gov/。总体来说这些数据库资源可以分为三大类:生物数据、文献数据和软件资源,分别以GenBank、PubMed和BLAST为代表。而Entrez是NCBI开发提供的一个对这些信息资源进行搜寻和检索的统一搜索平台,它对这些数据库实现了互联互通和数据关联。对PubMed数据库的检索,也是通过Entrez检索系统来实现的(如图4-19所示)。

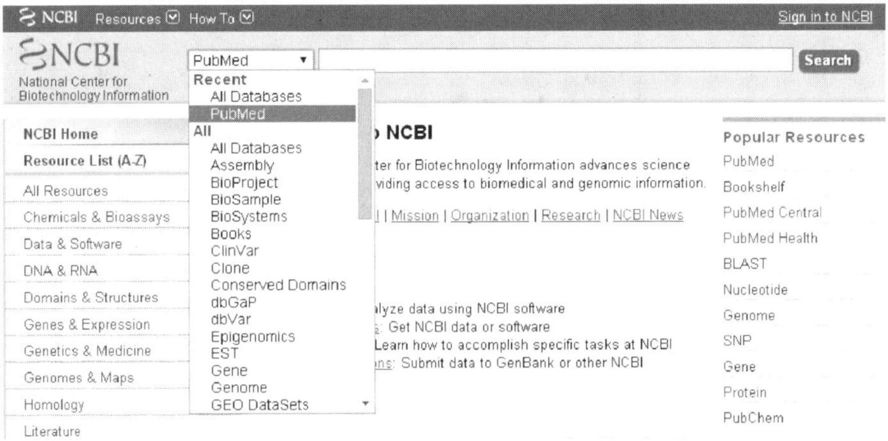

图4-19 NCBI主页及PubMed的Entrez检索入口

PubMed 包含生命科学领域主要期刊的文献题录，约 80% 的记录包含摘要，其中一部分可以通过出版商网站或图书馆等链接获取全文。为了加快报道速度，PubMed 把尚未经过标引加工的最新记录以 PreMedline 数据库的形式提供检索。通过 PubMed 可以免费检索 Medline、PreMedline 和出版商提供的书目信息。因此 PubMed 收录范围包括：① Medline，检索记录以［PubMed-indexed for MEDLINE］标识；② OldMedline，收录 1966 年之前的数据，检索记录也以［PubMed-indexed for MEDLINE］标识；③ PreMedline，未进行标引和加工没有主题词，还没加入到 Medline 的临时数据，检索记录以［PubMed-in process］标识；④ Publisher Supplied Citations，是出版商直接提供的数据，检索记录以［PubMed-as supplied by publisher］标识，这些数据随后可能会转入 PreMedline 和 Medline。

2．数据结构和检索规则

PubMed 数据库由 2 000 多万条文献记录组成，每一条文献记录由 20 个以上的字段组成，各条记录的字段数会因实际情况有所不同。PubMed 帮助文档里介绍的可检索字段（Search Field）有 51 个，每个字段都有一个缩写的标识名（Tag），其中有 42 个字段在 PubMed 的高级检索功能里可供选择用于按字段限定检索及逻辑组合检索。表 4-3 列出了一些常用的检索字段（摘自 PubMed Help，网址为 http://www.ncbi.nlm.nih.gov/books/NBK3827/）。

表 4-3　PubMed 常用检索字段

字段名与标识	简要说明
Affiliation [AD]	第一著者单位地址
All Fields [ALL]	PubMed 中全部可检索字段
Author [AU]	著者姓名
Corporate Author [CN]	合作或集体著者
EC/RN Number [RN]EC	酶编号、CAS 化学登记号或 FDA 成分标识号
Entrez Date [EDAT]	录入 PubMed 数据库日期
Filter [FILTER]	用于 PubMed 链接外部资源时限定文献的技术标识
First Author Name [1AU]	第一著者
Full Author Name [FAU]	著者全名
Grant Number [GR]	基金号
Issue [IP]	期刊刊号
Journal [TA]	期刊名（简称、全称或 ISSN 号）
Language [LA]	语种
Last Author [LASTAU]	末位作者（一般为通讯作者）
MeSH Date [MHDA]	主题词标引日期
MeSH Major Topic [MAJR]	主要主题词
MeSH Subheadings [SH]	副主题词

续表

字段名与标识	简要说明
MeSH Terms [MH]	全部主题词
Pagination [PG]	期刊页码
PMID [PMID]	文献记录的 PubMed ID 号
Publication Date [DP]	文献出版日期
Publication Type [PT]	文献类型(综述、通信、临床试验等)
Secondary Source ID [SI]	与文献相关的 NCBI 其他序列数据库中的资源 ID 号
Subset [SB]	限定检索 PubMed 子数据库,如 Publisher[SB]
Substance Name [NM]	化学物质名称
Title/Abstract [TIAB]	题名词和文摘词
Title [TI]	题名词
Volume [VI]	期刊卷号

PubMed 的检索规则主要有以下四点。

(1) 词语自动转换

词语自动转换是 PubMed 检索系统的最大特色,它采用自然语言接口技术,自动对输入的检索词进行分析、匹配、转换并检索,体现了高度的智能化和便捷性。其基本原理是先对输入的检索词在多个索引表(MeSH 转换表、刊名转换表、著者索引等)中进行搜索、比对,并自动转换为相应索引表中的词,再将转换的索引词在所有字段中检索。如果输入多个检索词或词组,系统会自动对单词或词组进行拆分,并执行 AND 运算。转换后的检索词和检索表达式会显示在检索结果页面右侧的"Search details"框中。各转换词表介绍如下:

① MeSH 转换表(MeSH Translation Table)。该表包括 MeSH 词、参加词、副主题词、出版类型、药理作用词、统一医学语言系统(Unified Medical Language System,简称 ULMS)中的英文同义词和异体词、化学物质名称及其异体词。系统在该表中找到了与检索词相匹配的词,就会自动转换为相应的 MeSH 词,同时保留原输入词执行检索。例如,在检索框输入"vitamin c",单击"Search",在检索结果页面的"Search details"框中就可以看到转换后的检索表达式为"ascorbic acid"[MeSH Terms] OR ("ascorbic"[All Fields] AND "acid"[All Fields]) OR "ascorbic acid"[All Fields] OR "vitamin c"[All Fields]。其中,"ascorbic acid"就是"vitamin c"的 MeSH 主题词。

② 刊名转换表(Journal Translation Table)。该表包括刊名全称、Medline 形式的缩写和 ISSN 号。检索框中输入的刊名会按该表转换成 Medline 缩写刊名后进行检索。

③ 著者索引(Author Index)。如果输入的检索词在上述两表中未找到匹配词,或键入的词后面跟一两个字母,PubMed 会查找著者索引,如输入"yang ziheng",其转换结果为 Yang,Ziheng[Full Author Name]。如果仍然没找到匹配词,PubMed 会把该词拆分后重复检索上述词表,直到找到相匹配的词语为止。所有转换情况都可以在

检索结果页面的“Search details”框中查看。

（2）截词检索

同大多数检索系统一样，PubMed 也支持使用“ * ”作为通配符进行截词检索。如键入“bacter *”，系统会查找词根为“bacter”的单词（如 bacteria，bacterium，bacteriophage 等），并对其分别进行检索。扩展后的全词检索表达式同样可在检索结果的“Search details”框中查看。如果扩展的单词量超过 600 个，PubMed 会给出提示，并只检索前 600 个单词。另外，截词检索仅支持单词词尾截词，不支持词头和词中，也不支持词组的扩展。使用截词检索时，词语自动转换功能自动关闭，即不再进行检索词映射转换到索引词表。

（3）强制检索

强制检索即给输入的检索词组加上英文双引号“ ”，使该词组作为一个整体被检索，而避免被拆分检索。这个功能与大多数检索系统都是兼容的。使用双引号强制检索时，PubMed 同样关闭词语自动转换功能。

（4）布尔逻辑检索

在 PubMed 检索框中，可直接使用逻辑运算符“AND”“OR”“NOT”构建检索表达式，运算符不区分大小写，支持使用圆括号改变运算顺序，如：（liver or lung） and cancer。PubMed 系统会对用户输入的检索表达式进行词语和表达式自动转换，详见“Search details”框。

3. 数据库检索

PubMed 有两个检索入口：一个是在 NCBI 主页的 Entrez 检索框，选择 PubMed 然后输入检索词直接进行检索（如图 4-19 所示）；另一个是在 PubMed 主页（http://www.ncbi.nlm.nih.gov/pubmed/）的检索框进行检索（如图 4-20 所示）。

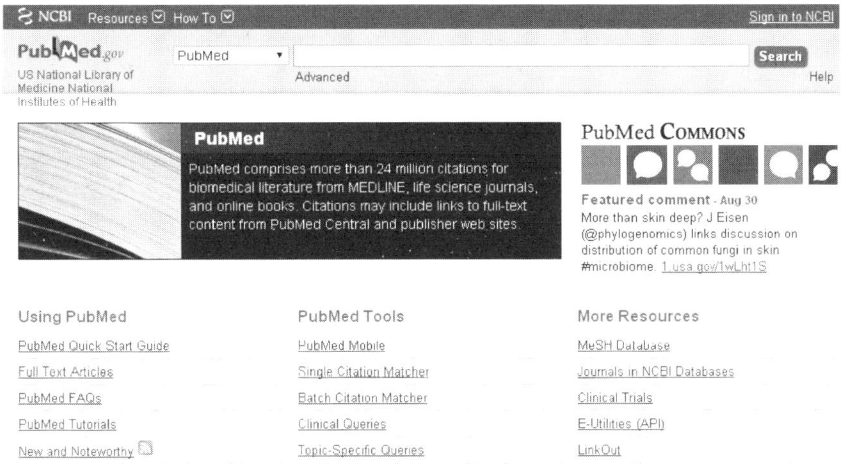

图 4-20　PubMed 主页

PubMed 检索方式主要有基本检索、主题词检索(MeSH Database)、高级检索(Advanced)、期刊数据库检索(Journals in NCBI Database)、单篇引文匹配检索(Single Citation Matcher)和临床查询(Clinical Queries)等。

(1) 基本检索

基本检索就是在检索框中直接输入检索词,如关键词、著者、刊名、刊号等,单击"Search"按钮就可以得到相关的检索结果。基本检索遵循 PubMed 的四项检索规则,对一般检索词会进行词语和表达式自动转换,实行智能检索。同 Google、百度一样,在检索框输入检索词时,PubMed 会自动给予提示,在检索框下方弹出一个下拉框显示多个与输入词相关的扩展词供用户选择,非常方便。用户根据需要,也可采用截词检索、强制检索、字段标识符(如 gene[TA])限定检索和自定义逻辑表达式进行检索。总之,用户可以在基本检索中输入任何想要查询的文献信息进行检索,PubMed 会对检索词进行自动识别和智能处理。

(2) 主题词检索

在 PubMed 主页单击"MeSH Database",或者在 Entrez 数据库下拉选择框选择"MeSH",即可进入主题词检索界面,如图 4-21 所示。

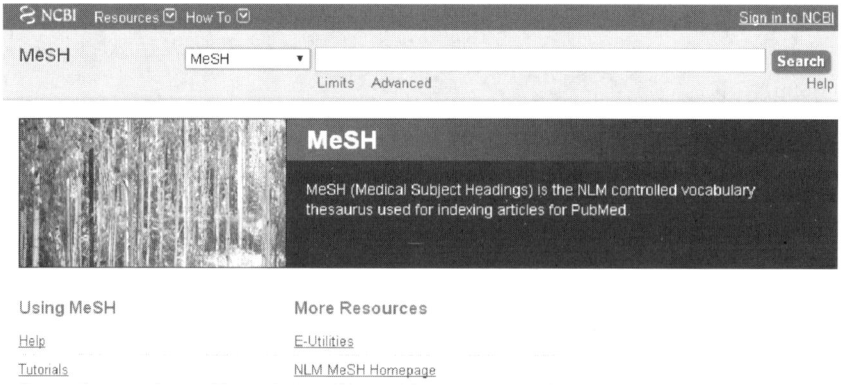

图 4-21 MeSH 主题词检索界面

MeSH 主题词是一种规范化的受控检索语言,与使用自然语言检索相比,主题词检索虽然烦琐,但也有它独特的优势。这也是基于 MeSH 主题词标引的 PubMed 文献检索系统的一大特色功能。首先,主题词排除了一词多义及多词一义给检索系统带来的不利影响;其次,主题词与副主题词相结合,可以对检索主题进一步限定,便于扩大或缩小检索范围,提高查全率和查准率;再次,主题检索中加权检索功能也便于限定文献的主要概念及范围。总之,主题检索的方法虽然相对烦琐,步骤多,但其检索结果准确性高,漏检率低,适合精确查找特定主题文献。

案例 4-14

通过主题词检索肝癌“liver cancer”的步骤如下:

① 在 MeSH 主题词检索框中输入检索词“liver cancer”,查找其对应的 MeSH 主题词,系统会列出相关的主题词以供选择。检索得到“liver cancer”的主题词为“Liver Neoplasms”,单击这一主题词后进入具体主题词页面(如图 4-22 所示)。

查找 MeSH 主题词时,PubMed 还提供了专门的限制检索(Limits)和高级检索(Advanced)功能,针对 MeSH 主题词记录的各个字段来进行限制查找或逻辑组配查找。这些限制字段有 All Fieds(所有字段)、MeSH Terms(主题词)、Record Type(记录类型)、Registry Number(主题词登记号)、Scope Note(学科范围)、Substance Name(物质名)和 Text Word(标题和说明文本)。这项功能适用于对主题词进行精确查找。

② 根据需要在具体主题词页面选择适当的副主题词对检索范围进行限定,如查找关于肝癌治疗方面的文献,则在副主题词“therapy”前打钩,然后在页面右侧的主题词检索表达式构建器中单击“Add to search builder”,检索框会出现表达式:"Liver Neoplasms/ therapy"[MeSH],再单击“Search PubMed”即可执行检索。若同时选择多个副主题词,则它们之间是逻辑或“OR”关系。

副主题词下方为加权检索和扩展检索选项,加权检索选项用于限定在主要概念主题词中检索,扩展检索用于禁止检索当前主题词的下位词(即下一级主题词,图 4-22 中主题词树状结构表显示“Liver Neoplasms”还有 3 个下位主题词)。系统默认不加权并扩展检索,即对主要和非主要概念主题词都检索,并扩展检索它们的所有下级主题词。

页面下方显示了当前主题词在树状结构表中所处的位置,包括其上、下级主题词。若该主题词同时在多个分支中出现,则所有分支都会罗列出来。用户可以根据检索需要,单击上一级主题词或下一级主题词来检索,以扩大或缩小检索文献的主题范围。上位主题词和下位主题词页面同样也有相应的副主题词、加权检索和扩展检索选项,选择之后加入表达式构建器,单击“Search PubMed”即可执行新的检索。注意:在更改限制性选项之后,再次添加检索表达式时,要根据扩大或缩小检索范围的需要确定本次添加的表达式与前面已有的表达式之间的逻辑关系,即先选择好“AND”、“OR”或“NOT”,再单击“Add to search builder”。若要重新进行检索,则要先把表达式构建器框中的旧表达式清空。

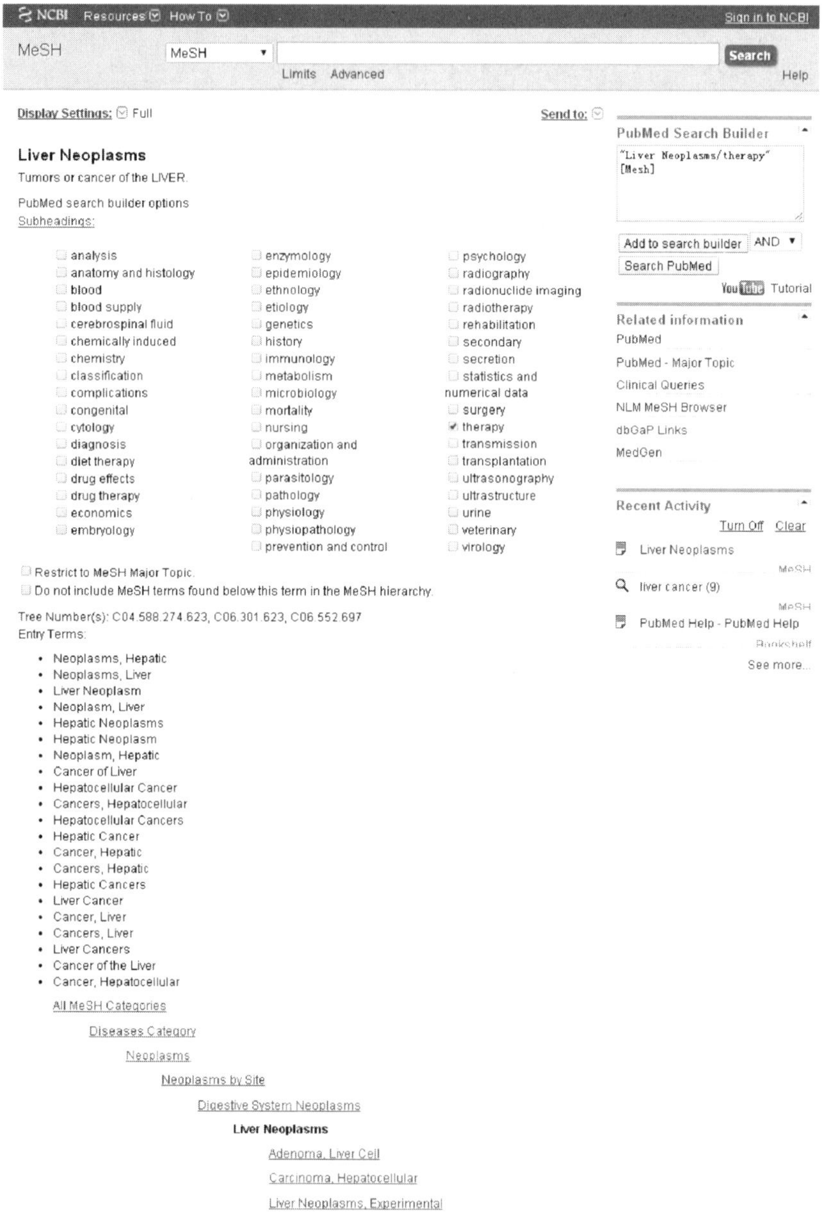

图 4-22 PubMed 具体主题词界面

小贴士

从上述操作可以看出，MeSH 主题词检索不像基本检索那么直接，需要确定主题词，选择恰当的副主题词，构建好检索表达式之后再进行检索，用户需要准确把握要查找的文献主题，这样才可以使检索结果更加精确。但主题词检索也有一定的局限性：一是因为只有收录进 Medline 的文献记录有主题词，因此主题词检索只能在“PubMed-Indexed for MEDLINE”范围内检索，而 PreMedline，Publisher 等文献记录则检索不到。二是学科的发展总是领先于 MeSH 主题词的更新修订，新词汇、新概念就不适合采用主题词检索。另外 MeSH 主题词总数是有限的，其涵盖范围也有限，有些特殊的概念词可能就没有相应的主题词，因此也无法采用主题词检索。因此实际检索时要结合多种检索方式灵活处理，具体问题具体分析。

（3）高级检索

在 PubMed 首页单击检索框下面的“Advanced”，即可进入高级检索页面。高级检索由检索构建器（Searcher Builder）和检索历史（History）两部分组成。高级检索可以让用户选择不同的文献记录字段来进行限定检索，也可以把多个检索词和多种字段组合构建成逻辑表达式进行检索，还可以把检索历史中的各条检索表达式逻辑组合之后再进行检索。

检索构建器又由检索表达式显示编辑窗口和表达式构建器组成。在构建器左边下拉菜单选择合适的字段（默认“All Fields”），在旁边的检索框中输入检索词，此时显示窗口会自动显示格式化的检索表达式。若需要对检索表达式进行手工编辑，可单击显示窗口下的“Edit”进入编辑状态。可分行分不同字段输入多个检索词进行逻辑组合，运算符“AND”“OR”“NOT”也在左侧下拉选择，构建的逻辑表达式自动显示在上方的显示窗口，无须手动添加。在第二行检索框输入检索词时，界面在其下自动生成新的空白检索框，也无须手动添加。每一行检索框后都有一个“Show index list”，单击它可以打开一个下拉框，其中会显示与该行输入检索词相关联的扩展词，与基本检索输入框的自动提示功能类似。输入检索词后，单击“Search”按钮即可得到检索结果。

案例 4-15

通过高级检索方式检索复旦大学在 2013 年发表的关于肝癌方面的论文，利用检索构建器检索步骤如下：

① 在第一行检索框选择“Text Word”字段，输入“liver cancer”；

② 在第二行检索框先选择“AND”运算符，再选择“Affiliation”字段，输入“Fudan University”；

③ 在第三行检索框继续选择“AND”运算符，再选择“Date-Publication”字段，输入“2013/01/01—2013/12/30”，最后单击“Search”按钮进行检索，得到 20 篇文献。

此时检索构建器生成的检索表达式为((liver cancer[Text Word]) AND Fudan University[Affiliation]) AND ("2013/01/01"[Date-Publication]: "2013/12/30"[Date-Publication])。

小贴士

PubMed 检索历史是包含在高级检索页面里的,没有单独的入口。检索历史包括检索次序编号、检索表达式、检索结果数目和检索时间。单击检索序号,会显示该条检索历史的操作菜单,可执行 AND, OR, NOT 逻辑运算,也可从历史记录删除(Delete from history)、显示其检索结果(Show search results)、查看检索表达式(Show search details)或保存该表达式到 NCBI 个人账户(Save in My NCBI)。通过逻辑运算,可以把多条检索历史的表达式组合起来并发送到检索构建器执行新的检索。利用这一功能,可以实现其他数据库中的二次检索功能。PubMed 检索历史可保留 8 小时,在 8 小时内,即使关闭网页,重新打开 NCBI 网站,进入 PubMed 高级检索界面,前面的检索历史仍然存在。

(4) 期刊数据库检索

单击 PubMed 主页“Journals in NCBI Database”链接即可进入期刊数据库检索界面(如图 4-23 所示)。目前这一数据库同 NCBI Entrez 的 NLM Catalog 进行了整合,在 NLM Catalog 也可进行期刊检索,不同的是 NLM Catalog 还可检索 NLM 收录的书籍、音像视频、软件及其他电子资源等。用户可以通过主题(Topic)、刊名全称或缩写、ISSN 刊号等查找期刊,也可以通过 NLM Catalog 主页的“Broad Subject Terms”页面按学科分类(http://wwwcf.nlm.nih.gov/serials/journals/index.cfm)浏览 NLM 收录的相关期刊,如图 4-24 所示。期刊检索也有高级查询(Advanced Search),可以按刊名、出版商、国家、出版年、类型等不同字段进行精确限制查询。

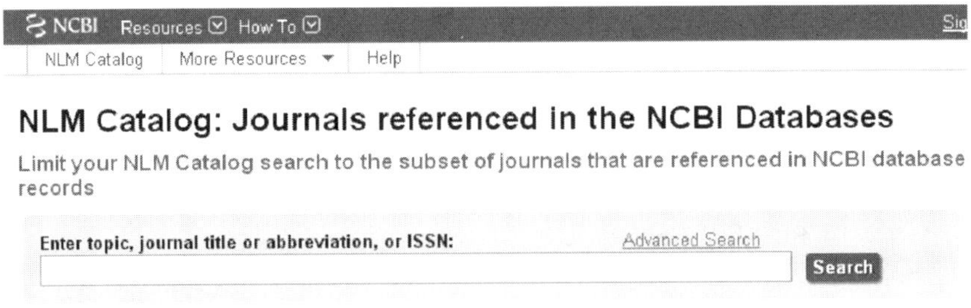

图 4-23 PubMed 期刊数据库检索界面

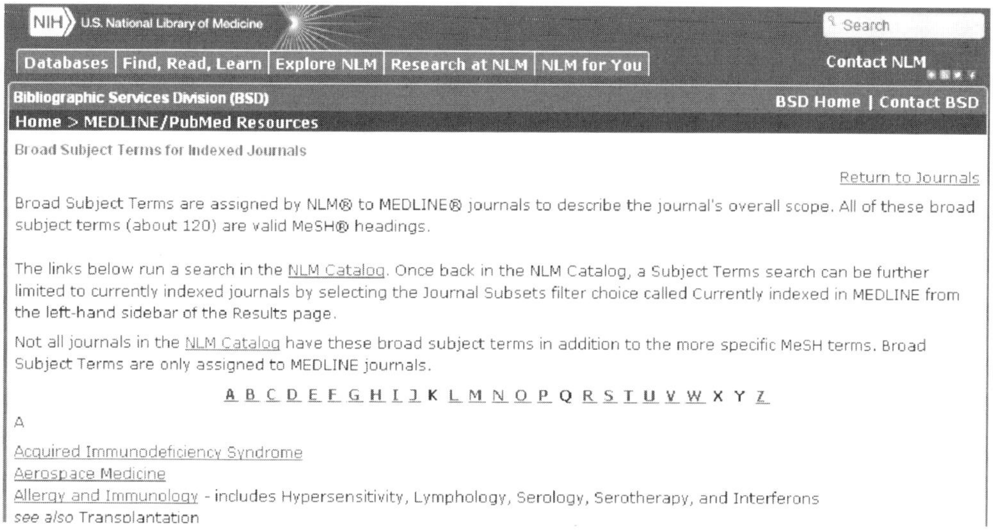

图 4-24　NLM Catalog 按学科分类收录期刊界面

单击检索到的期刊刊名，PubMed 会提供期刊的详细信息，包括创刊年代、出版者、出版国家、语种、所属学科分类等，Electronic Links 会提供该期刊的网站地址。

（5）单篇引文匹配检索

从 PubMed 主页"Single Citation Matcher"链接可进入单篇引文匹配检索（如图 4-25所示），主要用于准确查找某一篇文献，也可用于查找某一期刊或某一作者在某一时间或特定期卷号上发表的论文。

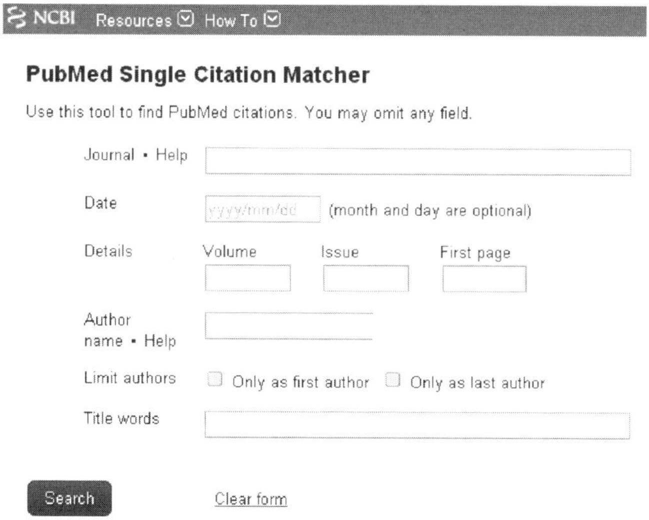

图 4-25　单篇引文匹配检索界面

案例 4-16

已知 Jonathan Cohen 于 2011 年在 Science 上发表过一篇有关脂肪肝的论文，要想查到这篇文章的具体信息，利用单篇引文匹配检索步骤如下：

① 进入单篇引文匹配检索页面。

② 在“Journal”栏输入“Science”，在“Date”栏输入“2011”，在“Author Name”栏输入“Cohen J”，在“Title Words”栏输入“liver”，单击“Search”按钮便可得到这篇文章的题录和摘要。

“Journal”栏和“Author Name”栏在输入检索词时都提供了信息自动提示功能，非常方便。

（6）临床查询

临床查询（Clinical Queries）是专门为临床医生查找临床文献而设计的检索途径。单击 PubMed 主页“Clinical Queries”链接即可进入该界面（如图 4-26 所示），其包括 Clinical Study Categories、Systematic Reviews 及 Medical Genetics 三类检索。

案例 4-17

若要通过临床查询途径查找肝癌治疗方面的文献，则其步骤如下：

① 首先在检索框输入“liver cancer”，检索结果会按 3 个类别罗列在下面。

② 然后在“Clinical Study Categories”下面的选项中选择“Therapy”。若要缩小文献范围，则在“Scope”中选择“Narrow”，如图 4-26 所示。

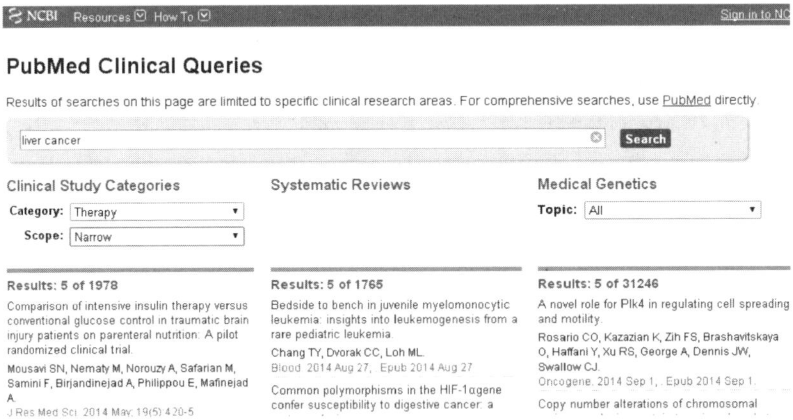

图 4-26 PubMed 临床查询界面

① Clinical Study Categories 专门用于查找疾病的治疗（Therapy）、诊断（Diagnosis）、病因（Etiology）、预后（Prognosis）及临床预报指南（Clinical prediction guides）等方面的文献，同时综合考虑检索结果的证据可靠性，分 Broad 和 Narrow 两种，选择“Broad”可以提高查全率，选择“Narrow”便于提高查准率。

② Systematic Reviews 专门罗列系统评价（systematic reviews）、元分析（meta-analysis）、临床试验评价（reviews of clinical trials）、临床指南（guideline）等循证医学文献的检索结果。

③ Medical Genetics 专门显示疾病遗传学方面的文献，其下拉主题选项里有 All、Diagnosis（诊断）、Differential Diagnosis（鉴别诊断）、Clinical Description（临床描述）、Management（处理）、Genetic Counseling（遗传咨询）、Molecular Genetics（分子遗传学）、Genetic Testing（遗传测试）等。

临床查询只是 PubMed 医学专门查询的一种，在 PubMed 主页上还有一个“Topic-Specific Queries”，提供了一些特别专题查询，涉及临床医生和健康服务研究人员查询（Clinicians and Health Services Researchers Queries）、医学专题查询（Subjects）、其他查询（Additional Search Queries）和医学杂志集（Journal Collections）。

4. 检索结果显示、过滤与输出

（1）检索结果的显示及过滤

PubMed 检索结果显示页面分为三大版块，中间主体为检索结果，左侧为检索结果的过滤和限定设置区，右侧是与检索内容相关的数据统计图、检索词、图片、免费全文、Entrez 跨库检索链接区、具体检索表达式和最近检索用词等（如图 4-27 所示）。

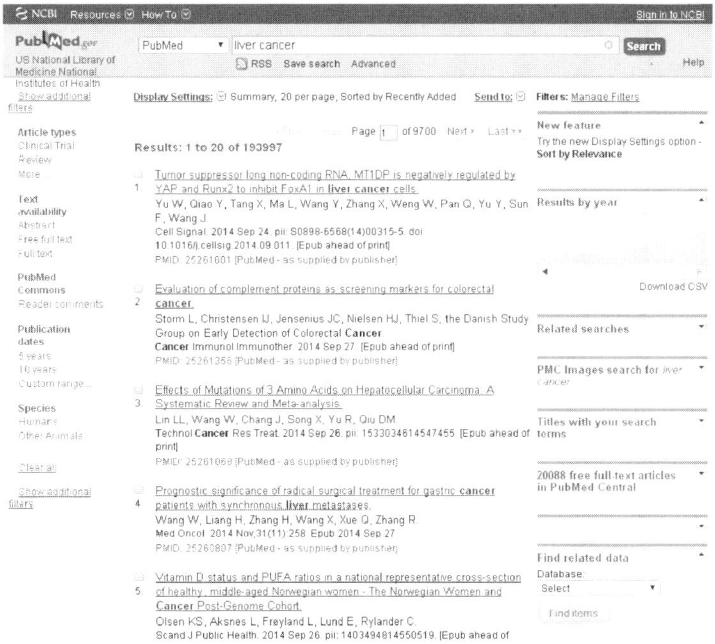

图 4-27　PubMed 检索结果显示页面

PubMed 检索结果有多种显示格式,单击“Display Settings”即可展开选项,默认为“Summary”格式,每页显示 20 条记录,按与检索词相关性强弱排序,如图 4-28 所示。Summary 格式的每篇文献记录包括篇名、著者、刊名、出版年月及卷期、页码、PMID 号、收录状态、相关文献链接(Related citations),如果该篇文献有免费全文,则会标记“Free PMC Article”或“Free Article”。其他显示格式含义如下:Summary(text)是默认 Summary 格式的纯文本形式,可另存为 txt 文件;Abstract 在 Summary 格式上增加了作者单位、摘要、关键词和出版社数字期刊链接等信息;Abstract(text)是 Abstract 的纯文本形式;MEDLINE 是以完整的 Medline 题录格式显示文献记录,包含 Medline 的全部字段信息,也是纯文本形式;XML 是一种可扩展用户标记语言格式,供计算机在网络上交换和处理数据;PMID List 仅显示每条记录的 PMID 号。

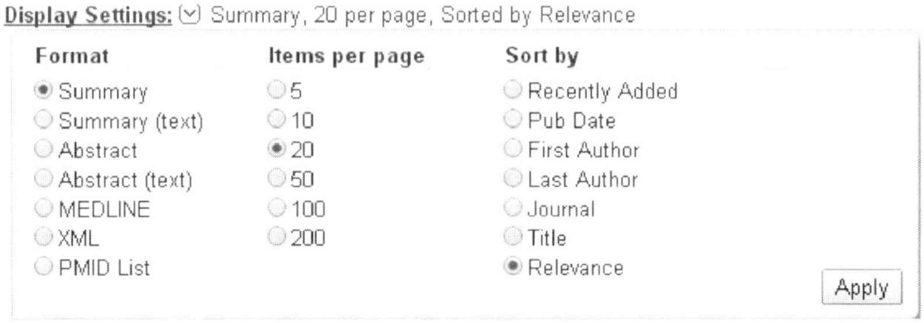

图 4-28 PubMed 检索结果显示格式及排序选项

每页显示记录条数可在中间选项更改,一页最多可显示 200 条记录。对检索结果排序有 7 种方式:最近添加、出版日期、第一作者、末位作者、期刊名、文献标题和相关性。

PubMed 允许对检索结果进行细致的筛选和限定,在结果显示页面左侧过滤设置区,罗列了非常详细的过滤限定条件。默认列出的有文献类型(Article types)、全文获取程度(Text availability)、有无开放评论(PubMed commons)、出版日期(Publication dates)、物种(Species)五类。还可以单击“Show additional filters”显示更多的过滤条件,包括语种(Languages)、性别(Sex)、主题(Subjects)、期刊类别(Journal categories)、年龄(Ages)和检索字段限定(Search fields)等。如果想要查看检索结果中可免费获取全文的综述类文章,就可单击“Article types”下面的“Review”和 Text availability 下的“Free full text”,即可筛选出所有可免费下载全文的综述类文献。

(2)检索结果的保存及输出

PubMed 提供了多种检索结果的保存和输出方式,单击检索结果显示区右上角“Send to”即可展开选项,包括文件(File)、剪贴板(Clipboard)、收藏夹(Collections)、电子邮件(E-mail)、资料订购(Order)、我的书目(My Bibliography)、引文管理器(Citation manager)7 种方式。

File 是将选中文献记录(若没选择则默认保存所有结果)保存到文件,提供了

Summary(text),Abstract(text),MEDLINE,XML,PMID List,CSV 六种保存格式,前五种与结果显示格式相对应,只不过是保存到了一个纯文本文件里,其中 MEDLINE 格式的文件可导入到 Endnote,NoteExpress 等文献管理工具中。CSV 格式是一种带字段的电子表格形式,可以用 Excel 等软件打开。

Clipboard 将检索结果保存到 PubMed 剪贴板,该剪贴板是由 PubMed 网站提供的一个检索结果暂存系统,最多允许保存 500 条记录,与检索历史一样最长保留 8 小时。添加到剪贴板后,检索结果页面右上角会显示 Clipboard 图标,单击可查看暂存的文献记录。另外通过 PubMed 高级检索里的检索历史,也可查看到剪贴板记录。

Collections 是指用户注册了 My NCBI 账号并登录后,选择该项可把检索结果保存到 NCBI 个人账户中。其一次最多保存 1 000 条记录。

E-mail 用于将选中的文献记录以电子邮件的形式发送到指定邮箱,其一次最多可发送 200 条记录。

Order 是链接到 NLM 的 Loansome Doc 文献传递系统,为用户提供文献全文获取服务,但需要注册登录并支付一定的费用。

My Bibliography 是 My NCBI中收藏夹 Collections 的一部分,也需要登录 My NCBI 账户才能保存,与保存到 Collections 类似。其一次最多保存 500 条记录。

Citation Manager 是将检索结果导出到文献管理软件格式,如 EndNote,Reference Manager,ProCite 等。其一次最多导出 200 条记录。

另外在检索结果显示页面的基本检索框下还有"RSS"和"Save search"两个选项(如图 4-27 所示)。RSS 是 PubMed 提供的一种文献订阅服务,单击"订阅"之后,可通过专门的 RSS 阅读器如 Feedly 等随时浏览 PubMed 推送的与该次检索相关的最新文献记录。Save Search 可以把检索词(或表达式)保存到 My NCBI 的"Saved Searches"栏,该栏会显示每个检索词上次检索记录数和目前的最新记录数。

(3) PubMed 文献记录的显示

在检索结果显示页面,单击文献标题链接,就会进入具体的文献记录显示页面,如图 4-29 所示。左侧主版块为文献记录详细信息,从上到下依次显示文献出处、篇名、著者、著者单位、文摘、文献记录 ID 号及收录状态、全文获取标记、文献图片、文献类型/Medline 标引的 MeSH 主题词/化学物质、外部链接和公开评论等。右侧为相关链接区,包括全文获取链接、相关文献链接等。

在 PubMed 检索结果页面和文献记录页面右侧都提供了相关文献链接,这是 PubMed 数据库提供的一项独具特色的功能。这些相关链接极大地拓展和丰富了用户的搜索内容,使用户不局限于检索词的检索结果,而通过相关文献链接相互跳转快速找到真正想要的文献,或快速搜集到与想要文献密切相关的一类文献。除此之外,检索结果页面的 Entrez 跨库检索("Find related data")提供了 NCBI 其他数据库的相关数据链接,文献记录页面的 LinkOut 提供了文献的外部来源(出版商文献资源)链接,这些链接都为用户获取相关数据提供了极大的便利。

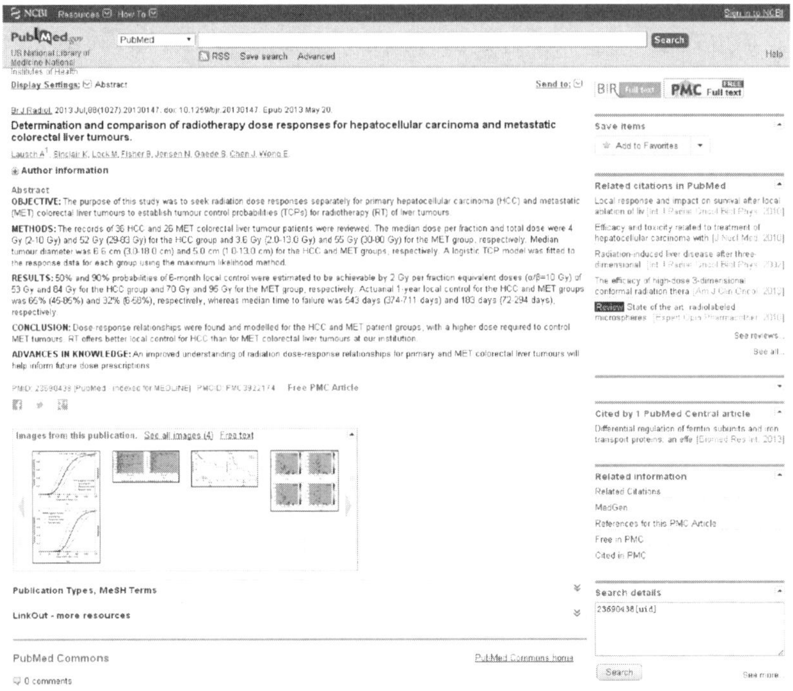

图 4-29 PubMed 文献记录显示页面

5. PubMed 其他工具与服务

除了上述主要检索功能外，PubMed 还有一些特别的工具和服务，包括 NCBI 个人账户(My NCBI)、外部资源链接(LinkOut)、临床试验数据库(Clinical Trials)及批量引文匹配器(Batch Citation Matcher)等，这些都可以从 PubMed 主页中单击相关链接进入。

(1) My NCBI

在 NCBI 网站右上角有一个“Sign in to NCBI”，单击可注册一个 NCBI 个人账户，登录之后可以保存并管理用户在 NCBI 所有数据库的检索过程及检索结果，实时追踪相关研究领域的最新进展，并实现个性化的服务，如图 4-30 所示。

My NCBI 包括 Search NCBI, My Bibliography, Recent Activity, Saved Searches, Collections, Filters, Science, BLAST history 等版块，每个版块均可以进行收起、展开和打开、关闭操作，通过右上角“Customize this page”来自定义。Search NCBI 可让用户在 My NCBI 里快速搜索 NCBI 的各数据库。My Bibliography(我的书目)用于保存选定的 PubMed 检索文献记录。Recent Activity 记录了用户最近访问搜索 NCBI 数据库的活动。Saved Searches用于保存以前的检索策略，每条检索策略会显示过去检索记录数和当前最新记录数，并可通过 Email 发送更新通知。Collections 是一个收藏夹，用户可用于收藏自己喜爱的文献记录、PubMed 检索结果及其他数据库的检索结果。

这些收藏保存菜单在各个检索结果页面都可找到。Filters 可用于为 NCBI 各数据库自定义检索过滤条件，定义好的条件会显示在检索结果页面右上角的 Filters 链接中，可直接单击进行检索结果的筛选。SciENcv 用于创建科研工作者自己的简历。BLAST history 用于保存序列比对的历史记录。

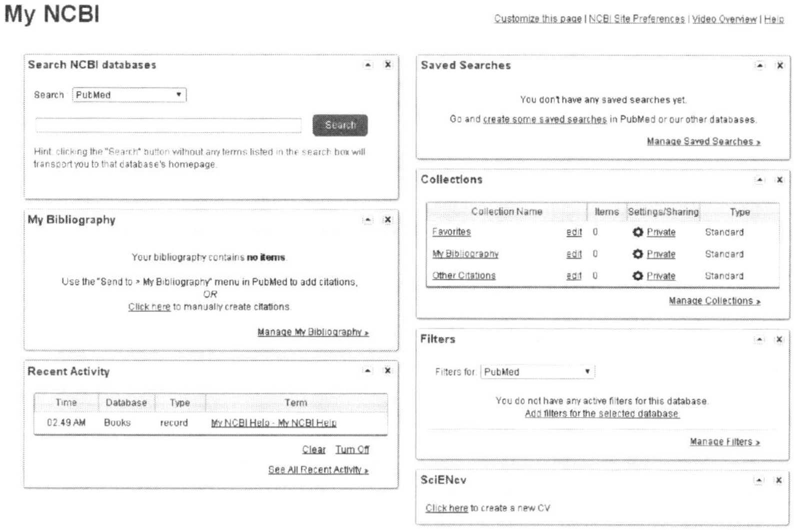

图 4-30　My NCBI 页面

（2）LinkOut

PubMed 主页上有一个 LinkOut（如图 4-20 所示），每一条具体的文献记录页面也有 LinkOut 栏目（如图 4-29 所示），它提供了 PubMed 的外部资源链接。PubMed 与 NCBI 的其他数据库通过 LinkOut 与互联网上的其他外部资源和服务建立链接，包括在线全文数据库、生物学数据库、图书馆藏信息、用户健康信息、研究工具等。外部资源都是经过 Entrez 评估、登记后才提供给用户使用，Entrez 只提供相关链接，具体服务由外部数据提供方提供，有些信息是免费的，有些需要注册获得，有些则需要订购或收费才能获取。

（3）批量引文匹配器

在 PubMed 主页单击"Batch Citation Matcher"，即可进入批量引文匹配器，通过在文本框内输入固定格式的检索指令，实现在 PubMed 或 PMC 数据库中批量查找需要的文献记录。输入格式为"刊名|年|卷|起始页码|著者|用户核对标识"，如"virology|1993|193|492|hardy me|Q02945 -1|"，输出结果为"virology|1993|193|492|hardy me|Q02945 -1|8382410"，最后一项数字为该文献的 PMID 号。批量引文匹配可一次查找 100 条记录，匹配结果通过 Email 发送至用户邮箱，或以文件形式保存到本地磁盘。未匹配上的记录会显示"INVALID _ JOURNAL"、"NOT _ FOUND"或

"AMBIGUOUS"。

(4) 临床试验数据库与 PubMed Health

单击 PubMed 主页上的"Clinical Trials",可进入 NLM 开发的临床试验数据库(http://clinicaltrials.gov/)。该数据库收录了全球由政府或私募经费资助的各项试验目录,最初用于帮助那些患有致命性疾病的患者寻找并参与相关疾病治疗的试验项目,随后功能越来越完善。例如,在检索框输入""Heart attack" AND "Los Angeles""可查找到全球有 122 项关于心脏病发作的研究在洛杉矶地区招募志愿者。Clinical Trials 收录了全世界 170 多个国家和地区经过注册登记的 8 万多个临床试验信息,该网站试验注册不收费,所有人可免费注册并使用该数据库信息。

PubMed Health 是基于 Clinical Trials 的系统综述(Systematic Reviews)性文献数据库,是对 PubMed 临床查询(Clinical Queries)中的 Systematic Reviews 检索结果的进一步筛选,为用户和临床医生提供疾病预防与治疗方面的临床疗效评价信息,其信息来源于 The Cochrane Collaboration(CC)等 10 多个国际健康医疗研究机构。PubMed Health 可以通过选择 NCBI Entrez 的"PubMed Health"选项进入。Clinical Trials 和 PubMed Health 都是十分重要的循证医学信息资源。

(5) PubMed Central

PubMed Central(简称 PMC)是 NCBI 建立的生命科学和医学期刊全文开放获取(Open Access,简称 OA)数据库,以电子副本形式保存生物医学原始文献全文,并向全球免费提供检索和下载。NLM 认为数字资料不是用来存储的,持续应用才是物尽其用,因此免费是 PMC 的一个核心原则。PMC 是一个数据仓库,自愿加入 PMC 的出版商和期刊在其期刊出版后一定期限内(一般 6 个月,不超过 1 年)将全文提交给 PMC 保存和对外开放,版权仍属于作者和出版商。除了期刊论文,PMC 还包括大量 NIH 基金项目资助发表的论文或手稿。

小贴士

有国内外网站或机构基于 PubMed 数据库开发了若干第三方 PubMed 检索工具,提供了一些更深入的文献检索及分析功能,最具代表性的工具有德国的 GoPubMed 和国内丁香园网站的 PubMed.cn。

(1) GoPubMed

GoPubMed(http://www.gopubmed.com/web/gopubmed/)是德国 Transinsight 公司和德国德累斯顿大学合作开发的一个基于 PubMed 检索结果的文献分析工具(如图 4-31 所示)。GoPubMed 数据源来自 PubMed,它采用语义搜索技术对 PubMed 检索结果进行分类分析和深度挖掘,使用户能根据分类快速找出少数重要论文,而不需要浏览所有文献记录。其基本原理是对 PubMed 检索结果中文献记录的基因本体(Gene Ontology,简称 GO)词、MeSH 主题词、UniProt 蛋白质本体词、作者、地区、期刊、发表时间进行自动抽提和分析，再对检索结果进行分类，用户可以根据这些分类快速找到所需文献。

图 4-31　GoPubMed 主页

GoPubMed 提供了较为详细的文献分类统计功能，主要体现在 4 个方面：What、Who、Where 和 When，具体又包括“Top Terms”（主题词排行）、作者排行、发表论文的国家和城市排行、论文发表数量年度排行、发表相关论文期刊排行等数据和柱状图，以及历年论文数量走势图、发表论文地区的世界分布地图和高产作者的关系网络图。GoPubMed 目前只能对 1 000 条数据进行显示和统计分析，不能对引用情况和被引用情况进行分析，因此其统计结果只能作为一种参考，GoPubMed 更多地用于文献分类导航和快速查找。

（2）PubMed. cn

PubMed. cn（http://pubmed. cn/）是国内丁香园网站开发的一个生命科学和医学文献检索工具（如图 4-32 所示），数据每天与美国的 NCBI 数据中心同步一次。它

图 4-32　PubMed. cn 主页

在 PubMed 的基础上增加了按期刊影响因子分值过滤文献的功能。此外，PubMed.cn 还提供了专业词典查询、图片检索、期刊检索、全文求助、国家自然科学基金(NSFC)查询和统计分析及选刊助手等服务。其中期刊检索可以查询到期刊影响因子变化趋势、年发表数量、同类期刊排名及投稿经验等信息。

4.3.2 美国《化学文摘》与 SciFinder

1. 数据库简介

美国《化学文摘》(*Chemical Abstracts*，简称 CA)创刊于 1907 年，由美国化学学会(ACS)旗下化学文摘服务社(Chemical Abstracts Service，简称 CAS)编辑出版，是目前世界上使用最广泛的化学文献检索工具。CA 现为周刊，每年 2 卷，每卷 26 期。1965 年，CAS 推出了化学物质登记系统，为文献中出现的每一种化学物质分配一个唯一编号，即 CAS 编号。

CA 历经百年，特色非常鲜明，具体表现为以下几个方面：

① 收录范围广。CA 收录了全世界 98% 以上的化学化工类文献，被誉为“打开世界化学化工文献大门的钥匙”。目前，CA 收录的各种出版物已达 8 万余种，年收录文献量 70 万余条，除化学、化工外，还包括医学、药学、生物学、卫生学、农业、冶金、轻工、环境等与化学相关学科的文献。收录的文献类型除期刊和连续出版物外，还有会议录、资料汇编、技术报告、专利文献、学位论文和新书、视听资料等。

② 出版周期短。CA 从 1967 年第 66 卷起至今均为周刊，每年出 2 卷，一般文献发表 3~4 个月内就会被 CA 收录，大多数英文期刊论文当月就可摘录出版。基于 STN 国际联机检索系统的 CA 网络数据库更是每日更新数据。

③ 索引体系完备。CA 的索引多种多样，包括 3 种期索引(关键词索引、著者索引、专利索引)、5 种卷索引(化学物质索引、普通主题索引、分子式索引、作者索引、专利索引)、5 年一次的累计索引及 5 种辅助性索引(索引指南、登记号手册、资料来源索引、环系索引、杂原子索引)。丰富的索引体系为检索 CA 提供了多种途径。

④ 学术性强。CA 不摘录化学市场、商品、经济方面的文献，更增强了它的权威性和学术性。CAS 将这些文献单独编辑成《化学工业札记》(*Chemical Industry Notes*，简称 CIN)出版。

2010 年，CAS 停止了 CA 印刷版和光盘版的出版，推行网络版，其中以 SciFinder 数据库使用最为普遍。SciFinder 是 CAS 研发推出的 CA 网络数据库，它整合了《化学文摘》和 Medline 的全部内容，以及欧美 30 多家专利机构的全文专利信息，是全世界最大、最全面的化学和科学信息数据库，涵盖了应用化学、化学工程、普通化学、物理、生命科学、医学、材料学、聚合体学、地质学、食品科学和农学等诸多领域。

2. 数据结构

美国《化学文摘》印刷版内容由三部分组成：分类目次、文摘正文和索引部分。CA 分类共有五大部分 80 个大类，其五大部分别为生物化学部分（Biochemistry Sections）、有机化学部分（Organic Chemistry Sections）、大分子化学部分（Macromolecular Chemistry Sections）、应用化学与化学工程部分（Applied Chemistry and Chemical Engineering Sections）及物理、无机化学与分析化学部分（Physical, Inorganic and Analytical Chemistry Sections）。印刷版索引有关键词索引、专利索引和著者索引。美国《化学文摘》收录的文献类型较多，不同文献类型的著录格式不同。

由于现在数据库都已经网络化，因而数据检索方式和结果显示更加多样化和便捷化，但文献记录基本格式及其内容分类和印刷版仍然一致。

3. SciFinder 数据库检索

美国《化学文摘》检索现在已经完全网络化，SciFinder 是其最主要的网络检索工具之一。如前所述，SciFinder 是一个整合的文献检索平台，其数据库内容非常庞大，不仅包括《化学文摘》的全部内容，还包含了 Medline 及欧美许多专利机构的专利全文信息。SciFinder 可检索的数据库具体包括以下几种：

① CAplus。其主体为《化学文摘》数据库，从 1907 年以来收录了 9 500 多种期刊，超过 2 500 万条文献记录，每日更新 3 000 条以上。

② CAS REGISTRY。它是世界上最大、更新最快的化学物质信息数据库，包括有机化合物、生物序列、配位化合物、聚合物、合金、片状无机物等。其记录总数超过 8 100 万条，其中包括大约 2 200 万个有机、无机化学物质和 3 600 万个生物序列。

③ CASREACT。它收录了 1907 年以来有关文献和数据库记载的单步及多步反应信息。目前其已经收录超过 800 万条反应记录，还包括 40 万余条文献记录，每周更新约 700～1 300 条。

④ CHEMCATS。其主要提供化学品的来源信息，包括化学品目录手册及供应商的地址、价格等信息，目前包括 800 万条商业化学物质记录及来自 655 家供应商的 793 种目录信息。

⑤ CHMLIST。其提供从 1979 年至今的受管制化学品信息，包括物质的特征、详细目录、来源及许可信息等。它的数据来自 13 个国家和国际组织，每周更新记录超 50 条，总记录已超过 23 万条。

⑥ MARPAT。其提供了 1988 年至今从专利文献中提取的 Markush 化学结构式数据及其相关专利信息，现已达到 105 万条，每日更新 60～75 条专利索引、150～200 个 Markush 结构。

⑦ Medline。它是美国国立医学图书馆 NLM 开发的生物医学文献文摘数据库。

小贴士

SciFinder 数据库支持自然语言检索，没有规定布尔逻辑运算符，系统会自动分析用户输入的短语，并通过短语中的介词、冠词来自动判断关键词之间的逻辑关系，进行布尔逻辑运算。该系统也没有规定截词算符，系统会自动查询检索词的复数、现在时或过去时等在内的各种词性变化形式，相当于自动进行截词运算。SciFinder 允许输入单词或词组的缩写形式进行检索，甚至可以接受拼错个别字母的关键词，系统会自动检索相似词防止漏检。SciFinder 保留了两种运算符：一是“NOT”或“EXCEPT”，用于排除部分检索结果，如“virus but NOT aids”表示检索除艾滋病外的其他病毒的文献；二是圆括号“( )”，用于同义词检索，而不是优先运算符，如“treatment of cancer (tumor)”表示 cancer 和 tumor 都要检索。

过去 SciFinder 主要通过客户端程序来连接数据库服务器进行检索，现在则以 Web 浏览器登录访问 SciFinder 数据库网站来进行检索。SciFinder 数据库的访问网址是 https://scifinder.cas.org，该数据库除了对用户 IP 地址进行限制外，用户还必须使用订购单位的 Email 地址（该邮件是以单位域名为后缀）进行注册，然后使用注册的用户名和密码登录才可进入使用。

图 4-33 所示为 SciFinder 登录后的主页面，主要分为检索（Explore）、检索保存

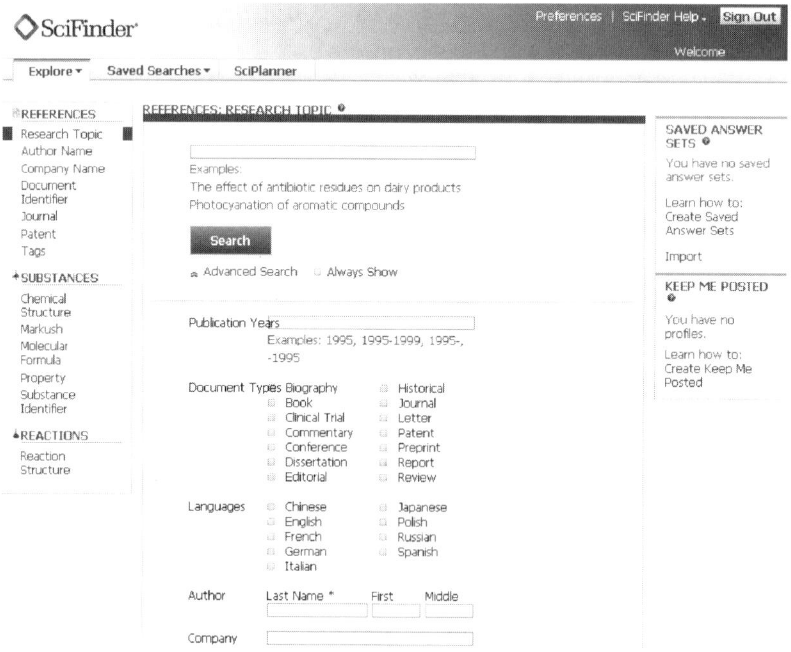

图 4-33　SciFinder 检索主界面

(Saved Searches)和科研工具(SciPlanner)三大功能版块。检索是 SciFinder 的主要功能版块,在主页面左侧又划分为文献检索(REFERENCES)、物质检索(SUBSTANCES)和反应检索(REACTIONS)3 种检索功能。检索保存版块提供了查看已保存检索结果(Saved Answer Sets)、已订阅的文献提醒(Keep Me Posted)和检索历史记录(History)等功能。SciPlanner 是 SciFinder 提供的一个在线交互式化学合成途径设计工作平台,主要基于相关文献、物质或反应的检索结果来设计整合,合成途径中的每一个分子式都与 SciFinder 数据库中的数据实时动态相连。

下面将重点介绍 SciFinder 的检索功能。

(1) 文献检索(REFERENCES)

SciFinder 的文献检索主要有主题检索(Research Topic)、作者检索(Author Name)、公司检索(Company Name)、文档编号检索(Document Identifier)、期刊检索(Journal)、专利检索(Patent)和标签名检索(Tags)7 种途径。

① 主题检索,即通过输入自由词进行检索,系统对检索词进行智能分析和转换,并提供多种可能的搜索结果供选择。展开"Advanced Search",可以对出版年份、文档类型、语种、作者和公司等字段进行限定。关键词的个数一般不要超过 5 个,尽量用英文介词 of,with,by,beyond 等连接关键词,方便系统自动判断它们之间的逻辑关系。

② 作者检索,即通过输入作者姓名进行检索,分为 Last Name、First 和 Middle。SciFinder 提供所需的作者姓名的所有形式,包括缩写。

③ 公司检索,输入公司或机构名进行检索。

④ 文档编号检索,即通过输入文档编号来进行检索。文档编号包括文献在 CA,Medline,PubMed 等数据库中的唯一编号,以及专利号和数字文档 DOI 号等。

⑤ 期刊检索,即通过期刊名(必需)、卷期号、起始页码、标题名、作者名(必需)和出版年进行检索。

⑥ 专利检索,即通过专利号、授权人(机构)名、发明人(必需)和公开时间进行检索。

⑦ 标签名检索,即 SciFinder 允许用户对一些检索结果集合进行选择和标记,并定义标签名。所有已经定义了的标签名会按字母顺序罗列在标签名检索栏目里,单击一个标签名,即可快速获取以前标记过的文献记录。

(2) 物质检索(SUBSTANCES)

物质检索和反应检索都是 SciFinder 数据库针对化学学科提供的独特的专业检索功能。物质检索又有化学结构检索(Chemical Structure)、Markush 结构检索(Markush)、分子式检索(Molecular Formula)、属性检索(Property)和物质标识检索(Substance Identifier)5 种途径。

① 化学结构检索,即通过一种已知的化学物质结构来检索相关的文献、物质和反应信息。SciFinder 网站提供了基于 Web 或 Java 的分子结构绘图工具,如图 4-34

所示,通过单击工具栏上的图标来选择并画出原子、基团、苯环、杂环和化学键等,然后单击“OK”完成结构输入,再单击“Search”按钮即可执行检索。除了直接绘制结构式外,还可以单击网页中的“Import CXF”链接导入 CXF 格式的结构式文件进行检索。CXF 格式的结构式文件一般由 SciFinder 结构绘图工具保存产生。另外 SciFinder 也支持从化学结构绘图工具 ChemBioDraw Ultra 14 中利用绘制好的化学结构直接进行物质检索。

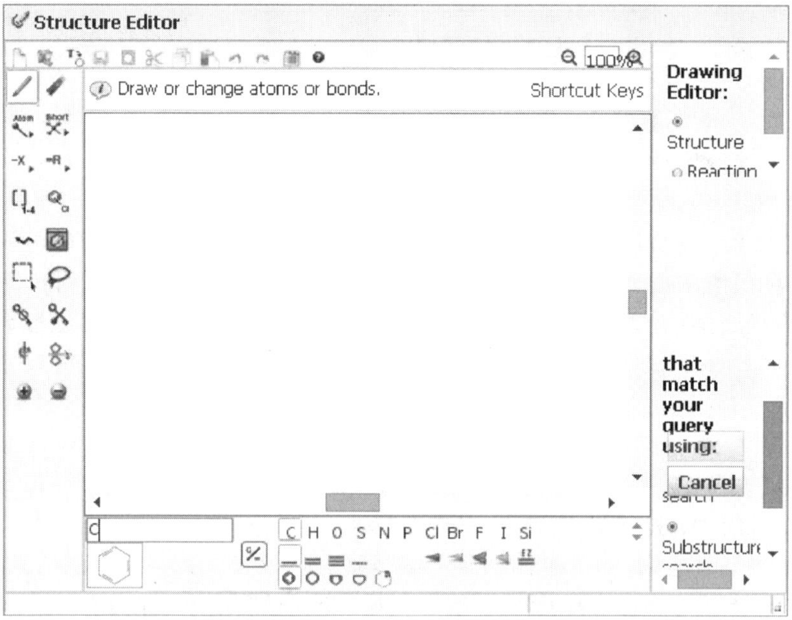

图 4-34 SciFinder 结构绘制工具

化学结构检索又分成 3 种检索方式:精确检索(Exact search)、子结构检索(Substructure search)和相似物质检索(Similarity search)。精确检索用于查询结构式确定的有机化合物,可以检索物质的盐、同位素、混合物或聚合物等,母体结构不能修改,也不能修饰。子结构检索用于查询母体化合物的衍生物,母体结构不能修改,但可以被修饰。相似物质检索用于查询文献数量少,或者没有文献报道的相似化合物,相似度一般在 60 分以上,母体结构可以修改,也可以被修饰。

化学结构检索还提供了“Advanced Search”选项,单击展开后,可以对物质的特性(Characteristics)、类型(Classes)及研究方向(Studies)做一定的限定。

② Markush 结构检索,也是通过输入化学结构式来进行检索,输入工具也是 SciFinder 结构绘制软件。但 Markush 检索重点检索 MARPAT 专利结构数据库,以获取和结构有关的专利,适用于获取预测物质对应的专利信息。而一般结构检索只适合查询真实物质所对应的专利。Markush 检索能获得包含预测结构的专利,在这些

专利的 Claim 部分保护了这个预测结构。因此从专利分析角度，Markush 检索获得的结果记录数要远大于化学结构检索。

③ 分子式检索，即通过输入某一化学物质的分子式进行检索，如检索原硅酸，则输入“H_4SiO_4”。系统会分析输入的分子式，然后重新排列各个原子，使其按能被计算机识别的 Hill System（希尔规则）排列，再搜索 CAS Registry 数据库，并显示检索结果。如果输入的分子式不正确，系统会弹出窗口提示修改，但多数情况下系统会自动修正。

④ 属性检索，即通过输入化学物质的一些属性参数来进行检索，包括沸点、熔点、密度、导电性、延展性等，分为实验参数检索和预测参数检索两种检索方式。

⑤ 物质标识检索，即可以通过某化学物质的商品名、化学名、通用名、CAS 登记号进行检索。如果要查多组分的物质，如聚合物、盐类等，各组分之间应以英文句点“.”隔开。

（3）反应检索（REACTIONS）

同样使用 SciFinder 结构绘图软件绘制需要查询的反应式，添加反应箭头，指定反应参与项的作用，然后单击“Search”按钮进行检索。反应检索也提供了“Advanced Search”选项，展开后可以对反应溶剂（Solvents）、不参与反应的功能基团（Non-participating Functional Groups）、反应步数（Number of Steps）、反应分类（Classifications）、文献来源（Sources）和出版年份（Publication Years）进行检索限定。

在 SciFinder 数据库中，文献/专利（CAplus）、物质（CAS REGISTRY）和反应（CASREACT）这三者之间是互联互通的，任何一种检索途径获得的检索结果，都可以在检索结果页面中单击“Get References”“Get Substances”“Get Reactions”等菜单进行跨库关联搜索。

4. 检索结果显示及处理

SciFinder 的检索结果页面如图 4-35 所示（以文献检索结果为例），可以看到 SciFinder 提供了简洁而丰富的检索结果显示、分析和处理功能。右上角有常规的检索结果保存、打印和输出功能。横向菜单栏提供了 Get Substances（获取物质）、Get Reactions（获取反应）、Get Related Citations（获取引用和被引文献）、Get Full Text（获取全文）、Tools（去重、组合、添加标签等工具）交叉检索和相关工具等功能。另外，SciFinder 还有 Create Keep Me Posted Alert（创建跟踪提醒）和 Send to SciPlanner（添加到 SciPlanner 工作平台）功能。其对文献检索结果同样有排序和显示格式设置的选项。排序（Sort by）可以根据 Accession Number（登记号）、Author Name（作者名）、Citing References（被引文献）、Publication Year（出版年）和 Title（篇名）来调整。显示选项（Display Options）可以设置每页显示记录条数和文献摘要是部分显示还是全文显示。

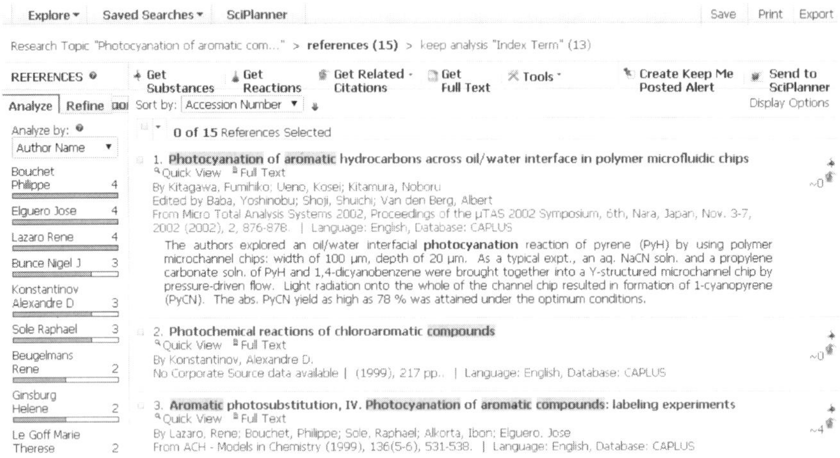

图 4-35 SciFinder 文献检索结果显示页面

除上述功能之外，SciFinder 还提供了强大的检索结果分析（Analyze）、限定（Refine）和归类（Category）功能，可以帮助用户深入探索、提炼检索结果，获取最想要的信息。这些功能选项显示在检索结果页面的左侧。分析功能可以按照 Author Name（作者名）、Company Organization（机构名）、Journal Name（期刊名）、Index Term（索引词频率）、CA Section Title（学科分类）等对检索到的文献记录进行统计排行，帮助用户寻找研究领域的专家、竞争对手或合作伙伴，了解本领域期刊分布情况及研究热点和学科范围等信息。限定功能可以根据 Research Topic（研究主题）、Author（作者）、Company Name（机构名）、Document Type（文档类型）、Publication Year（出版年）、Language（语种）和 Database（子数据库）对文献检索结果做进一步限定筛选。归类功能则是按学科范围、物质种类和具体物质类型对文献记录进行更为细致的筛选归类。

案例 4-18

采用主题检索方法检索与有机磷降解（organophosphate with degradation）相关的文献，分析该领域的作者和机构排名，查找该课题的综述性文献，并筛选出二嗪农（一种有机磷杀虫剂）降解对环境污染影响方面的文献。具体检索步骤如下：

① 在文献检索的主题检索框中输入"organophosphate with degradation"，单击"Search"，根据对检索词的不同组合情况，得到 5 个检索结果候选项。选择"the two concepts "organophosphate" and "degradation" closely associated with one another"，表示两个主题词同时出现在一个句子中，可以获得 600 多篇文献。

② 在检索结果左侧"Analyze"页面，选择"Author Name"可以查看作者排名，选择"Company-Organization"可以查看机构排名，单击相应作者或机构，可以筛选出该作者或机构发表的文献。

③ 在检索结果左侧"Refine"页面，选择"Document Type"，再选择"Review"，即可筛选出与有机磷降解相关的综述性文献。

④ 在检索结果左侧单击"Categorize"，会弹出一个学科分级选择框，从左到右逐级选择"Environmental chemistry"、"Pollutants"和"Diazinon"，单击"OK"即可筛选出二嗪农在环境污染方面的文献。

4.3.3 其他数据库

1. 美国《生物学文摘》

美国《生物学文摘》(*Biological Abstracts*，简称 BA)创刊于 1926 年，半月刊，原由美国生物学联合会编辑、生物学文摘公司出版。1964 年起由生物科学信息服务公司(Bioscience Information Service，简称 BIOSIS)编辑出版，其收录了世界上 110 多个国家和地区的 5 000 多种期刊，涉及生物学、医学、药学、农学、食品科技、心理保健和环境等领域，文献记录年增 30 多万条，是世界上最大、最完整的关于生命科学的权威文摘索引检索工具。BA 还有一套补充文摘，称为《生物学文摘/报告、综述、会议》(*Biological Abstract/Reports*，*Reviews*，*Meetings*，简称 BA/RRM)，主要收录 BA 未收摘的生物学研究报告、学位论文、评论期刊、图书、会议文献等。

BA 文摘内容分为文摘正文、辅助索引和出版物来源目录三部分，其中辅助索引有著者索引、生物分类索引、属类索引、概念组配索引、生物体索引及主题索引，此外还有类目表、主题指南、缩写词表等与之配合使用。BIOSIS 开发了 BIOSIS Previews(BP)数据库对 BA 文摘数据进行管理和检索，它的数据源由 BA、BA/RRM 及 BioResearch Index 三部分组合而成。同 Medline 数据库类似，许多公司的文检系统平台都包含有 BP 数据库，其中包括 OVID 公司的网络平台和汤森路透科技公司的 Web of Knowledge 平台等。

(1) BIOSIS Previews(BP)数据结构

BP 收录的文献通常包含以下一些字段：① 期刊文献，有 Title、Author、Source(来源)、Abstract、Language、Address、ISSN、Document Type、Accession Number(BP 唯一编号)和 DOI 号；② 专利文献，有 Inventors(发明人)、Patent Number(专利号)、Patent Date Granted(专利授权日期)、Patent Country(专利国/地区)、Patent Assignee(专利权人)和 Patent Class(专利分类号)；③ 会议文献，有会议信息(包括会议名称、时间、地点)和赞助商等。

另外，BP 还一些特色字段，如 Major Concepts(主要概念，指文献所属学科领域)、

Concepts Code（概念代码）、Taxonomic Data（生物分类数据）、Disease Data（疾病数据）、Chemical Data（化学数据）、Gene Name Data（基因名称数据）、Sequence Data（序列数据）、Geographic Data（地理数据）等。

（2）BIOSIS Previews 数据库检索

2004 年汤森路透 ISI Web of Knowledge（WOK）平台集成了 BP 数据库，2011 年又推出了它的引文版本 BIOSIS Citation Index，这两个数据库都可通过 WOK 网站进入，网址为 http://webofknowledge.com。需要注意的是，BP 数据库使用是收费的，一般以机构订购为主，只有许可 IP 才可访问进入。

进入检索页面后首先要选择入库时间，有近 1 周、2 周、4 周、1 年等，也可自己输入起止年份。BIOSIS Previews 主要有一般检索和高级检索两种检索方式，其检索模式与 WOK 平台的 Web of Science（即 SCI）是通用的。

一般检索就是选择合适的字段输入检索词，多个检索词之间用逻辑运算符组合起来。WOK 提供了 4 种逻辑算符，运算优先顺序为 SAME、NOT、AND 和 OR，其中 SAME 用于限定两个或多个检索词在同一个字段中检索，表示同一字段中两个检索词都出现。检索词允许使用通配符“ * ”、“?”和“ $ ”，以提高查全率。“ * ”代表零到任意多个字符；“?”仅代表一个字符，这与大多数检索系统是类似的；“ $ ”代表零或一个字符。需要注意的是，“ * ”之前至少应有 3 个字母，如“Uro * ”可以执行检索，而“Ur * ”则不可以。

BIOSIS Previews 提供了 16 个检索字段（如图 4-36 所示）。其中分类数据是按照生物界自然分类系统分类，包括类、门、纲、目、科、属、种等，选择该字段，输入任一生物体科以上类目，都可查出与该生物相关的文献。主概念也是一种主题词表，有字

图 4-36 BIOSIS Previews 界面

母顺序表和分类顺序表两种供选择、粘贴，可单击检索框右边的放大镜图标进入查找。概念代码是主概念词的唯一编号，也可通过输入主题词进行查找。识别码包括BIOSIS检索号、ISSN、ISBN、专利号、专利分类号及专利授权日期。

高级检索就是在检索输入框中直接输入检索表达式，检索词的字段限制是在检索词前加上字段标识和等号“=”，如“TS=主题”“TI=标题”“AU=作者”等，高级检索页面右侧就有所有字段标识对照及选项。高级检索也可对前面的多个检索历史表达式进行逻辑组配检索，如从检索历史1的检索结果中排除检索历史2，则输入“#1 NOT #2”。

WOK 平台提供了统一的检索结果页面，BIOSIS Previews 的检索结果页面和 Web of Science 的完全一样，同样可以对检索结果进行精炼（筛选）、排序、分析和导出。WOK 提供的检索结果分析功能非常有用，它能按照著者、主概念词/概念代码、国家/地区、文献类型、出版年份、出版物来源、学科分类和生物分类等对检索结果进行统计分析，帮助用户更准确地了解相关研究、该领域主要研究人员、投稿刊物及生物类别等。另外，BIOSIS Citation Index 数据库还提供了引文分析功能，可以查看论文的参考文献和被引频次，通过引证关系图了解文献之间的引用关系。

2. 荷兰《医学文摘》

荷兰《医学文摘》(*Excerpta Medica*，简称 EM）是一种文摘性英文医学检索工具，1947 年创刊，由荷兰阿姆斯特丹医学文摘基金会（The Excerpta Medica Foundation）编辑出版，1972 年并入 Elsevier 科学出版社由其编辑出版。EM 按医学学科分册，目前共有 42 个分册，收录了全世界 110 多个国家和地区的 4 000 余种医学刊物，内容涉及临床、药物、基础生物医学、卫生、精神病学、法医学等。EM 各分册包括四部分内容：分类目次、文摘正文、主题索引和著者索引，因此可以按照分类、主题和著者 3 种途径进行检索。

2000 年 Elsevier 公司研发推出了荷兰《医学文摘》的网络数据库 EMBASE. com（http://www. EMBASE. com)，囊括了 7 600 多种生物医学刊物（其中 2 000 多种是 Medline 未收录的）。EMBASE. com 将 EMBASE（1947 年迄今）和 Medline（1950 年迄今）两大数据库相整合，去掉重复记录，构成了全球最大的生物医学与药学文摘数据库。因此，检索 EMBASE 就等于同时检索了 Medline 和 EMBASE 两个数据库，且没有重复文献。2009 年 EMBASE. CO 还增加了会议记录和会议文摘，其条目数甚至超过了 PubMed 和 BIOSIS。

（1）EMBASE 检索规则

① 逻辑运算符：NOT，AND，OR，如（asthma and pollution）not theophylline。

② 强制检索符：英文单（双）引号，把单词或词组作为整体进行检索，如'heart infarction'，"cystic fibrosis"。

③ 通配符截词检索：“*”代表零或任意字符串，“?”代表任意一个字符，如输入

“inflam * ”可检索 inflamed, inflammation, inflammatory 等；“sulf? nyl”可检索 sulfonyl, sulfinyl 等。

④ 字段限定符“:”，限制检索词在特定字段内检索，如输入“'heart attack': ti, ab, de”，表示限定在标题、摘要和索引主题词 3 个字段中检索。精确字段限定用“/”，如'hiv infection'/de。

⑤ 位置算符：NEAR/n 和 NEXT/n。NEAR/n 限制两个检索词在文献记录中的位置小于 n 个词，如“symptom NEAR/5 headache”能检索出 symptom 和 headache 之间最多相隔 4 个单词的所有记录。symptom 和 headache 在文中的前后顺序不定。而 NEXT/n 与 NEAR/n 的唯一区别就是两个检索词词序确定，检索结果中 symptom 和 headache 的先后顺序与检索表达式中的一致。

（2）Emtree 主题词表

EMBASE 跟美国《医学索引》编辑的 MeSH 主题词表一样，也编排了一套 Emtree 医学和药学叙词表，称为 Emtree 优先词（Preferred Terms）。它们按词义和学科属性在主类目和次级类目下，从高级到低级编排成树状结构的分类表和受控词表，分字顺表、树状结构表和主题词轮排表（permuted term index）3 种形式。Emtree 主题词表收录了 54 000 多个优先词、21 万多个同义词、1 万多个树状节点，包含了所有的 MeSH 术语（24 000 余条）。Emtree 在药物和药剂学术语及同义词方面具有优势，共有 2.4 万个药物相关主题词、17 个药物副主题词、47 个投药途径关联词、14 个疾病副主题词。Emtree 每年更新一次。

通过 EMBASE 主页的 Emtree 版面，可以对 Emtree 主题词进行查找和浏览。

（3）EMBASE 数据库检索

如图 4-37 所示，EMBASE 主页横向有 4 个检索选项，即 Search、Emtree、Journals 和 Authors，分别为文献检索、Emtree 主题词查询、期刊浏览和作者查询 4 个版块。而 Search 版块左侧纵向又细分为 Quick Search（快速检索）、Advanced Search（高级检索）、Drug Search（药物检索）、Disease Search（疾病检索）和 Article Search（文章检索）5 种检索途径。

① 快速检索：使用自然语言在全字段检索。该检索方式可使用检索规则中的运算符、通配符、限制符和位置算符。检索框下有宽泛检索（Extensive search（mapping, explosion, as keyword））和出版时间范围两个选项。系统默认执行宽泛检索，类似于 PubMed 中的词汇自动转换功能，把用户检索词与 Emtree 主题词表进行对照、扩展并检索。

② 高级检索：在检索框里输入复杂检索表达式进行检索。与快速检索相比，高级检索又多了很多限制性选项。“Map to preferred terminology（with spell check）”即进行 Emtree 主题词对照检索，“Also search as free text”把用户输入当作自由文本词检索，“Include sub-terms/derivatives（explosion search）”即扩展检索（包括主题词及其下位词），“Search also for synonyms, explosion on preferred terminology”代表既检索主

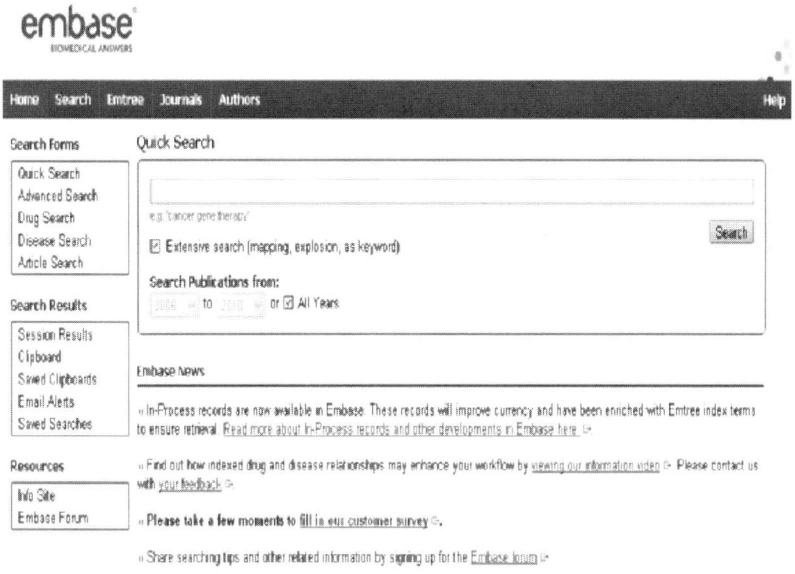

图 4-37　EMBASE 主页

题词及其下位词,又检索所有同义词。高级检索还包括一系列限定选项,如出版年限、数据库选择、快速限定、高级限定和字段限定等。

③ 药物检索:使用药物名、化学名、商品名、实验室或研究编码及通用名等进行药物相关文献检索,相比高级检索,增加了药物副主题词(Drug Subheadings)和用药方式(Routes of Drug Administration)的选择,如药物副作用、临床试验、药物分析、口服、肌肉注射、静脉注射等,加强了检索的专指度。

④ 疾病检索:利用疾病名称进行检索,其在高级检索选项上增加了疾病副主题词(Disease Subheadings),帮助用户更精确地检索疾病的某一特定方面的相关文献,如并发症、诊断、疾病治疗与恢复、疾病副作用、外科手术等。

⑤ 文章检索:通过作者名、期刊名、期卷号等精确查找一篇具体的文献,类似于PubMed 中的单篇引文匹配检索。

另外在 EMBASE 主栏目还提供了 Emtree 主题词查询、期刊浏览和作者查询等功能,其中 Emtree 主题词查询是 EMBASE 的一项重要检索工具,这与 PubMed 的 MeSH 主题词查询非常相似。Emtree 分为"Find Term"和"Browse by Facet"(15 大类树状结构浏览)两种方式查找受控词表,前者通过输入检索词查询对应主题词,后者通过扩展树形节点分类逐层查找。检索到的主题词可直接单击链接显示相关文献(标引过该主题词),或将其添加到搜索框中进行高级检索、药物检索或疾病检索。

(4) 检索结果的处理

EMBASE 检索结果页面(Session Results)主要有检索历史区和检索结果显示区两个部分(如图 4-38 所示),每部分上方都提供了相应的操作菜单。左侧还提供了系统剪贴板、保存搜索结果到个人账号等功能。

图 4-38 EMBASE 检索结果显示界面

检索历史区显示了每次检索的序号、检索式、检索结果记录数和浏览、编辑功能等，对检索历史可以进行保存、删除、导出、打印、检索结果 Email 提醒等操作，也可以对多个检索式进行逻辑组配重新检索。“Change Views”提供了 3 种检索历史显示方式：隐藏（Collapsed View）、部分显示（Compact View）和动态显示（Dynamic View）。

检索结果显示文献题录信息，包括篇名、作者和出处（刊名缩写、出版年、卷、期、页码），并显示来源数据库（Medline 或 EMBASE）。通过检索结果可以预览摘要和标引主题词，若有全文记录还提供全文链接。单击篇名链接可以查看该文献完整记录，包括所有字段信息、相关文献和被引用信息。系统提供按相关度和出版年两种方式排序，对选中的记录可以进行查看、打印、导出、发送到 Email、订购全文和添加到剪贴板等操作。

3.《国际药学文摘》

《国际药学文摘》（*International Pharmaceutical Abstract*，简称 IPA）数据库是世界著名药学文献数据库，始于 1964 年，由美国卫生系统药师协会（American Society of Health-System Pharmacist，简称 ASHP）出版。IPA 收录了世界 50 多个国家出版的 750 多种药学期刊文献及一些重要药学会议文摘，总记录超过 44 万条，范围包括临床药物、药物技术、制药工业、药学教育、药房和药物的法律信息等。ASHP 对 IPA 文献收录标准不受期刊大小、语种及文献格式（信函、社论等其他形式）所限，凡是带药学重要信息的都被摘录和索引。如 IPA 不仅包括了美国所有州的药学期刊，还包括了大部分化妆品出版物。

IPA 在线数据库现归属汤森路透科技公司旗下，在线内容每月更新两次，每次更新的内容平均为 1 000 条摘要或索引。其在线联机检索可以通过 CSA、EBSCO、OVID 及 Dialog 等平台进入，也可以订阅 IPA 数据库印刷版，其为半月刊，每年出版 24 期，其中两期为每6个月一次的累计索引。

（1）IPA数据结构

IPA的文献记录包括20多个字段信息，常规的有篇名（TI）、著者（AU）、机构（AD）、源刊名（SO）和卷期号、起止页码、摘要（AB）、出版类型（PT）、语种（LA）及参考文献数（RF）等，另外IPA还增加了一些药学专业文献的特殊字段，如联合使用标识（Combination Indicator，简称CI）、药物名称（Drug Names，简称DR）、人类标识（Human Indicator，简称HU）、药学/治疗分类（Pharmacologic/Therapeutic Classification，简称PC）、主题分类（Subject Category，简称SC）等。PC反映了该药物的专业分类情况，即美国医院处方服务机构（American Hospital Formulary Service，简称AHFS）药物/治疗学的分类，SC则反映了文献所涉及的主要内容，即主题分类的情况。CI和HU字段分别表示该药可否联合使用和有无用于人体。

（2）IPA数据库检索

IPA数据库检索有常用检索和药学特色检索两种方式。

常用检索方法有自由词检索、字段限制检索、复合逻辑表达式检索和索引词检索。IPA检索字段分为限制字段（Limit Field）和非限制字段两类，前者包括AN（文献编号）、CI（联合用药）、CO（期刊代码）、HU（人类标识）、LA（语种）、LS（文摘语种）、PY（出版年）、RF（参考文献）、SC（主题特征）和UD（更新日期），其余为非限制字段。限制字段可用“检索词 in 字段”或“字段 = 检索词”两种限制符进行字段限制，非限制字段只能用“检索词 in 字段”的方式进行检索。

IPA的特色检索主要指利用药学特色字段进行检索，包括CI（药物联合使用标识）、DR（药物名称）、HU（人类标识）、PC（药学/治疗分类）和SC（主题分类）等。

① 主题分类检索：通过SC字段进行药物主题分类限定检索。IPA的主题分类字段包含表达药物特定范畴的类号和主题分类名称，可使检索更局限于某一特定的方面，如“制药技术”“毒性”等，相当于MeSH主题词检索中的副主题词。目前IPA有25个药物主题分类，见表4-4。例如，欲检索“抗病毒剂药物分析”的文献，“药物分析”的主题分类号为14，则可用检索式“Antivirals and sc = 14”进行检索。

表4-4 IPA主题分类

序号	主题分类名称	中文含义
1	Pharmaceutical-Technology	制药技术
2	Institutional-Pharmacy-Practice	医疗机构药房实践
3	Adverse-Drug-Reactions	药物不良反应
4	Toxicity	毒性
5	Investigational-Drugs	研究中的药物
6	Drug-Evaluations	药物评价

续表

序号	主题分类名称	中文含义
7	Drug-Interactions	药物相互作用
8	Biopharmaceutics	生物制剂学
9	Pharmaceutics	药剂学
10	Drug-Stability	药物稳定性
11	Pharmacology	药理学
12	Preliminary-Drug-Testing	初级药物检测
13	Pharmaceutical-Chemistry	药物化学
14	Drug-Analysis	药物分析
15	Drug-Metabolism-and-Body-Distribution	药物代谢与分布
16	Microbiology	微生物学
17	Pharmacognosy	生药学
18	Methodology	方法学
19	Environmental-Toxicity	环境毒理学
20	Legislation-Laws-and-Regulations	立法、法律和法规
21	History	药学史
22	Sociology-Economics-and-Ethics	社会学、经济学与伦理学
23	Pharmaceutical-Education	药学教育
24	Pharmacy-Practice	药学实践
25	Information-Processing-and-Literature	信息处理和文献

② 药物分类检索：PC 字段是依照美国医院药师协会（ASHP）出版、美国医院处方服务机构（AHFS）制定的类目进行分类的，共 29 个一级类目。该药物分类系统分别列出了所有药物类别及其相关分类号，分类号共分三级，按照分类号顺序依次编排。例如，检索式“24 in pc”可以检出心血管药物（24.00）的所有文献，包括其下位类的所有文献，如 24.04（强心药）、24.08（降压药）等。检索式中也可用分类名。

③ 药物名称检索：通过 DR 限定字段，以药物商品名或属名进行检索，如“Fluoxetine in dr”可检索抗抑郁症药物“氟西汀”的相关文献。

④ 联合用药检索：通过在药物名后加上“ci = yes”字段限定，可以检出说明该药物可与其他药物联合使用的文献，如要检索药物“喹诺酮”与其他药物能否合用或合用情况如何，可用检索式“Quinolones and ci = yes”。

⑤ 人类研究检索：HU 字段限定文献中论述的药物仅应用于人类，如检索茶碱作用于人体的研究文献，检索式为“theophylline and hu = human”。

由此可以看出，CI 和 HU 字段都是一种开关选项字段。

不同的检索平台对 IPA 数据库检索结果的处理方式都有所区别，一般都提供结果显示格式调整、结果打印、导出等功能，请参见具体使用平台。

练习与思考

1. 比较 ScienceDirect 与 Wiley 数据库在医学期刊收录范围、检索技巧方面的异同。

2. Web of Science 数据库的检索功能有哪些？与 PubMed 相比其有哪些异同点？

3. 何为 MeSH？它有何作用？

4. PubMed 与 Medline 数据库是什么关系？它们各自由什么机构开发维护？

5. 结合你的检索体会，谈谈 PubMed 的自动词语匹配检索有什么优缺点。

6. PubMed 的 My NCBI 有哪些功能？

7. PubMed 的临床查询(Clinical Queries)提供哪些检索服务？

8. SciFinder 可以检索哪些数据库？它有哪几种检索途径？

参考文献

[1] 汤森路透成功预测 8 位 2013 年诺贝尔奖得主[EB/OL].[2014-09-22].新浪科技. http://tech.sina.com.cn/d/2014-09-22/21269633040.shtml.

[2] 利用 ScienceDirect 获取前沿学术信息[EB/OL].[2014-09-30]. http://lib.ujs.edu.cn/gczy/kejian/SD0709.ppt.

[3] 周晓政.医药信息检索与利用(第 2 版)[M].南京:东南大学出版社,2012.

[4] 董建成.医学信息检索教程(第 2 版)[M].南京:东南大学出版社,2009.

[5] 曹洪欣.医学信息检索与利用(第 2 版)[M].上海:第二军医大学出版社,2008.

[6] 高岚.网络医学信息资源检索[M].北京:化学工业出版社,2005.

[7] 周金元.医药信息检索与利用教程[M].镇江:江苏大学出版社,2008.

第5章

图书及特种文献信息资源检索

学习目标

⊙ 了解电子图书检索工具，掌握电子图书的检索方法；
⊙ 了解特种文献检索工具，初步掌握各特种文献的检索方法；
⊙ 学会从学习和研究的角度分析和利用检索结果。

开篇案例

专利药为何如此昂贵？

俗话说："黄金有价，药无价"，自古以来药品就与巨额利益挂钩，药品研发具有高投入、长周期、高风险、高收益等突出性特点，其发展很大程度上取决于知识产权保护，而在所有知识产权保护形式中，专利是对药品发明保护效力最强的一种法律保护形式。美国著名经济学家曼斯菲尔德研究分析得出：如果没有专利保护，60%的新药就不会被发明出来。

例如，制药业巨头美国辉瑞公司（Pfizer），拥有世界十大畅销药的其中三种，首屈一指的当属立普妥。立普妥名列畅销药榜首，也是世界上第一种年销售额超过百亿美元的药物，2004 年的全球销售额为 109 亿美元。

美国默克公司（Merck），2004 年的总销售额为 229 亿美元，其中治疗高血脂的药物辛伐他汀就贡献了 52 亿美元。

英国药业大亨葛兰素史克公司（GlaxoSmithKline）2005 年总销售额为 78 亿英镑，用于治疗哮喘和肺炎的药物舒利迭（Advair/Seretide）创收 30.03 亿英镑（约 52 亿美元）。

专利药具有惊人的利润和巨大的市场潜力，对制药公司来说，这就像是一只"会下金蛋的母鸡”,不但财源滚滚,还可能一举改变企业的面貌。

据世界知识产权组织统计,世界上 90%~95% 的发明能在专利文献中检索到,并且许多发明只能在专利文献中检索到。

5.1 电子图书

5.1.1 概 述

电子图书是相对于传统的纸质图书而言的,是指以电子形式存放文本、图像、音乐等信息,通过磁盘、光盘、网络等电子媒体出版发行,并借助于一定的工具进行阅读的“书本”。完整的电子图书概念应该包括内容和载体,内容涉及图书的电子版、网络电子文本的制作等,载体则要求具备支持电子文本内容呈现的软件系统和硬件阅读器。

电子图书馆也称为“数字图书馆”,它管理和珍藏的不是纸质的图书,而是数字化的“电子图书”,人们利用计算机通过网络检索以获得这些电子图书,所以电子图书馆是存储和管理大量电子图书,并为人们提供网络检索和阅读服务的计算机网络系统。电子图书馆是“虚拟图书馆”,不需要规模庞大的建筑群和一排排书架,只需要几台服务器和网络即可。

常见的电子图书数据库有超星数字图书馆、方正 Apabi 数字图书馆和书生之家数字图书馆。

5.1.2 超星数字图书馆(读秀学术搜索)

1. 简介

超星数字图书馆(www.ssreader.com)是国家“863”计划中国数字图书馆示范工程,2001 年 1 月在互联网上正式开通。它由北京世纪超星信息技术发展有限责任公司投资兴建,收录了国内各公共图书馆和大学图书馆以超星 PDG 技术制作的数字图书。2004 年中期,超星数字图书网与几个投资者共同创建股份制公司“读秀”。

读秀学术搜索集文献搜索、文献传递、参考咨询等多种功能为一体,以海量数据库资源为基础,为用户提供切入目录和全文的深度检索及部分文献的全文阅读。用户通过阅读文献的某个章节或者通过文献传递来获取他们想要的文献资源。读秀学术搜索突破空间限制的获取方式,实现目录和全文的垂直检索,可以使用户在较短的时间内获得文献信息。

读秀知识库网址为 http://www.duxiu.com,校园网用户由于 IP 地址在范围内,可直接单击下方的“ip 自动登录”,即可进入读秀学术搜索首页(如图 5-1 所示)。

读秀知识库可以检索知识、图书、期刊、报纸、学位论文、会议论文、讲座等内容。下面以“图书”为例介绍它的检索方法，其他类型的文献请参照“图书”的检索方法。

图 5-1　读秀学术搜索主界面

2. 检索方法

单击读秀知识库主页面上的“图书”，进入图书检索页面。读秀知识库电子图书的检索包括基本检索和高级检索两种途径。

基本检索有“全部字段”、“书名”、“作者”、“主题词”、“丛书名”和“目次”6 个字段供选择，在输入框中输入检索词，选择字段后可进行中文文献或外文文献的搜索。

高级检索(如图 5-2 所示)设有 5 个表单可供填写，其中“书名”和“出版社”系统默认为模糊检索，“作者”系统自动进行精确检索。用户填写完表单后选择分类(中图法)和年代，单击“高级搜索”即可检索，高级检索只能检索中文文献。

图 5-2　中文图书高级搜索表单

二次检索是指在检索的结果内再进行检索，以提高查准率。

3. 获得图书

进入图书检索结果页面（如图 5-3 所示），可以看到页面采用三栏式设计，中间一栏就是检索到的图书列表。

图 5-3　图书检索结果浏览

可通过以下步骤获取想要的图书：

第一步，在检索到的众多图书中进一步筛选图书。

可以在搜索框中再次输入关键词，单击搜索按钮后方的“在结果中搜索”进行二次检索，也可以使用左侧的聚类按照图书类型、年代、学科、作者显示图书，还可以在右侧选择将图书按照书名、作者、时间降序、时间升序、访问量、收藏量、引用量、点评量、电子馆藏排序。

第二步，选择需要的图书。

如果在检索结果页面可以直接找到想要的图书，则可以跳过第一步，直接进行第二步。找到需要的图书，单击图书封面或书名链接，进入图书详细信息页面。

第三步，查看图书详细信息。

在图书详细信息页面（如图 5-4 所示）可以看到图书详细信息——作者、出版社、出版日期、ISBN 号、主题词、分类号等。读秀提供了图书的书名页、版权页、前言页、目录页、正文部分页在线试读。单击在线阅读中的“目录页”链接，就可以对目录页进行试读。

第四步，获得图书。

读秀提供了馆藏纸书借阅、阅读电子全文、图书馆文献传递、本省市网上借阅、网上书店购买等多种渠道获取图书。另外，其还提供了推荐图书馆购买功能。

图 5-4 图书详细信息页面

单击“图书馆文献传递”按钮或“邮箱接收全文”链接，进入图书馆文献咨询服务中心。在这里填写想要获取书本正文的页码范围，并正确填写邮箱地址和验证码，然后单击“确认”提交即可。几分钟之后登录填写的邮箱，就可以看到读秀发送的图书信息。

单击“本馆馆藏纸书”链接（如图 5-5 所示），进入文献服务机构馆藏书目查询系统，查看该本纸质图书的借阅情况。

图 5-5 本馆馆藏纸书链接

小贴士

读秀几乎所有频道的检索结果页面都采用三栏显示,右侧一栏显示的就是其他频道的相关信息,单击相关频道链接即可进入该频道的检索结果页面,避免反复输入关键词查找的烦琐过程,为读者提供全面的学术信息。

5.1.3 方正 Apabi 电子图书

1. 概述

Apabi 数字资源平台是一个集方正 Apabi 电子图书、数字报、数字博物馆、各类专业数据库及移动阅读为一体的综合数据库专业检索平台,提供丰富多样的数字资源产品。中国 90% 以上的出版社应用方正阿帕比(Apabi)技术及平台出版发行电子书,每年新出版电子书超过 12 万种。这些电子书绝大部分为 2000 年以后出版的图书,并与纸质书同步出版。Apabi 电子图书是矢量文字,任意比例的放大、缩小均能保证高清晰度,且其图像质量好。

Apabi 电子图书在登录前先要下载安装 Apabi 浏览器。

2. 检索方法

Apabi 电子图书有快速查询、分类检索和高级检索 3 种检索途径。

(1) 快速查询

单击 Apabi 首页的上"电子图书",进入检索页(如图 5-6 所示)。快速查询位于检索页的右上方,在输入框中输入检索词,无字段选择(一般使用书名、责任者、主题/关键词、摘要、出版社等检索字段),单击"查询"即可。

图 5-6 "电子图书"检索页

(2) 分类检索

Apabi 将电子图书按"书苑常用分类"分为 15 个大类。分类检索在检索页的左边,用户可单击分类进入下级子分类,同时页面右侧显示该分类下图书的详细信息。

(3) 高级检索

单击检索页右上角的"高级检索"弹出高级检索框(如图 5-7 所示)。高级检索设有 5 个表单可供填写,用户填写完表单后,可以选择出版时间限制条件,单击"检索"即可。

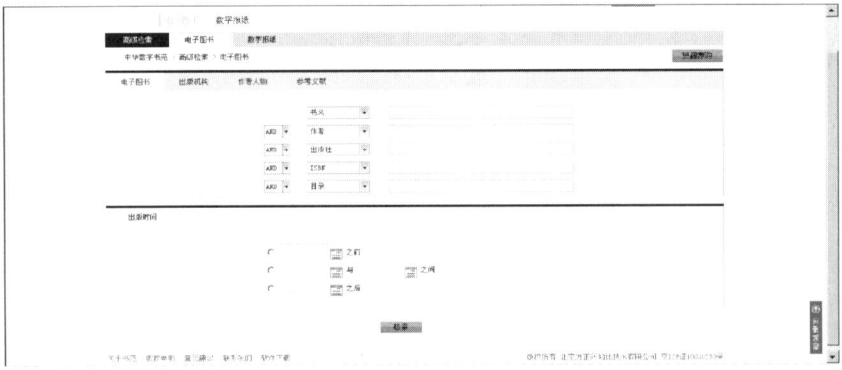

图 5-7　Apabi 电子图书高级检索页面

3. 电子图书的在线阅读、预约、借阅、归还或续借

(1) 在线阅读和预约

单击书名进入该书的详细信息,单击"在线浏览"可阅读图书全文;单击"预约"可预约该书。

(2) 借阅

在图书的详细信息中有"借阅"一栏,单击"借阅"图书,下载后打开"文档管理器"选择图书进行阅读。

(3) 归还或续借

单击鼠标右键可以进行图书归还、续借等操作。

5.1.4　书生之家数字图书馆

1. 概述

书生之家已发展到第三代数字图书馆系统,第三代数字图书馆是为构建基于用户信息活动及互动性的数字图书馆而设计的,用户可以随时随地实现实时在线的专家互动咨询,信息活动也从原来的"单向"转入"双向",轻松实现信息的"提交"和"交换"。此外,该系统还为用户提供了更加精确、功能更实用的互联网信息采集功能,用户可将搜索到的互联网信息直接下载到本地,通过查询历史记录获得曾经访问过的互联网信息,为二次搜索提供便利。

书生之家第三代数字图书馆电子图书每年以 8 万册的速度递增,每年更新的图书以当年出版的新书为主。

书生之家数字图书馆的网址是 http://www.shusheng.cn。校园网用户由于 IP 地址在范围内，故其可根据使用提示，输入用户名和密码，直接对电子资源进行访问。

2. 检索方法

书生之家第三代数字图书馆提供图书的基本检索、分类检索、图书全文检索、组合检索、高级全文检索和高级检索方式，单击首页上方的“图书”即可进入图书检索页（如图 5-8 所示）。

图 5-8　书生之家图书检索页面

① 基本检索：在图书检索页的左侧。基本检索是在全部分类下进行检索，在检索框中输入检索词，选择字段（图书名称、作者、丛书名称、主题、提要），然后单击“立即检索”。

② 分类检索：书生之家的电子图书有中图法和书生法两种分类方法，用户可根据需求选择分类方法。逐级单击分类进入下级子分类，同时页面的右侧显示该分类下图书的书名、作者、开本和翻看等信息。此外，分类检索还提供某一具体分类下图书的二次检索，检索方法和基本检索相类似。

③ 图书全文检索：单击图书检索主页面中的“图书全文检索”进入检索页面。用户可以从图书内容及目录中根据书生分类，从一个分类或者全部分类中分别检索到自己所需要的内容。

④ 组合检索：单击图书检索主页面中的“组合检索”即可进入。在组合检索中，用户可以根据图书名称、作者、丛书名称、主题、提要及字段间的“与”和“或”逻辑关系来进行查询。

⑤ 高级全文检索：可以从书生分类中根据全文或者目录进行单词、多词、位置、范围等方面的检索。高级全文检索是非常专业的检索，使用概率比较低。

⑥ 高级检索

单击书生之家首页中的“高级检索”进入高级检索界面。高级检索有“一站式检索”和“全文检索”两种方式。

一站式检索：整合了各家数字图书馆（包括纸质书）的元数据资源，实现了在其他数字图书馆系统中检索所需要的资源。在检索框中输入检索词，选择"精确匹配"，不选则默认为模糊检索，单击"搜搜看"，系统会在标题、出版社、作者、描述或全部（前 4 个字段）中检索。查询结果以超链接形式提供。

全文检索：按内容在期刊、图书或所有（包括期刊和图书）中查找。

3. 电子图书的阅读

在阅读书生之家电子图书之前首先要下载并安装最新版本的书生阅读器。电子图书的阅读方式有两种：一是通过单击检索结果页中图书的名称，再单击"全文"后方可阅读；二是直接单击结果页中"阅读器阅读"即可。

5.2 专 利

5.2.1 专利文献的基本知识

1. 专利及其类型

专利是指建立了专利制度的国家通过其政府机构（专利局或知识产权局）以法律形式保护发明人在一定时期内享有的技术专有权利。专利一般包括专利权及获得专利权的发明创造。专利权是指国家专利管理机构依法授予专利申请人在规定时间内实施其发明创造的专有权。

专利包括 3 层含义：一是专利权，它是属于知识产权保护的对象，具有排他性、时间性和地域性；二是取得专利权的发明创造；三是记载有详细发明创造内容的专利说明书。依照我国现行专利法，根据专利保护对象的不同可分为以下三类。

① 发明类专利：是指对产品、方法或者其改进所提出的新的技术方案。它要求有较高的创造性水平，是 3 种专利中技术含量最高的一种，如"SARS 病毒的基因检测试剂盒及检测方法"。我国对发明专利的保护期为 20 年。

② 实用新型专利：是指对产品的形状、构造或其组合所提出的适合实用的新的技术方案，如"SARS 病毒消杀柜"。我国对实用新型专利的保护期为 10 年。

③ 外观设计类专利：是指对产品的形状、图案、色彩或其结合所做出的富有美感并适于工业上应用的新设计，它偏重于产品的装饰性与艺术性，如"小型药品包装盒"。我国对外观设计专利的保护期为 10 年。

我国于 1984 年 3 月通过《中华人民共和国专利法》（以下简称《专利法》），1992 年 9 月对《专利法》进行了第一次修正，2000 年 8 月进行了第二次修正，2008 年 12 月进行了第三次修正。根据我国现行《专利法》的规定，有关生物体的科学发现、疾病的治疗方法、动植物品种、产生动植物的基本生物学方法以及产生微生物的不可重复的方法不能被授予专利权。但下列情况被视为“疾病的诊断和治疗方法”的例外情况，可以授予专利权：

① 为诊断和治疗疾病而使用的物质、材料、仪器、设备和器具；

② 烫发、染发等美容方法及物品的消毒方法；

③ 在人体或动物之外进行的化验方法（如血液、大小便、脑脊液、胆汁、引流出的胃液等的化验及检测方法）；

④ 尸体的测试及处理方法；

⑤ 非诊断和治疗目的测定生理参数的方法（如量血压、量身高）；

⑥ 人体或动物体上所获取的信息的数据处理方法，可重复地获得新的微生物菌株的方法（如基因工程方法）。

2. 专利的相关概念

① 基本专利：指申请人就同一发明在最先的一个国家申请的专利。

② 同等专利：指发明人或申请人就同一个发明在第一个国家以外的其他国家申请的专利。

③ 同族专利：某一发明其基本专利和一系列同等专利的内容几乎完全一样，它们构成一个专利族系，属于同一个族系的专利称为同族专利。

④ 非法定相同专利：第一个专利获得批准后，就同一个专利向别国提出相同专利的申请，必须在 12 个月内完成，超过 12 个月的则成为非法定专利。

3. 专利文献及分类

专利文献是实行专利制度的国家及组织在审批专利过程中产生的官方文件及其出版物的总称。狭义的专利文献是指专利说明书、权利要求书、说明书附图、说明书摘要等，广义的专利文献是指各种专利申请文件、专利公报、专利分类表、专利索引、专利题录、专利文摘、专利证书等。

为了便于专利文献的管理，世界上绝大多数实施专利制度的国家均采用世界知识产权组织（WIPO）制定的《国际专利分类表》（*International Patent Classification*，简称 IPC）来对专利文献进行组织和管理；只有美国、日本等少数国家同时采用 IPC 和本国自有的专利分类体系，如美国专利分类（USPC）、日本专利分类（FI/F-term）和欧洲专利分类（ECLA）。2010 年 10 月，美欧宣布合作开发联合专利分类（Cooperative Patent Classification，简称 CPC），2013 年 1 月 1 日起两局正式启用 CPC 体系。

IPC 体系按照技术主题（即方法、产品或设备）设立类目，以等级的形式将技术领域分为 5 种不同的等级，即部（Section）、类（Class）、小类（Subclass）、组（Group）和分组（Subgroup）。8 个部分别用 A～H 表示。

A 部：人类生活必需品（Human Necessities），医药卫生专利主要属于 A 部；

B 部：作业、运输（Performing Operations，Transporting）；

C 部：化学、冶金（Chemistry，Metallurgy）；

D 部：纺织、造纸（Textiles，Paper）；

E 部：固定建筑（Fixed Constructions）；

F 部：机械工程、照明、热工、武器、爆破（Mechanical Engineering，Lighting，Heating Weapons，Blasting）；

G 部：物理（Physics）；

H 部：电学（Electricity）。

IPC 的首要目的是为了方便技术主题的检索，所以相同的技术主题总是划归在同一分类位置上，同时也能从这一位置再把它找出来。例如，A61P5/24 这一分类号属于治疗内分泌系统的性激素药物这一技术主题，含义如下。

A（部）：人类生活必需（农、轻、医）；

A61（大类）：医学或兽医学、卫生学；

A61P（小类）：化合物或药物制剂的治疗活性；

A61P5/00（主组）：治疗内分泌系统疾病的药物；

A61P5/24（分组）：治疗内分泌系统的性激素药物。

小贴士

医药卫生专利中 A61 类下主要几种类目的含义如下：

A61B——诊断；外科；鉴定。

A61C——牙科；口腔或牙齿卫生。

A61D——兽医用仪器、器械、工具或方法。

A61F——可植入血管内的滤器；假肢体；矫形、护理或避孕装置；热敷；眼或耳的治疗或保护；绷带、敷料或吸收垫；急救箱。

A61G——运送病人或方便病人的设备；手术台或手术椅；牙科椅子；丧葬用具。

A61H——理疗装置，例如，用于寻找或刺激体内反射点的装置；人工呼吸；按摩；用于特殊治疗或保健目的或人体特殊部位的洗浴装置。

A61J——专用于医学或医药目的的容器；专用于把药品制成特殊的物理或服用形式的装置或方法；喂饲食物或口服药物的器具；婴儿用橡皮奶头；收集唾液的器具。

A61K——医用、牙科用或梳妆用的配制品。

A61L——材料或物体消毒的一半方法或装置；灭菌、消毒或空气的除臭；绷带、敷料或外科用品的化学方面；绷带、敷料、吸收垫或外科用品的材料。

A61M——将介质输入人体内或输到人体上的器械；为转移人体介质或为从人体内取出介质的器械；用于产生或结束睡眠或昏迷的器械。

A61N——电疗；磁疗；放射疗；超声波疗。

A61P——化合物或药物制剂的治疗活性。

4. 专利文献检索的途径

（1）分类途径

分类途径是检索专利文献常用的方法之一。按分类途径检索专利文献时，首先应确定所需专利文献的技术主题范围。主题范围确定后，根据所使用工具书的特点，找出恰当的分类号，再通过工具书的分类索引或专利公报中的文摘和附图进行鉴别，然后再查找专利说明书。从分类途径检索专利文献所使用的检索工具主要有专利分类表及分类表索引，各国专利局年度累积索引中的分类索引，各国专利公报中的分类索引，专门用于检索专利文献的 Derwent 公司出版的有关检索工具等。

（2）名称途径

名称主要是指专利发明人、专利申请人、专利权人或其权利受让人的名称。各国专利公报或年度索引中，一般都附有各种名称索引。如果知道发明人或申请人或专利权人名称，可从这一途径检索。

（3）号码途径

号码包括专利文献号（公开号、公告号、专利号）和收到专利文献时的入藏号等。其步骤是先根据已知专利文献号找出其专利说明书，以此确定该专利发明的分类号或专利权人名称、优先项等，再按有关的分类号或专利权人名称、优先项等途径查找其他相关专利，以扩大检索范围。

（4）优先项途径

优先项是指同族专利中，基本专利的申请日期、申请号和申请国别。属于同一专利族的专利具有相同的优先申请日期、优先申请号和优先申请国。通过优先项检索专利文献，是查明同族专利的有效途径。

（5）其他检索途径

利用其他科技信息检索工具检索专利文献，最著名的是《化学文摘》；利用报刊获取专利信息，是获取最新专利信息的有效途径；从商品上查找专利号，为进一步查找有关专利提供线索；从产品样本中查找专利号，产品样本是对定型产品的性能、构造原理、用途、使用方法和操作规程、产品规格等所做的具体说明。

5.2.2 中国专利文献检索

1.《中国专利公报》

《中国专利公报》创刊于 1985 年，是国家知识产权局定期公开出版的受理、审查和授权公告的唯一法定刊物，主要刊载专利申请公开、专利权授予、专利事务、授权公告索引等多项内容，是企业、图书馆、大中院校查询专利文献，及时、准确地掌握相关领域专利动态的重要资料，也是专利申请人、专利权人及时、准确了解自己专利的法律状态和处理专利相关事务（专利转让、许可、实施等）的有力工具。其能反映每个专利申请人及授权人的专利全程法律状态，具有法律效力，包括《发明专利公报》、

《实用新型专利公报》和《外观设计专利公报》3 种。其原为月刊,现改为周刊。《中国专利公报》提供国际专利分类号、专利号、专利权人、申请号和申请人等多条检索途径。

2.《中国专利索引》

《中国专利索引》收集了 1985 年中国《专利法》实施以来中国专利局定期出版的 3 种专利公报上公布的所有中国专利信息条目。1997 年将《中国专利索引》改版成每季度出版一套,每套由《国际专利分类号索引》、《申请人、专利权人索引》及《申请号、专利号索引》三部分组成。使用本索引,可以获得分类号、发明名称、申请号、专利号、申请人(或专利权人)及卷、期号 7 项数据,并可追踪查找专利公报、专利说明书,亦可直接从索引上浏览到某技术领域或某些相关技术范围的总体概况。《中国专利索引》是至今提供中国专利检索应用的容量最大、最全面且实用方便的一种工具书,是向社会各界提供专利信息的源泉。《中国专利索引》的检索方法同《中国专利公报》的一样,具有国际专利分类号、专利号、专利权人、申请号和申请人等多条检索途径。

3.《中国专利分类文摘》

《中国专利分类文摘》是由中国专利局文献中心根据《中国专利公报》重新加工、编辑而成,集专利公报和年度索引的优点于一体,提高了回溯检索专利信息的效率。《中国专利分类文摘》分两个分册出版,即《中国发明专利分类文摘》(始于 1985 年)和《中国实用新型专利分类文摘》(始于 1989 年),均为年度累积本。其编排形式是按国际专利分类号顺序将全年公开的专利申请以题录加文摘形式予以报道,它是深度检索中国专利信息的重要工具。

4. 中国专利文献检索网站

(1) 中国专利信息中心检索系统

该系统由中国专利信息中心主管。中国专利信息中心的前身是原中国专利局的自动化工作部,现在是国家知识产权局直属的事业单位。国家知识产权局赋予了中心专利数据库的管理权、使用权和综合服务的经营权。作为国家级大型的专利信息服务机构,中国专利信息中心以最新、最完整的专利信息资源,遍及全国各地的信息收集和服务网络,以及先进的信息处理技术为依托,为国内外用户提供快捷、优质的服务。该系统收录了我国 1985 年以来的专利,提供表格检索和高级检索方式。它可以检索专利相关信息,也可以咨询专利信息,并提供委托专利检索及与世界知识产权组织、欧洲专利局、美国专利商标局、日本特许厅的快速链接。其首次检索需要注册新用户。专利信息中心专利之星检索系统的网址为 http://www.cnpat.com.cn(如图 5-9 所示)。

图 5-9 专利之星检索系统

案例 5-1

检索有关"我国高血压治疗药物"的专利：

① 在其主页上方选择"专利检索"；

② 在其"关键词"检索栏中输入检索式：高血压 * 药物，在其"申请人地址"栏中输入"中国"；

③ 查出相关记录 29 条，单击专利名称可查看该专利的名称、专利号、分类号、发明人及摘要等内容。

（2）中国国家知识产权局（SIPO）专利数据库

该库的检索系统由国家知识产权局和中国专利信息中心提供，权威可靠。它可检索 1985 年以来中国知识产权局公布的发明和实用新型专利说明书全文，以及 1998 年以来的外观专利说明书全文，还与国内外多个知识产权网站建立了链接。

该库共提供 16 个检索途径，每个检索途径系统都会自动提供简易说明，非常方便。各检索项之间可以通过连接运算符进行复杂的逻辑运算。在检索屏中输入相应的检索词和连接运算式后，单击"检索"按钮，可首先在检索屏右侧下方显示命中专利条数，再单击"查看结果"按钮，则可得到所命中专利的申请号和专利名称列表，单击一条专利记录，可进一步得到该项专利的名称、文摘等 19 项详细信息。如果是 1996 年以后公开的专利，可再单击"显示全文图形"免费下载专利说明书全文的图片。该检索系统还带有一个非常好用的国际专利分类表（IPC），用户可以利用该表进行快捷检索，同时还可将分类号和关键词互相对照来进行查找，这对于不熟悉 IPC 分类的用户来说是一个非常实用的工具。国家知识产权局专利检索页面的网址为 http://www.sipo.gov.cn/zljsfl/（如图 5-10 所示）。

图 5-10　中国国家知识产权局专利检索页面

（3）中国专利信息网（www. patent. com. cn）

该网站于 1997 年 10 月建立，是国内较早提供专利信息服务的网站。网站具有中国专利文摘检索、中国专利英文文摘检索，以及中文专利全文下载功能，并采用会员制管理方式提供网上检索、网上咨询、检索技术、邮件管理等服务。用户注册后方可登录进入专利检索主界面。

（4）万方专利数据库（www. wanfangdata. com. cn）

该库收录了国内外的发明、实用新型及外观设计等专利 290 多万项，内容涉及自然科学各个学科领域，是科技机构、大中型企业、科研院所、大专院校和个人在专利信息咨询、专利申请、科学研究、技术开发及科技教育培训中不可多得的信息资源。

5.2.3　世界专利文献检索

世界专利文献检索可通过各国出版的专利公报检索专利文献，这是查找各国专利文献最权威的检索工具。由于因特网的发展，各国专利局和专利性国际组织纷纷利用因特网免费传播专利信息，因特网专利文献检索系统逐渐形成体系，为世界各地的用户快捷地获取专利信息提供了非常有益的工具。Internet 专利数据库的突出优点在于数据量大、更新及时、使用方便，很多数据库能够直接浏览全文。

1. 世界知识产权组织网站数据库

该网站（网址为 http://www. wipo. int/）由世界知识产权局提供，网站中由世界知识产权组织建立的知识产权电子图书馆（IPDL）提供了 PCT 电子公报、马德里申请商标数据库、JOPAL 科学技术期刊数据库。其中，PCT 电子公报可以检索 1997 年 1 月 1 日至今公布的 PCT 专利申请，数据库每周更新，可获取专利说明书全文。JOPAL 可以检索 1981 年至今的在世界范围内具有重要影响的科学技术期刊。

2. 美国专利商标局专利数据库

该网站(网址为 http://www.uspto.gov/patft/index.html)由美国专利和商标局提供,数据库包括授权专利数据库和申请专利数据库两部分。授权专利数据库收录了1790年7月31日至今的美国专利,申请专利数据库对2000年11月9日起递交的专利申请进行公开,从2001年3月15日开始正式出版专利申请说明书。该库提供1790年至今的全文图像说明书及1976年至今的全文文本说明书,数据库每周更新一次。它提供3种检索途径:快速布尔逻辑检索(Quick search)、高级布尔逻辑检索(Advanced Search)、号码检索(Number Search)。

3. Delphion 知识产权信息网数据库

其前身是 IBM Intellectual Property Network 免费数据库,从2001年开始成为 Delphion 知识产权信息网商业数据库。用户可通过付费的方式进入该网站(网址为 http://www.delphion.com/)检索美国专利数据库、日本专利数据、欧洲专利数据库、PCT 国际专利数据库及 INPADOC 数据库。该库有近400万条专利及专利产品可供检索,每周更新。

4. 欧洲专利局

为了促进对专利信息的利用,拓宽已有的专利文献传播渠道,欧洲专利局、欧洲专利组织成员方及欧洲委员会合作开发了称为 esp@cenet 的一项新服务,这项服务可通过 Internet 获取。

esp@cenet 网络数据库(网址为 http://worldwide.espacenet.com/)可检索欧洲专利局及欧洲组织各成员方的专利文献,包括欧洲专利(EP),英国、德国、法国、奥地利、比利时、意大利、芬兰、丹麦、西班牙、瑞典、瑞士、爱尔兰、卢森堡、塞浦路斯、列支士登等欧洲专利局成员方的专利。另外,它还可以检索国际专利信息(PCT)、日本公开特许信息及全世界范围内的3 000万件专利文献。

esp@cenet 网络数据库包括欧洲专利局数据库,世界知识产权组织数据库、日本专利英文文摘及世界范围专利文献等,其突出特点是可以通过优先权号检索同族专利。其中,欧洲专利局数据库提供最近24个月公布的欧洲专利申请公开说明书;欧洲专利组织各成员方数据库提供该国最近24个月公布的专利说明书;世界知识产权局数据库提供最近24个月公布的 PCT 专利申请公开说明书;世界范围专利数据库(worldwide)英文文摘报道50个国家和地区的专利文献,并且可浏览20多个国家的专利全文说明书;日本专利英文文摘报道1976年10月以来的日本公开专利及自1980年以来公开专利的扉页。

5. 德温特专利文献数据库

Derwent Innovations Index(DII)是集合德温特世界专利索引(Derwent World Patents Index)和专利引文索引(Patents Citation Index)的一个基于互联网的专利信息资源,用户不仅可以通过它检索专利信息,而且可以通过这个数据库检索到专利的引用情况，还可以利用 Derwent Chemistry Resources 展开化学结构检索。同时，用户可以通过专利间引用与被引用的情况迅速地跟踪技术的最新进展；更可以利用其与 ISI Web of Science 的链接，深入理解基础研究与应用技术的互动与发展，进一步推动研究向应用的转化。

该库收录了来自 40 多个专利机构授权的 25 000 多个专利。其每周更新并回溯至 1963 年，为研究人员提供世界范围内的化学、电子电气及工程技术领域内综合全面的发明信息，是检索全球专利的最权威的数据库。

数据库提供 4 种检索方式：快速检索（Quick Search）、表格检索（Form Search，含化学结构检索）、专家检索（Expert Search，含化学结构检索）和被引专利检索（Cited Patent Search）。

6. 加拿大知识产权局网站数据库

该库由加拿大知识产权局提供，收录了 1920 年至今的 150 多万件加拿大专利，包括专利全文文本和图形。其网址为 http://opic.gc.ca/。

7. 日本特许厅网站专利数据库

日本特许厅网站专利数据库（网址为 http://www.jpo.go.jp/）是把原日本工业产权资料馆（IPDL）等公众阅览室里的文献通过因特网和检索系统无偿地向用户提供，旨在使更多的用户便捷、高效地得到日本专利、商标及其他文献。日文版的日本专利文献数据库可检索日本专利文献及浏览全文说明书，该库有 8 类：① 发明、实用新型；② 外观设计；③ 商标；④ 外国专利；⑤ 复审；⑥ 法律状态；⑦ 其他文献；⑧ 文献范围。英文版数据库仅包括 1976 年以来的日本公开特许（发明申请公开）英文文摘数据库（PAJ）。PAJ 从 1993 年 1 月开始包括法律状态信息。

5.3 会　议

医学会议信息是人们了解医学领域最新发展状况的一个重要情报源，它具有内容新颖、学术性强、报道迅速等特点。据不完全统计，每年在世界范围内召开的生物医学及其相关领域的各种学术会议有数千个，参加学术会议已成为专业人员信息交流的一种重要方式。医学会议信息包括医学会议消息和医学会议论文。医学会议消息预告学术会议召开的时间、地点等，是撰写会议论文和参加学术会议的指南。医学会议论文是指会议上发表的学术报告、会议录和论文集。医学会议信息往往针对当今生物医学领域的重大课题，包含了许多新问题、新见解、新成果和新进展，是医学信息的重要来源。

5.3.1 医学会议消息检索

医学会议预告消息是参加学术会议和准备为会议提供论文的重要信息。会议预告的消息一般包括会议名称、时间、地点和主办机构等。了解会议消息可通过以下途径。

1. 国内医学会议消息检索

(1) 利用检索工具查询国内医学会议消息

① 从各种专业期刊查询医学会议消息。各种医学专业期刊(杂志)经常刊登医学会议的预告和消息,由于专业期刊发行量大,覆盖范围广,所以从专业期刊中查询会议消息是主要途径之一。

② 通过《中华医学信息导报》查询医学会议消息。《中华医学信息导报》经常有"会议征文"的消息,预报中华医学会和各个分会将要举办的学术会议,此外还对已主办会议的基本情况进行报道。

(2) 利用搜索引擎查询医学会议消息

可通过搜索引擎的分类目录进行检索,也可通过在搜索引擎的检索提问框内直接输入相关检索词进行检索。例如,利用某种搜索引擎(如 Yahoo)配以"Proceedings""Conference""Meeting""Symposium"等表示会议文献的关键词,可在 Internet 上检索到若干会议文献,每个会议录后均附有网址,通过会议的网址可以进一步查询各个会议的详细情况。

(3) 利用医学网站查询医学会议消息

① 首席医学网(http://www.9med.net/)。其为医学学术交流网站,由华夏时代(中国)投资集团投资创办。从 2004 年 6 月 16 日成功收购中华医学杂志网以来,现已收录 300 余种医学专业期刊,成为国内最大的专业医学期刊阅读平台,深受医学专业人士的信赖。首席医学网通过多种方式与各大医学学会、医学期刊、医学研究机构、医学院校、医疗机构等医学专业机构合作,扩充了医学专业资讯来源,发掘了医学学术交流机会,提高了医学学术服务质量。

在首席医学网主页上方有"医学会议"栏目,单击进入医学会议资讯页面(如图 5-11 所示),其中设有"会议动态""近期会议""最新会议""会议课件""会议专题"等栏目,可以按"会议分类导航"和"医学会议搜索"两种方式来查询医学会议消息。会议分类导航分专业、类型、地点、会议周期、会议费用等方面进行查询,直接在医学会议搜索提问框中输入会议关键词、时间、地点等,即可检出相关的会议消息。

② 中华医学会网站(http://www.cma.org.cn)。中华医学会网站的"学术活动"栏目提供了中华医学会及各分会医学会议的最新信息。

图 5-11　首席医学会议资讯页面

③ 中国学术会议在线(http://www.meeting.edu.cn)。其为用户提供学术会议信息预报、会议分类搜索、会议在线报名、会议论文征集、会议资料发布、会议视频点播、会议同步直播等服务。中国学术会议在线主页设有“会议预告”“会议检索”“会议论文”“会议新闻”“会议评述”等栏目。“会议预告”发布最新会议信息和即将召开的会议信息。“会议检索”设有多个主题供用户检索,其中医学方面的主题有基础医学、临床医学、预防医学与卫生学、军事医学与特种医学、药学、中医学与中药学(如图 5-12 所示)。

图 5-12　中国学术会议在线主页

④ 中国医学生物信息网会议资源(http://cmbi.bjmu.edu.cn)。中国医学生物信息网(CMBI)是由北京大学心血管研究所、北京大学人类疾病基因研究中心、北京大学医学部信息中心开发的综合性医学生物信息网。该网站搜集、整理、综合国际医学和生物学的研究信息,为我国医学和生物学的教学、科研、医疗和生物高新技术产业的开发提供了信息服务。

2. 国外医学会议消息检索

①《世界会议:医学》(*World Meeting:Medicine*)。其由美国麦克米伦出版公司于1978年创刊,现为季刊。该刊是其公司出版的4个分册中的1个分册,主要预告近两年内在世界100多个国家200多个地区将要召开的各种学术会议消息。《世界会议:医学》由正文和索引两部分组成,会议条目包括会议名称、地点、日期、主办机构、论文截止日期和联系方式等主要信息。

② Doctor's Guide(http://www.docguide.com)。该网站的会议资源中心(Congress Resource Centre,简称CRC)提供全球医学会议信息预报。CRC通过简单、高级页面,提供多条检索途径,如会议专题(By Specialty)、会议日期(By Date)、会议地点(By Location)等。用户可以输入关键词检索(Search CRC)相关会议信息,也可通过会议专题、日期、地点等进行浏览。CRC的高级检索中,允许使用"AND""OR""NOT"逻辑算符、双引号、截词符等检索技术。检索到的会议信息包括会议名称、日期、地点、联系方式、会议网页及当地气候、住宿等。CRC页面还提供发布会议信息的链接(http://Submit your Congress/Conference)。

③ The New England Journals of Medicine-Medical Meetings(http://www.nejm.org/meetings)。Medical Meetings是*The New England Journals of Medicine*期刊每周出版的在线会议通知,它提供了按专业(By Specialty)、地域(By Location)、时间(By Month)等方式查询医学会议信息。

④ EURESCO Conferences(http://www.esf.org/euresco)。欧洲研究会议网站由欧洲科学基金会主持,主要提供各学科已经召开与即将召开的会议信息及内容,共分五大学科,其中Medical Sciences包含了生物医学和卫生学的大量会议介绍。

5.3.2 医学会议论文检索

1. 国内会议文献检索

(1) 中国医学学术会议论文数据库

中国医学学术会议论文数据库(China Medical Academic Conference,简称CMAC)是解放军医学图书馆研制开发的中文医学会议论文文献书目数据库。CMAC目前只发行光盘版,分单机版和网络版。CMAC光盘数据库主要面向医院、医学院校、医学研究所、医药工业、医药信息机构、医学出版和编辑部等单位。其收录了1994年以来中华医学会所属专业学会、各地区分会和全军等单位组织召开的医学学术会议论文集中的文献题录和文摘。该数据库设计合理,检索方便,文献覆盖面大,信息新颖。其涉及的主要学科领域有基础医学、临床医学、预防医学、药学、医学生物学、中医学、医院管理及医学情报等各个方面;收录文献项目包括会议名称、主办单位、会议日期、题名、全部作者、第一作者地址、摘要、关键词、文献类型、参考文献数、资助项目等16项内容。该库提供自由词或短语检索、作者检索、作者单位的检索、会名检索、字段检索、表达式检索、组配检索。

（2）中国重要会议论文全文数据库

中国重要会议论文全文数据库是CNKI（中国基础设施工程）的一个子库，重点收录了1999年以来中国科协系统及国家二级以上的学会、协会和高校、科研院所、政府机关举办的重要会议，以及在国内召开的国际会议上发表的文献。其中，国际会议文献占全部文献的20%以上，全国性会议文献的数量超过总量的70%，部分重点会议文献回溯至1953年。其内容覆盖基础科学、工程科技、农业科技、医药卫生科技、哲学与人文科学、社会科学、信息科技、经济与管理科学等。可通过中国知网，在《中国知识资源总库》中选择"中国重要会议论文全文数据库"，进入该库检索界面；也可通过CNKI数字图书馆设立的镜像站点进行检索。

根据会议论文检索的需求，该库提供了快速检索、标准检索、专业检索、作者发文检索、科研基金检索、句子检索、来源会议检索7种面向不同需要的检索方式；基于会议论文查全查准的核心需求，提供了"三步骤"的标准检索模式，即首先输入检索控制条件，再输入检索内容条件，最后对检索结果分组筛选；另外，还在平台首页和检索结果页都提供了"文献检索"、"会议导航"和"主办单位导航"3个通用菜单，方便用户检索。用户可免费浏览题录和摘要。

案例5-2

检索2012年7月5日至2013年7月5日国内召开的有关艾滋病的会议文献：输入网址"http://www.cnki.net"，进入CNKI首页，单击左上角"会议"，选择"国内会议"，将检索条件按要求输入到相应的检索提问框中，单击"检索文献"即可检索出与艾滋病相关的会议文献有88篇，检索时间为2014年7月28日（如图5-13所示）。

图5-13 中国知网会议论文全文数据库检索界面

（3）万方数据资源系统的学术会议全文数据库

万方会议论文资源收录了由中国科技信息研究所提供的1985年至今世界主要

学会和协会主办的会议论文,以一级以上学会和协会主办的高质量会议论文为主。其每年所收录的论文涉及近 3 000 个重要的学术会议,每年约增加 18 万篇,每月更新。

进入学术会议论文浏览页面,可以通过在检索框中直接输入检索词,查找相关会议论文;也可以通过学科会议分类或者会议主办单位分类逐级缩小范围来查找相关会议论文(如图 5-14 所示)。

图 5-14　万方数据的学术会议检索界面

(4) 国家科技图书文献中心

国家科技图书文献中心(NSTL)是于 2000 年 6 月 12 日组建的一个虚拟的科技文献信息服务机构。其采集、收藏和开发理、工、农、医各学科领域的科技文献资源,面向全国开展科技文献信息服务。在主页"文献检索与全文提供"栏目下设有会议文献,会议文献包含中文会议和外文会议。其所设置的检索入口有题名、作者、关键词、会议时间、会议名称、ISBN。其网址为 http://www.nstl.gov.cn。

2. 国外医学会议文献检索

(1) ISIP Proceedings

① 美国科学情报研究所(ISI)。基于 ISI Web of Knowledge 的检索平台,将科学技术会议录索引(ISTP)和社会科学及人文科学会议录索引(ISSHP)两大会议录索引集成为 ISI Proceedings,每年收录 12 000 多个会议内容,每年增加 22.5 万条记录,数据每周更新。ISI Proceedings 汇集了世界上最新出版的会议录资料,包括专著、丛书、预印本及来源于期刊的会议论文,提供了综合全面、多学科的会议论文资料。

科技会议录索引(Index to Scientific & Technical Proceedings,简称 ISTP)是世界著名四大检索工具之一,收录了自 1990 年以来每年近 10 000 个国际科技学术会议所出版的会议论文,每年约增加 220 000 个记录。其涵盖的学科包括农业、环境科学、生物化学、分子生物学、生物技术、医学、工程、计算机科学、化学和物理。

社会科学及人文科学会议录索引(Index to Social Science & Humanities Proceedings,

简称ISSHP)收录了自1990年以来每年近2 800个国际学术会议所出版的共计200 000篇会议论文,每年约增加2 000个记录。其涵盖了社会科学、艺术和人文科学的所有领域,包括心理学、社会学、公共健康、管理、经济、艺术、历史、文学和哲学等。

ISI Proceedings通过ISI Web of Knowledge平台进行检索,相关文献可以直接链接到Web of Science。

② 检索方法。如果用户所在的机构目前已订阅了ISI Proceedings,系统会自动把用户的账号与Web of Science数据库整合,用户可以通过Web of Knowledge平台进行检索会议文献。首先,在"选择一个数据库"页面单击顶部的"Web of Science",出现"Web of Science-现在可以同时检索会议录文献"界面;其次,转至页面的"当前限制"部分,选择一个或全部的会议录文献引文索引,清除不希望进行检索的引文索引前面的复选框,可取消引文数据库的选择。这样就可以利用Web of Knowledge平台检索会议文献,检索方法与Web of Science基本一致。图5-15所示为ISI Proceedings一般检索界面。

图5-15 ISI Proceedings检索界面

(2) OCLC First Search

OCLC(Online Computer Library Center Inc.)即美国联机计算机图书馆中心,是世界上最大的提供文献信息服务的机构之一。First Search是OCLC从1991年推出的一个联机检索服务系统,通过该系统可检索80多个数据库,其中两个数据库Papers First和Proceedings First收录了1993年以来的世界范围的会议文献,包括各种学术会议、专题会、学术报告会等发表论文的题录信息。

Papers First(国际学术会议论文索引)数据库包括在世界各地学术会议上发表的论文,它覆盖了自1993年10月以来在"大英图书馆资料提供中心"的会议录收集的每一个代表大会、专题讨论会、博览会、座谈会和其他会议上发表的论文,可通过馆际互借获取全文。该库每两周更新一次。

Proceedings First(国际学术会议录索引)是 Papers First 的相关库,包括在世界各地举行的学术会议上发表论文的目录表。该库提供了一条检索“大英图书馆资料提供中心”的会议录的途径。

该系统提供基本检索(Basic Search)、高级检索(Advanced Search)和专业检索(Expert Search)多种检索方法。其网址为 http://www.oclc.org/firstsearch。

(3) PubMed 数据库

PubMed 数据库是由美国国立医学图书馆(NLM)下属美国生物技术信息中心(NCBI)研制的基于 Web 的文献数据库,是 NCBI 检索系统数据库之一。它提供的文献类型有 40 多种,其中有会议类型的文献,在该数据库主页的“Limits”页面的“Type of Article”中有“Conference”“Congresses”“Consensus Development Conference”栏目,选中这些栏目可检索医学会议文献。

(4) 其他数据库

其他收录有医学会议论文的数据库有 CA(SciFinder),Biosis Previews,EBSCO 等。

5.4 标准文献

5.4.1 概述

1901 年英国成立了世界上第一个标准化机构,世界第一批国家标准随后问世。20 世纪 60 年代以来,各国标准文献大幅度增长,现在许多国家都十分重视对标准文献的管理与利用,标准文献也成了综合情报源的重要组成部分。目前,已有一百多个国家和地区制定了国家标准和区域标准。

标准是为了在一定范围内获得最佳水平的管理,对科学、技术和经济领域内具有重复应用特征的事物所做的统一规定。这种制定、修订、贯彻标准的过程即为标准化。通过对某项技术或某个行业标准化的实施,有利于引进和推广新技术,开发新产品,提高产品质量,节约人、财、物等资源,实现科学管理,获得最佳社会秩序和社会效益。一个国家的标准文献反映该国经济、技术、生产及自然资源等方面的发展水平,通过查阅标准文献,可以了解各国经济和技术政策、生产水平、资源情况与标准化水平。

5.4.2 标准文献

1. 标准的分类

① 按使用范围分类,标准可分为国际标准、区域标准、国家标准、企业标准、行业标准。

② 按性质分类，标准可分为有基本标准、产品标准、方法标准、组织管理标准。

③ 按法律效力分类，标准可分为强制性标准、推荐性标准、指导性标准。

《中华人民共和国标准化法》规定我国根据标准的适应领域和有效范围，把标准分为四级，即国家标准、行业标准、地方标准和企业标准。

2. 标准号的构成

标准号的一般形式为“标准代号 + 顺序号 + 制定（修订）年份”。标准代号有以下几种：

① 国际标准代号，如 ISO 表示国际标准化组织标准代号。

② 国家标准代号，如 GB、GB/T 和 GB/Z 分别表示强制性、推荐性和指导性国家标准的代号。

③ 行业标准代号，如 YY 表示医药行业标准的代号。

3. 标准文献的定义

标准文献一般是指由技术标准、管理标准及其他具有标准性质的类似文件所组成的一种特定形式的科技文献体系，包括标准、规范、规程、标准草案和技术要求。它是按照规定程序编制，由主管机构批准，以特定形式发布，作为共同遵守的准则和依据。

4. 标准文献的分类系统

标准文献主要采用国际标准分类法（ICS）、《中国标准文献分类法》、国际十进分类法（UDC）等分类系统。

国际标准分类法（ICS）用于国际、区域性和国家及其他标准文献的分类。国际标准化组织（ISO）发布的标准，1994 年以前使用 UDC，1994 年以后改用 ICS 分类。我国自 1995 年发布的国家标准也将 UDC 改用 ICS 分类。

ICS 分类法由三级类构成：一级类包含标准化领域的 40 个大类，每一大类号以两位数字表示，如 01，03，07；二级类号由一级类号和一个被点隔开的三位数字组成。全部 40 个大类分为 335 个二级类，335 个二级类中的 124 个被进一步分成三级类；三级类的类号由二级类的类号和一个被点隔开的两位数字组成，如 43.040.02 表示照明和信号设备。

《中国标准文献分类法》是目前国内用于标准文献管理的一部工具书。该分类法由 24 个一级大类目组成，用英文字母表示，每个一级类目下分 100 个二级类目，二级类目用两位数字表示。

5. 标准文献的特点

标准文献是一种特殊文献，与一般科技文献相比，其主要特点包括以下几个方面：

① 它由各级主管标准化工作的权威机构主持制定颁布（除少数军用和尖端科学技术的标准保密外），一般以单行本形式发行，一项标准一册，年度形成目录和汇编。

② 它一般采用专门的技术分类体系,每件标准有一个固定不变的标准号。

③ 它具有严肃性、法律性、时效性和滞后性。标准文献的文字简练,内容可靠、正确,数据、用词严密无误;具有法律作用,有一定约束力,不同级别的标准在不同的范围内必须贯彻执行;标准制定后,每隔3~5年复审一次,分别予以确认、修订或废止,修订后标准号不变。

5.4.3 标准文献的检索

1. 中国知网(CNKI)的标准数据库

CNKI的标准数据库包括《中国标准数据库》和《国外标准数据库》。

①《中国标准数据库》:收录了所有的国家标准(GB)、国家建设标准(GBJ)、中国行业标准的题录信息,共计标准约8万条。标准的内容来源于中国标准化研究院标准馆,相关的文献、成果等信息来源于CNKI各大数据库。

②《国外标准数据库》:收录了国际标准(ISO)、国际电工标准(IEC)、欧洲标准(EN)、德国标准(DIN)、英国标准(BS)、法国标准(NF)、日本工业标准(JIS)、美国标准(ANSI)、美国部分学会标准(如ASTM,IEEE,UL,ASME)等题录信息。标准的内容来源于中国标准化研究院标准馆,相关的文献、成果等信息来源于CNKI各大数据库。

登录中国知网主页(http//www.cnki.net),单击数据库名称列表中的"中国标准数据库"或"国外标准数据库"进入相应数据库,它们具有相同的检索界面。

如图5-16所示,标准数据库的检索界面由分类导航区域、检索条件设置区域和结果显示区域3个部分组成。

图5-16 中国知网标准检索界面

2. 万方《中外标准数据库》

万方数据的《中外标准数据库》为国家技术监督局、建设部情报所提供的中国国家标准、建设标准、建材标准、行业标准、国际标准、国际电工标准、欧洲标准及美、英、德、法国国家标准和日本工业标准等。登录万方数据知识服务平台主页（http://www.wanfangdata.com.cn），万方数据库提供了统一的检索界面，只需在数据库名称栏中选择“中外标准”即可进入检索界面。可供选择的检索字段包括标准编号、标准名称、发布单位、起草单位、发布日期、实施日期、中图分类号、中国标准分类号、国际标准分类号、关键词和全部字段。

3. NSTL 标准数据库

国家科技图书文献中心（NSTL）的标准数据库包括《中国标准》和《国外标准》两部分。

①《中国标准》包含标准代码为 GB 的国家标准，其内容涉及科学研究、社会管理，以及工农业生产的各个领域。

②《国外标准》包含国际标准化组织数据库（标准代码为 ISO），国际电工委员会标准数据库（标准代码为 IEC），英国标准学会标准数据库（标准代码为 BS），德国标准化学会标准数据库（标准代码为 DIN），法国标准化协会数据库（标准代码为 NF），日本工业标准数据库（标准代码为 JIS），美国机械工程师协会标准数据库（标准代码为 ASME），美国电气电子工程师学会标准数据库（标准代码为 IEEE），美国机动工程师协会标准数据库（标准代码为 SAE），以及美国保险商实验室标准数据库（标准代码为 UL）。

登录 NSTL 网站主页（http://www.nstl.gov.cn），单击文献检索栏目中的“中国标准”或“国外标准”进入检索界面。该检索界面与 NSTL 其他数据库具有相同的风格，标准库提供的检索字段包括标准名称、标准分类号、主题词、标准号和全部字段。

4. 标准专业网站介绍

除上述综合性文献数据库网站外，检索者还可以通过标准专业网站直接检索标准文献。

（1）中国标准网

该网站（http://www.standard.net.cn）由北京标环科技有限公司承办，能检索国家标准、行业标准、地方标准、军用标准、国际标准和国外先进标准、标准汇编和标准目录等内容。

（2）中国标准服务网

该网站（http://www.cssn.net.cn）是国家级标准信息服务门户，是世界标准服务网（http://www.wssn.net.cn）的中国站点。该网站的标准信息主要依托于国家标准化管理委员会、中国标准化研究院标准馆及院属科研部门、地方标准化研究院（所）和国内外相关标准化机构。中国标准化研究院标准馆收藏有 60 多个国家、70 多个国际和区域性标准化组织、450 多个专业学(协)会的标准,以及全部中国国家标准和行业标准。此外,还收集了多种国内外标准化期刊和标准化专著,与 30 多个国家及国际标准化机构建立了长期、稳固的标准资料交换关系,还作为一些国外标准出版机构的代理,从事国外和国际标准的营销工作。

(3) 国际标准化组织

国际标准化组织(ISO)是一个全球性的非政府组织,是国际标准化领域中一个十分重要的组织。ISO 的任务是促进全球范围内的标准化及其有关活动,以利于国际产品与服务的交流,以及在知识、科学、技术和经济活动中发展国际的相互合作。它由各国国家级标准化机构组成,制定自愿性技术标准,并且只制定那些为市场所需的标准。其工作项目的范围从用于传统活动,如农业和建筑、机械工程的标准直到信息技术的最新发展,如用于多媒体应用的视听信号的数字编码标准。

ISO 于 1995 年开通了在互联网上的标准信息检索服务(http://www.iso.org),通过互联网发布制定标准的动态信息和有关文件。我国于 1997 年开通了互联网上国家标准的远程检索和通过 E-mail 发送标准文本的业务。

5.5 学位论文

5.5.1 概 述

学位论文是高等院校或科研单位的毕业生为获取学位资格递交的学术性研究论文,主要是指硕士和博士论文。学位论文一般都具有独创性,探讨的课题比较专深,有较高的学术价值,是一种重要的文献信息源。学位论文主要是供审查答辩之用,一般不通过出版社正式出版,通常收藏在各授予单位或指定的学位论文收藏地点,因此查找比较困难,需要通过专门检索工具和特殊搜集渠道才能获得,这给学位论文的利用带来了极大的不便。

近十多年来,世界各国充分利用因特网和其他信息技术发展成果,开发学位论文数据库及检索平台,为学位论文的检索,尤其是学位论文全文的获取提供了便利条件,其中数字化学位论文全文数据库建设近年来更受到世界各国的重视。对于广大信息用户,特别是正在撰写学位论文的用户来说,如何全面、系统地查找并获取到相关专业领域的学位论文,了解国内外同行的最新研究进展,是很有意义的。下面主要介绍国内外学位论文数据库和收藏机构。

5.5.2 国内学位论文信息资源检索

1. 中国优秀硕士学位论文全文数据库

中国优秀硕士学位论文全文数据库(www.cnki.net),是目前国内相关资源收录质量最高、连续动态更新的中国优秀硕士学位论文全文数据库,分为十大专辑:基础科学、工程科技Ⅰ、工程科技Ⅱ、农业科技、医药卫生科技、哲学与人文科学、社会科学Ⅰ、社会科学Ⅱ、信息科技、经济与管理科学,十大专辑下分为168个专题和近3 600个子栏目。CNKI中心网站及数据库交换服务中心每日更新,各镜像站点通过互联网或卫星传送数据可实现每日更新,专辑光盘每月更新,专题光盘年度更新。该库提供免费检索,免费浏览题录、摘要和知网节,下载全文必须通过知网卡、银行卡、神州行卡等方式付费,已订购该数据库的高校和单位可以直接获得全文。

2. 中国博士学位论文全文数据库

中国博士学位论文全文数据库(www.cnki.net),是目前国内相关资源最完备、收录质量最高且连续动态更新的中国博士学位论文全文数据库,收录年份自1999年至今,但部分收录1999年以前的论文,十大专辑下分为168个专题和近3 600个子栏目。

3. 中国学位论文全文数据库

中国学位论文全文数据库(如图5-17所示)是万方数据知识服务平台(www.wanfangdata.com.cn)的重要组成部分,与国内600余所高校、科研院所等学位授予单位合作,占研究生学位授予单位的85%以上,收录单位及学科覆盖面广,涉及全国“985”和“211”重点高校、中科院、工程院、农科院、医科院、林科院等机构的重点精选博硕士论文,内容涵盖理学、工业技术、人文科学、社会科学、医药卫生、农业科学、交通运输、航空航天和环境科学等各学科领域,是我国收录数量最多的学位论文全文数据库。收录年限跨度长,重点收录1980年以来的学位论文,逐年回溯并月度追加,可提供1977年以来的学位论文全文传递服务。

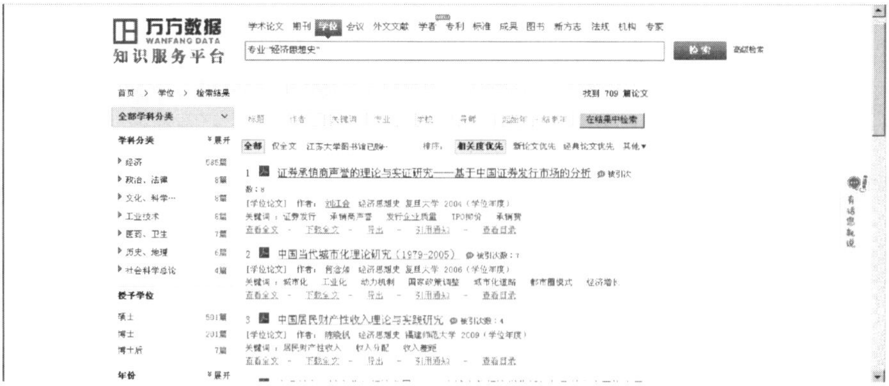

图5-17 万方学位论文浏览

4. 获取国内学位论文的其他机构和网站

① CALIS 高校学位论文库。中国高等教育文献保障系统(China Academic Library & Information system,简称 CALIS),是经国务院批准的我国高等教育"211 工程"总体规划中两个公共服务体系之一,主要通过信息资源共建、共知、共享为中国的高等教育服务。高校学位论文数据库由 CALIS 全国工程文献中心(清华大学图书馆)牵头组织,协调全国高校合作建设的文摘索引数据库,内容涵盖自然科学、社会科学、医学等各个学科领域。用户可以分别从题名、论文作者、导师、作者专业、作者单位、摘要、分类号、主题和全字段等不同角度进行检索,还可使用逻辑与、或、非等进行组配检索。该库中检索到的论文索书号为研究生培养单位的馆藏号,可在各自的学校找到论文全文,用户检索到需要的论文后可自己联系获取,或通过 CALIS 的馆际互借系统提供。其网址为 http://project. calis. edu. cn/calisnew/。

② 国家科技图书文献中心中文学位论文数据库。该库主要收录了 1984 年以来我国高等院校、研究生院及研究院所发布的硕士、博士和博士后的论文,提供题录,部分论文提供文摘。其学科范围涉及自然科学各专业领域,并兼顾社会科学和人文科学,每年增加论文 6 万余篇,每季更新,可通过文献传递获取全文。其网址为 http://ww. nstl. gov. cn/NSTL/。

③ 中国国家图书馆。国家图书馆是教育部指定的全国博士论文、博士后研究报告收藏机构,作为全国学位论文收藏中心,藏有从 1981 年实施学位制度至今的国内博士学位论文,收藏率达 98%。近年来,其还收藏国内硕士/博士后论文,海外华裔留学生在国外撰写的论文,美国、加拿大、德国等国外博士论文(1986—1995 年)。该中心为用户提供指导、检索、提书、复制一条龙服务,同时为了方便用户,还提供电话委托、互联网委托和异地委托等服务项目,以最为快捷、准确的方式满足用户的需求。其网址为 http://opac. nlc. gov. cn/。

④ 中国科学院国家科学图书馆。该科学图书馆报道和揭示了中国科学院培养毕业学生的硕士、博士论文和博士后学位论文的内容,收录了从 1981 年至今的中国科学院系统的学位论文,系统注册认证用户在获取文摘的同时可以免费浏览论文原文的前 16 页。其网址为 http://www. las. ac. cn/。

⑤ 各高校图书馆自建的学位论文数据库。

5.5.3 国外学位论文信息资源检索

1. PQDT 学位论文文摘数据库

该库收录了欧美 1 000 余所大学文、理、工、农、医等领域从 1963 年起的博士、硕士论文摘要或题录,北美地区每年通过的学位论文 90% 以上收入该库,它是目前世界上最大和使用最广泛的学位论文文摘索引数据库,数据每周更新,年新增 4.7 万篇博士学位论文和 1.2 万篇硕士学位论文。1997 年后的学位论文可免费下载电子版的前 24 页内容。

该数据库提供基本检索、高级检索和浏览等检索途径，可运用布尔逻辑、截词符、位置算符、嵌套检索、二次检索等检索技术。

2. PQDT 学位论文全文数据库

ProQuest 公司是世界上最早、最大的博硕士论文收藏和供应商。ProQuest 博硕士论文全文数据库是在 PQDT 学位论文文摘库基础上由国内高校共同选购共建的一个全文库。国内已建成的 ProQuest 学位论文全文的网站有 CALIS 镜像站，北京大学、上海交通大学镜像站和中国科学技术信息研究所镜像站等。目前，该库主要收录 2001 年以来授予学位的博硕士论文，检索页为中文界面。

该数据库提供基本检索、高级检索和分类浏览。

① 基本检索：主页上直接提供基本检索（如图 5-18 所示），下拉检索框中的菜单可选择需要检索的字段，共提供 3 个检索输入框，输入框之间可以进行“与”“或”“非”的组配，字段选择包括摘要、作者、题目、指导老师、学科、学校、论文编号（与 PQDD 网络文摘号一致）、学位、语种、ISBN、论文卷期次。在检索词框中输入检索词，在时间限定框中限定年份，单击“查询”即可进行检索。

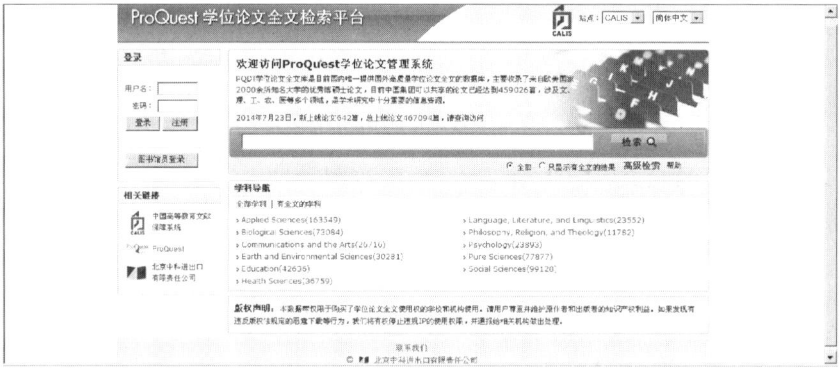

图 5-18　PQDT 基本检索页面

② 高级检索：在主界面上单击“高级检索”，系统进入高级检索界面（如图 5-19 所示），该界面提供了直接输入检索式的主检索（文本）框和各字段检索附加输入框、逻辑运算和论文提交时间选择。用户可在主检索框中直接输入检索式，也可以通过在各检索字段输入框中输入检索词，单击“增加”按钮将检索词添加到主检索框中，进行组合检索。单击“检索历史”可以查看以往检索情况。

③ 分类浏览：提供了学科分类和论文分类浏览两种方式。

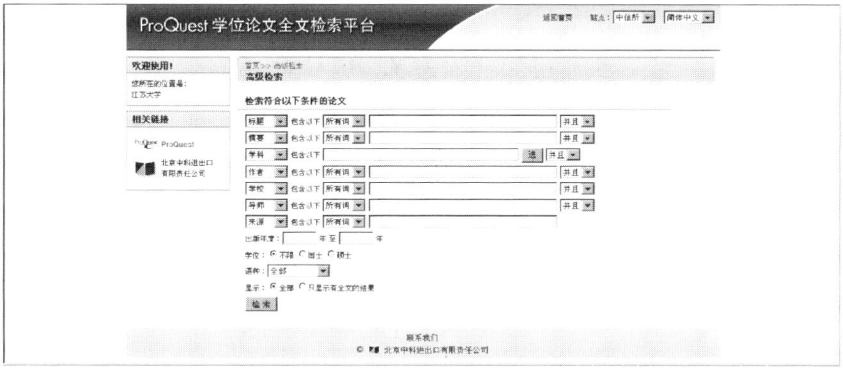

图 5-19　PQDT 高级检索页面

3. 获取国外学位论文的其他机构和网站

(1) First Search—World Cat Dissertations

该网站收录了 OCLC World Cat 中所有的博硕士论文和已出版的以 OCLC 成员编目的论文为基础的资料,涉及所有学科,主要来自欧美几千所大学。从高级检索的"互联网资源"中,可获近 20% 100 多万篇全文,需自付国际流量费。

(2) 加拿大学位论文门户

该网站提供加拿大学位论文的保存和检索服务。用户可免费下载 1998 年以后的学位论文全文。其网址为 http://www.collectionscanada.gc.ca/thesescanada/index-e.html。

(3) 澳大利亚数字论文项目

该项目在 1998—1999 年由澳大利亚 7 所高校发起,旨在建立分布式的论文数据库,目前已有 26 所高校的博士及硕士学位论文可通过 ADT 项目或在各学校的电子数据库中检索,部分学位论文可免费提供全文。其网址为 http://adt.caul.edu.au/。

(4) MIT 学位论文

该网站提供美国麻省理工学院部分博硕士学位论文,可在线逐页或定位浏览全文。

(5) Electronic Thesis /Dissertation OAI Union Catalog

该网站利用 Open Archives Initiative-OAI 的学位论文联合目录,目前包含全球十几家成员,多数论文提供 PDF 格式全文。

(6) DIVA Portal

该网站提供北欧部分大学的学位论文,部分有全文。

(7) Digital Scientific Publications from Swedish Universities

该网站可查到瑞典学位论文以及其他科技出版物,有全文。

5.6 科技报告

5.6.1 概 述

科技报告(Scientific and Technical Report)是关于某科研项目或活动的正式报告或记录,多是研究、设计单位或个人以书面形式向提供经费和资助的部门或组织所做的关于其研究设计和开发项目的成果或进展情况的汇报。科技报告在第二次世界大战期间及战后迅速发展起来,逐渐成为传播科技情报的重要工具。

科技报告内容专深新颖,往往涉及尖端学科或世界最新研究课题,常带有不同程度的保密性质。科技报告对问题的论述既系统又完整,内容丰富,信息量大。据报道全世界每年产生的科技报告在100万篇以上。科技报告的种类很多,按科研活动阶段可划分为初步报告、进展报告、中间报告和终结报告;按密级可划分为绝密、秘密、非密级限制发行、解密、非密公开等;按内容性质则分为报告书、札记、论文、备忘录和通报等。

我国1963年起正式开展全国科研成果的统一登记和报道工作。取得科研成果的单位,按照规定上报登记,经国家科委调查核实后,发出科研成果公报和出版"科学技术研究报告"。1977年11月起,科研成果由中国科技信息研究所出版,名称为"科学技术研究成果报告"。

5.6.2 科技报告信息的检索

1. CNKI《国家科技成果数据库》

《国家科技成果数据库》收录了1978年以来所有正式登记的中国科技成果,按照《中国图书资料分类法》(第4版)进行中图分类,并按照《学科分类与代码》(GB/T13745)进行学科分类,每周更新。每条成果信息包含成果概括、立项情况、评价情况、知识产权状况及成果应用情况、成果完成单位情况、成果完成人情况、单位信息等成果基本信息。成果的内容来源于中国化工信息中心,相关的文献、专利、标准等信息来源于CNKI各大数据库。

登录中国知网主页(http://www.cnki.net),在数据库列表中单击"国家科技成果数据库"进入成果库,通过单击导航条中的"成果检索"按钮进入成果检索界面。

2. 万方科技成果类数据库

这是一个数据库的集合,包括以下子数据库:

①《中国科技成果数据库》。该库是国家科技部指定的新技术、新成果查新数据库。其收录范围包括新技术、新产品、新工艺、新材料、新设计,涉及自然科学各个学

科领域。该库已成为我国最具权威的技术成果宝库。

②《科技成果精品数据库》。该库信息是从各种科技成果中精心挑选组成的,反映了我国科技成果的精粹。其收录范围包括新技术、新产品、新工艺、新材料、新设计,涉及自然科学各个学科领域。

③《中国重大科技成果数据库》。该库收录国家级重大科技成果和省部级重大科技成果。

④《科技决策支持数据库》。该库提供国内若干领域的科技发展动态和趋势,同时也纳入部分国外信息和具有一定权威性的信息。其收录范围包括科技部主管的六大领域——信息技术、先进制造技术、现代生物技术、材料技术、新能源技术、交通运输技术,另外还涉及国家重大科技政策和企业综合管理等方面,适用于科技管理人员、为政府和企业的科技管理部门服务的决策人员及科技项目负责人。

⑤《国家级科技授奖项目数据库》,该库是在我国科技进步活动中为加速科技事业的发展及提高综合国力做出突出贡献的国家自然科学奖、国家技术发明奖、国家科学技术进步奖获奖项目数据库。

⑥《全国科技成果交易信息数据库》。该库收录自然科学领域内各地各行业的新技术、新工艺、新产品等国内可转让的适用新技术成果。

登录万方数据知识服务平台主页(http://www.wanfangdata.com.cn),单击页面上方的"成果",即进入相关检索界面(如图 5-20 所示)。

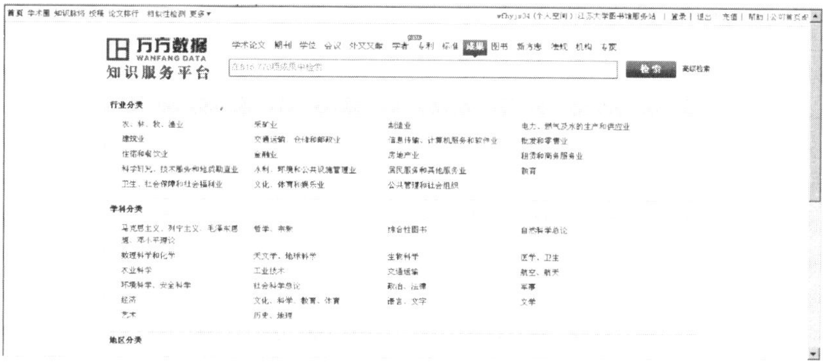

图 5-20　万方成果检索页面

3. NSTL 的国外科技报告数据库

国家科技图书文献中心(NSTL)的国外科技报告数据库主要收录 1978 年以来的美国政府研究报告,即入藏文献(Accessioned Document,简称 AD),美国商务部(Publication Board,简称 PB)、美国能源部(Department of Energy,简称 DOE)和美国国家航空和航天局(National Aeronautics and Space Administration,简称 NASA)的研究报告,以及少量其他国家学术机构的研究报告、进展报告和年度报告等。学科范围涉及工程技术和自然科学各专业领域,每年增加报告 2 万多篇,每月更新。

登录 NSTL 网站主页(http://www.nstl.gov.cn),单击文献检索栏目中的"国外科技报告"进入检索界面,检索字段包括报告名称、关键词、作者和全部字段。

4. NTIS

NTIS(National Technical Information Service)是美国国家技术情报社出版的美国政府报告数据库(http://www.ntis.gov),以收录 1990 年以来美国政府立项研究及开发的项目报告为主,少量收录世界上其他国家的科学研究报告,包括项目进展过程中所做的一些初期报告、中期报告、最终报告等,反映最新政府重视的项目进展。该库 75% 的文献是科技报告,其他文献有专利、会议论文、期刊论文、翻译文献;25% 的文献是美国以外的文献;90% 的文献是英文文献。其专业内容覆盖科学技术各个领域,检索结果为报告题录和文摘。该数据库所对应的印刷型刊物有 *Government Reports Announcements & Index* 和 *Government Inventions for Licensing*。NTIS 数据库包括在剑桥科学文摘(*Cambridge Scientific Abstracts*,简称 CSA,网址为 http://www.cam.ac.uk)数据库组中,该组数据库已在清华图书馆设立镜像服务器,提供 Web 方式的检索服务。

5.6.3 国外科技报告在我国的馆藏情况

中国科技信息研究所是我国引进科技报告最主要的单位。上海科技信息研究所也有四大报告的原文馆藏。中国国防科技信息中心收藏有大量的 AD 报告和 NASA 报告。中国科学院文献信息中心是收藏 PB 报告最全的单位。核工业部收藏有较多的 DOE 报告。

5.7 引文数据库

5.7.1 概　述

引文索引的概念是由美国人尤金·加菲尔德于 20 世纪 60 年代提出的,他创办了《科学引文索引》(SCI,1963 年创刊)、《社会科学引文索引》(SSCI,1973 年创刊)和《艺术与人文科学引文索引》(A&HCI,1978 年创刊)。SCI 独特的功能在全世界产生了重要影响,经过 40 多年的发展,目前已成为世界上影响最大、最权威的引文索引数据库。在 SCI 的影响下,我国也建立了一些有自己特色的引文索引数据库:中国科学引文索引(CSCD)、中国科技论文与引文数据库(CSTPCD)、中国生物医学文献数据库(CBM)、中国生物医学引文数据库(CMCI)、中国引文数据库(CCD)等。

引文索引精选各学科最重要、最有影响力的学术期刊作为来源期刊,将来源期刊的论文及其参考文献分别有序地组织起来,建立来源文献索引和引文索引。利用文献之间的相互引证关系来构造索引系统,从引文索引中查出一批所需的文献后,再利用这些文献的引文查找一批新的文献,这样不仅能获得一定数量的相关文献,还能揭示旧文献对新文献的影响(越查越旧)、新文献对旧文献的评价(越查越新),展现新旧文献在学术研究中的关系,同时引文索引又打破了传统的学科分类界限,既能揭示某一学科的继承与发展关系,又能反映学科之间的交叉渗透的关系(越查越深入)。

小贴士

引文相关概念的解释有以下几点。

引文(citation):是引用文献(citing paper)和被引用文献(cited paper or cited references)的通称,但"引文"更多的是指被引用文献,即原始论文最后所附的参考文献(reference)或脚注。原始论文也称为"引用文献"、"施引文献"、"来源文献"或"引证文献"。

参考文献:反映原始论文研究工作的背景和依据。"二级参考文献"是指参考文献的参考文献,进一步反映原始论文研究工作的背景和依据。沿着参考文献查文献,则越查越旧,可以回溯某一研究文献的起源与历史。

引证文献:是引用原始文献的文献,反映原文研究工作的继续、应用、发展或评价。"二级引证文献"是指引证文献的引证文献,更进一步地反映了原研究工作的继续、发展或评价。沿着引证文献查文献,则越查越新,可以追踪其最新的进展。

同被引文献:是与本文同时被作为参考文献引用的文献,与本文共同作为进一步研究的基础。

共引文献:也称"同引文献",是与本文有相同参考文献的文献,与本文有共同研究背景或依据。"同被引文献"和"共引文献"在引文数据库作为"相关文献"链接。沿着共引文献查文献,则越查越深入。

5.7.2 引文数据库的检索

1. 中国科学引文数据库

中国科学引文数据库(Chinese Science Citation Database,简称 CSCD)创建于 1989 年,收录我国数学、物理、化学、天文学、地理学、生物学、农林科学、医药卫生、工程技术、环境科学和管理科学等领域出版的中英文科技核心期刊和优秀期刊。数据库分为核心库和扩展库。核心库的来源期刊经过严格的评选,是各学科领域中具有权威性和代表性的核心期刊;扩展库的来源期刊经过大范围的遴选,是我国各学科领域优秀的期刊。数据库的来源期刊每两年评选一次,年增长论文记录 20 余万条,引文记录 250 余万条。中国科学引文数据库还提供了数据链接机制,支持用户获取全文。

CSCD是我国第一个引文索引数据库。数据库系统全面参照美国SCI的编制体系，功能渐趋完善，被誉为“中国的SCI”。1995年，CSCD出版了我国第一本印刷本《中国科学引文索引》；1998年出版了我国第一张中国科学引文数据库检索光盘；1999年出版了基于CSCD和SCI数据，利用文献计量学原理制作的《中国科学计量指标：论文与引文统计》（纸质版）；2003年CSCD上网服务推出了中国科学文献服务系统（Science China）网络版；2005年CSCD出版了《中国科学计量指标：期刊引证报告》；2007年CSCD与美国Thomson-Reuters Scientific合作，成为ISI Web of Knowledge平台上第一个非英文语种的数据库，实现了CSCD在Science China和ISI Web of Knowledge的双平台服务；2008年，以CSCD为核心的Science China服务平台全面升级改版，同时推出网络版中国科学文献计量指标数据库（CSCD ESI Annual Report）和中国科技期刊引证指标（CSCD JCR Annual Report）。

CSCD已被我国科研院所、高等学校的课题查新、基金资助、项目评估、成果申报、人才选拔及文献计量与评价研究等多方面作为指定的查询库。其主要包括中国科学院院士推选人指定查询库；自然基金委国家杰出青年基金指定查询库；第四届中国青年科学家奖申报人指定查询库；自然基金委资助项目后期绩效评估指定查询库；自然基金委国家重点实验室评估查询库；教育部学科评估查询库；教育部长江学者查询库；中科院百人计划查询库；众多高校及科研机构职称评审、成果申报、晋级考评指定查询库；北京大学《中文核心期刊要目总览》引文统计来源数据库等。

2. 中国生物医学期刊引文数据库

中国生物医学期刊引文数据库（Chinese Medical Citation Index，简称CMCI）由解放军医学图书馆研制，收录1995年以来的中国生物医学来源期刊，CMCI具有医学专业期刊收集全面、查全查准率高的优势，较全面地反映了我国20年来的中文医学期刊文献的引用和被引用情况。该库主要用于文献检索、查新报奖、学术绩效评价、职称评定、优秀人才评价、期刊评优、科研决策等。其数据每月更新，一年出版12期光盘。

3. NSTL《国际科学引文数据库》

《国际科学引文数据库》（Database of International Science Citation，简称DISC）是国家科技图书文献中心（NSTL）投入建设的集文献发现、引文链接、原文传递为一体的服务系统。数据库收录的来源期刊包括多个学科领域的优秀西文期刊，该数据库的建设为我国科研人员提供了一条新的获取外文文献引文信息的途径。

NSTL国际科学引文检索系统的网址为http：//citation. nstl. gov. cn。

4. 万方《中国科技论文引文分析数据库》

《中国科技论文引文分析数据库》是万方数据于1989年创建的。它提供的检索字段包括引文标题、引文作者、引文刊名、引文出版年份、引文作者单位、引文学科分类、引文机构类型、引文作者地区、引文基金类型等。

该数据库集文献检索与论文统计分析于一体，既是科技人员查找有关参考文献的重要依据，又是各级科技管理部门和各科研机构、高等院校了解全国和各单位、各部门科技论文发表情报的重要工具。

《中国科技论文引文分析数据库》集成在万方数据平台中。

扩展阅读

电子书、电子教材、电子书包

早在1971年美国“古登堡计划”发起人Michael S. Hart就制作出了世界上第一本电子书《独立宣言》，电子书开始走进人们的阅读视野。直到2000年美国作家史蒂芬·金的电子小说《骑弹飞行》发行，人们才对电子书这种新生事物有了深入的了解，电子书出版成了数字出版的重要组成部分。

电子书又称为E-book。简单地说，电子书是指必须透过特殊的阅读软件(Reader)，以电子文件的形式，透过网络连接下载至一般常见的平台，或是任何可大量储存数字阅读数据(Digital Reading Material)的阅读器上阅读的书籍，是一种传统纸质图书的替代品。从狭义上讲，电子书是一种数字化的信息内容，是一种软性的媒介。从广义上讲，电子书是利用网络、信息技术等发展起来的一种阅读媒体，以数字化的信息内容为核心，以电子阅读器、PAD、手机、计算机等硬件设备为载体的新型图书，是数字化信息内容和电子阅读设备的有机结合体。

电子书主要由三部分组成：E-book的内容、电子书的阅读器、电子书的阅读软件。常用的电子书的阅读软件有ADOBE公司的Acrobat Reader，微软的Microsoft Reader和超星公司的SS Reader等。

电子书具有可以订阅众多电子期刊、书和文档，从网上自动下载所订阅的最新新闻和期刊，显示整页文本和图形，通过搜索、注释和超链接等增强阅读体验等功能。电子教材(E-Textbook)是以教材为出版内容的电子书，电子教材的本质就是电子书，只是将其出版的内容限定在教材方面。电子教材①是一类遵循学生阅读规律、利于组织学习活动、符合课程目标要求、按图书风格编排的电子书或电子读物。电子教材必须同时考虑“教材内容＋阅读软件＋电子阅读终端”3个核心要素；从实践角度来说，电子教材可理解为一种符合教育、教学规律的教学资源包，其内容主体应包含课文、注释、插图(静态和动态)、实验、习题等，并在此基础上整合多种辅助学习工具(如字典、计算器、笔记本、参考书)和一些多媒体学习材料，从教育教学应用情境来看，电子教材主要有五方面的功能：结构化呈现、媒体可操控性、笔记功能、作业功能和管理功能。

电子教材的出现对课程改革带来了前所未有的机遇和挑战。当然，电子教材要

① 陈桄，龚朝花，黄荣怀. 电子教材：概念、功能与关键技术问题[J]. 开放教育研究，2012，18(2)：28－32.

想真正应用于课堂教学，还需要从电子教材标准、研发（内容设计）、出版（出版发行、使用成本）、评价（内容和软件测试、阅读终端评测）、管理（安全）和有效使用（教学支持系统、学与教的方式）6个维度解决10个问题①。

为响应教育部减轻学生书包重量的号召，紧跟数字化教学、网络化学习和移动学习的教育信息化发展趋势，我国将在大、中、小学大力普及电子书包。电子书包在我国发展的第一阶段始于1999年，当时电子书包在北京、上海等地方开始试点使用。这一阶段的电子书包是以笔记本电脑为终端，但由于当时我国信息化水平的限制，并没有得到广泛的推广和认可。2009年以后电子书包在国内发展进入第二阶段。随着教育信息化水平的发展，电子书包重新成为教育工作者研究的热点，主要以笔记本电脑、平板电脑为学习终端，结合实际的市场需求调查提出了更为系统的理论及架构。电子书包是一个系统的概念，包括学习内容、学习终端、学习服务和虚拟学具4个部分。其中学习内容是电子书包的内容提供；虚拟学具是电子书包的工具支撑；学习服务是电子书包的服务支撑；而学习终端是电子书包的硬件的承载②。

练习与思考

1. 通过电子书网站查找ISBN为“978-7-115-32251-7”图书的基本信息。
2. 根据专利保护对象的不同专利可分为哪几类？如何查询国内外专利？
3. 如何查询国内外会议信息？
4. 学位论文的特点是什么？
5. 可通过哪些途径查找国内外学位论文？
6. 美国政府四大报告是什么？
7. 如何查找《中华护理杂志》2012年的被引频次？

参考文献

[1] 专利药为何如此昂贵？制药商垄断市场自定药价[EB/OL]. [2014-09-30]. 中国新闻网. http://www.chinanews.com/news/2006/2006-05-15/8/729542.shtml.

[2] 余鸣. 医学信息检索与利用（第3版）[M]. 合肥：安徽大学出版社，2011.

[3] 周金元. 医药信息检索与利用教程[M]. 镇江：江苏大学出版社，2008.

[4] 李桂芳. 医学文献检索（第3版）[M]. 合肥：安徽大学出版社，2009.

[5] 陈新红. 生物医学信息检索与利用（第2版）[M]. 哈尔滨：黑龙江教育出版

① 龚朝花，陈桄. 电子教材：产生、发展及其研究的关键问题[J]. 中国电化教育，2012(9)：89-94.

② 马晓玲，杨飞，吴永和. 电子书包概念、应用实例及功能分析[J]. 现代教育技术，2014(5)：103-110.

社,2010.

[6] 董建成.医学信息检索教程(第2版)[M].南京:东南大学出版社,2009.

[7] 王小惠,徐云.医学信息检索[M].武汉:华中科技大学出版社,2011.

[8] 陈燕.医学信息检索与利用[M].北京:科学出版社,2012.

[9] 李晓玲,夏知平.医学信息检索与利用(第4版)[M].上海:复旦大学出版社,2008.

[10] 陈桄,龚朝花,黄荣怀.电子教材:概念、功能与关键技术问题[J].开放教育研究,2012,18(2):28-32.

[11] 姚果原,陈先平.医学文献检索与论文撰写[M].南昌:江西高校出版社,2003.

[12] 龚朝花,陈桄.电子教材:产生、发展及其研究的关键问题[J].中国电化教育,2012(9):89-94.

[13] 马晓玲,杨飞,吴永和.电子书包概念、应用实例及功能分析[J].现代教育技术,2014(5):103-110.

第6章 网络信息资源检索

学习目标

⊙ 了解网络信息资源的特点和类型；

⊙ 了解常见学术搜索引擎的种类及其特点，重点掌握医学专业搜索引擎的使用方法；

⊙ 理解开放获取的概念、特征及实现途径；

⊙ 了解机构知识库建库软件的类型，重点掌握 DOAJ、OpenDOAR、中国科技论文在线的检索方法。

开篇案例

新型搜索引擎 WolframAlpha 挑战谷歌

西班牙和加拿大，哪国的 GDP 大？1900 年纽约市有多少人？橙子和苹果，谁含有的蛋白质更丰富？以目前的情况来看，似乎没有一个搜索引擎能够精确地解答这些问题，但 2009 年 5 月 16 日推出的 WolframAlpha 新型搜索引擎就可以精确地告诉我们答案，而不是仅仅给出一些相关链接来“忽悠”我们。

业内有人为 WolframAlpha 的到来而欢呼，认为其可能挑战谷歌搜索引擎市场“龙头老大”的地位，改变目前的搜索方式；但也有人对此持谨慎态度，认为其可能仅仅只是谷歌的补充。

(1) 主打精准牌

WolframAlpha 是首个“计算知识搜索”引擎，其“父亲”为美国计算机科学家史蒂芬·沃尔弗拉姆，他创建的 Wolfram 研究公司于 1988 年推出了软件 Mathematica——现已成为计算机科学领域的黄金标准。WolframAlpha 利用 Mathematica 建立起的信息数据库拥有超过10万亿条信息，这些信息来自于政府网站、图书馆、学术杂志等，并且被该公司100多名工作人员严格审查。用户在WolframAlpha中键入查询关键字时，该搜索引擎直接返回准确的答案。

WolframAlpha搜索得到的信息精确而又丰富，不仅因为它的信息来源更加权威可靠，而且也因为它更“聪明”，知道其数据库中的每条信息与其他信息的关联。因此，用户可以用直白的英语提出问题，并且可得到图表、表格甚至三维图表的答案。比如，如果用户键入关键字“GDP西班牙加拿大”，就会得到一个图表，告知用户，从20世纪70年代开始，西班牙的GDP大多小于加拿大的，但最近开始持平。另外，因为拥有海量数据，WolframAlpha可以通过比较出生率和死亡率，推断出美国大约生活着280万名“威廉姆”；40岁男人的平均身体质量指数(BMI)是多少；法国的埃菲尔铁塔是否比美国的西雅图太空针塔要高；等等。因此，该引擎对科学家尤其有用：可以解答数学方程式；显示出DNA序列等。

(2) 并非万事通

当然，WolframAlpha并非“万事通”，也有一些问题不能回答，要么因为它不理解该问题，要么因为其数据库中没有所需要的数据。比如，如果用户输入“肥胖率”“旧金山的失业率”等，它可能就傻眼了，它还需要未来进一步的完善。

也有人认为，偏听则暗，兼听则明。人们通过WolframAlpha得到的答案来自于一个他们所不知道的“黑盒子”里，如何确保答案的真实性？虽然谷歌提供的网页太多，让人们无所适从，但是至少人们可以根据这些丰富的信息，进行甄选鉴别。

很多人认为WolframAlpha会对谷歌的江湖地位造成威胁。但是，据美国《纽约时报》10日报道，沃尔弗拉姆表示，他并不期望WolframAlpha会像谷歌一样成为用户日常生活的“伴侣”，取代谷歌的霸主地位。

英国《卫报》也表示，至少刚开始，WolframAlpha可能更加适合技术专家——这些人想要计算出大的菱形三十面体有多少个顶点，或者什么基因拥有456个碱基对等。而对于普通用户来说，还是谷歌更有亲和力，使用起来更加得心应手。

(3) 谷歌不会坐以待毙

这也并非谷歌首次遭遇挑战。据英国《卫报》13日报道，谷歌也面对着微博客服务器Twitter(嘀咕)的挑战，Twitter最强大的服务功能之一是实时搜索，许多用户使用这一服务。Twitter可能利用搜索数据开发“更实时和对时间敏感”的广告服务。与Twitter相比，谷歌的搜索结果可能是数小时甚至数天前的数据。

老大哥谷歌当然也没有坐以待毙，近期相继推出了一系列搜索引擎服务，包括12日推出的Google Search Options(谷歌搜索选项)等，它将帮助用户分切搜索结果，满足用户仅需要近期信息或者论坛、产品评论等特定类型搜索结果的特别要求。此外，新功能中的“神奇转盘”还可以列出关联的结果，比如，用户在搜索“奥巴马总统”时，同时还会显示“米歇尔·奥巴马”等分支。“Google Squared”(谷歌平方)还能深入到谷歌的大型数据库以便按照行和栏目的方式编辑相关的事实和内容。

以上种种迹象表明了谷歌将“搜索进行到底”的决心，更多地专注于为用户贴心服务，而这也是搜索引擎发展的趋势。

无论怎样，江山代有才人出，搜索引擎市场也如此。一代又一代技术出现的最终受益者是用户。

6.1 网络信息资源的特点与类型

6.1.1 网络信息资源的特点

同传统的印刷型信息源相比，网络信息资源有很多新的特点，既有优点，也有缺点。网络信息资源的优点主要表现在：

① 数量巨大，内容丰富。网络信息涵盖各行各业，包括不同学科、不同领域、不同地区、不同语言的各种信息。对于科研人员来说，网络信息内容广泛性的意义显得格外重要。科研人员可以通过网络获得相关学科领域的最新科研成果、项目进展报告、产品目录等。此外，在网络上人们可以查看股票行情、阅读新闻、倾听音乐、观看电影，甚至是拨打网络电话或者与朋友聊天。

② 传递快捷。网络信息以电子、光学信号进行传播，传播信息的时间几乎可以忽略不计，信息流通速度大为加快。

③ 更新及时，时效性强。网络信息可随时发布，可根据需要不断扩充，因此网络信息大多是动态的、变化的，具有很强的时效性，如股市行情、科研的最新资料和最新动态、网络新闻等。

④ 形式多样。网络信息兼备了文本、声音、图像、影视、动画等多种媒体的特点，给用户带来了生动、直观的感受，而且它是以超媒体和超文本的形式组织起来的。

⑤ 交互性强。网络信息源的一大特点就是网络所带来的交互性，因为网络是一种双向媒介，它的传播模式不是一点对多点，而是多点对多点。人们随时可以在网络上交互信息。

⑥ 关联度强，检索快捷。网络信息资源利用超文本链接，构成了立体网状文献链，把不同国家、不同地区，各种服务器、网页、不同文献通过结点链接起来，增强了信息间的关联程度。通过各种专用搜索引擎及检索系统使信息检索也变得方便快捷。

网络信息资源的缺点主要表现在：

① 分散、无序、不稳定。互联网是开放性的，通过 TCP/IP 协议将不同的网络链接起来。目前，网络信息资源的组织管理没有统一标准和规范。任何个人或组织都可以在网络上发布信息，从而使网络成为一个信息量巨大，却又分散、无序、不稳定的信息源。

② 信息质量良莠不齐。这是由于网络的开放性导致的。任何个人或组织都可以在网络上发布信息，而对于发布的信息缺少质量控制措施，使得网络信息繁杂、混

乱，质量良莠不齐，存在大量虚假、不良信息，这给用户利用网络带来了很大的障碍，需要用户提高对网络信息的鉴别力，以防上当受骗或被不良信息误导。

③ 缺乏深度。虽然网络信息分布广、传播快、数量大，但信息内容缺乏深度，人们比较需要的有价值的背景性报道、分析性报道、预测性报道的数量很有限。

④ 缺乏组织。网络信息不像印刷型信息源那样，可以将其很好地组织起来，方便人们查询利用。目前对网络信息的加工手段还非常有限，大部分是没有经过任何加工的原始信息。

6.1.2 网络信息资源的类型

按照不同的划分标准，网络信息资源可分为不同类型。

① 按信息的组织方式，网络信息资源可分为 WWW 信息源、FTP 信息源、BBS 信息源、TELNET 信息源、USENET 信息源、BT 信息源、社会网络服务信息源（如微博、微信）等。

② 按信息的来源（或主办方），网络信息资源可分为政府机关信息源（如国务院的官方网站、国家统计局的官方网站、我国各级政府的网站）、事业单位信息源（如中央文献研究室、海关总署、教育部的网站）、企业信息源（如 IBM 公司的网站）、个人信息源（如个人网站、个人博客等）。

③ 按是否收费，网络信息资源可分为免费资源、部分免费资源和付费资源。

④ 按信息的表现形式，网络信息资源可分为文本、图形、图像、音频、视频、地图等。例如，百度文库（wenku. baidu. com）提供 DOC、PPT、TXT、PDF 和 XLS 共 5 种格式的文本文件，可供浏览和下载。国内著名的在线文档分享平台道客巴巴（www. doc88. com）目前文档数已超过 2 亿，文档内容涵盖行业研究资料、教学课件、学术论文、应用文书、考试资料、企业文案等几十个领域。① 优酷网（www. youku. com）是国内知名的一个视频分享网站。

⑤ 按信息的内容（或所涉及的领域），网络信息资源可分为网络学术信息、体育信息、新闻信息、休闲娱乐信息、医药信息等。

6.2 搜索引擎

6.2.1 搜索引擎概述

1. 搜索引擎的概念与工作原理

搜索引擎（Search Engine）是指根据一定的策略，运用特定的计算机程序从互联

---

① 关于“道客巴巴”[EB/OL]. [2014 - 07 - 11]. http://www. doc88. com/help/about. html.

网上搜集信息,在对信息进行组织和处理后,为用户提供检索服务,将用户检索相关的信息展示给用户的系统。① 其工作原理如图 6-1 所示。

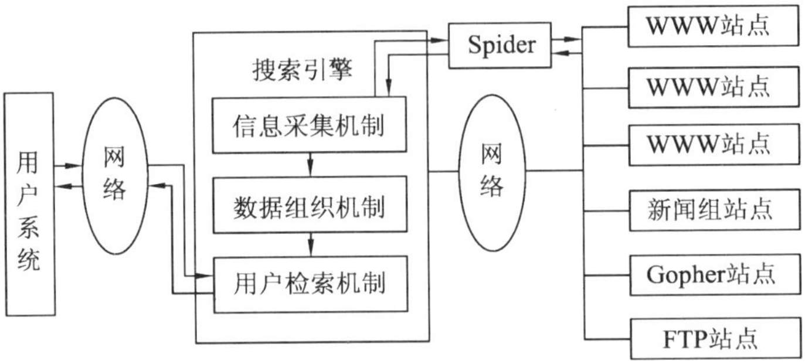

图 6-1 搜索引擎的工作原理②

由图 6-1 可以看出,搜索引擎的三大任务是信息采集、信息处理和信息查询。

2. 搜索引擎的类型

一般认为,搜索引擎按其工作方式分为 3 种,即全文搜索引擎、目录搜索引擎和元搜索引擎。

① 全文搜索引擎,又称机器人搜索引擎,是由大规模机器运行的程序(Spider 或 Robot)按照某种策略自动地在互联网中搜集和发现信息,由索引器为搜集到的信息建立索引,再由检索器根据用户的查询输入检索索引库,并将查询结果返回给用户。其服务方式是面向网页的全文检索服务。此类搜索引擎的优点是信息量大、更新及时、无须人工干预;缺点是返回信息过多,可能有很多无关信息,用户必须从结果中进行筛选。这类搜索引擎的代表有谷歌(Google)、百度、AltaVista、Excite、Ask Jeeves 等。

② 目录搜索引擎,又称网页目录,产生在早期,是把因特网中的资源服务器的网址收集起来,由其提供的资源的类型不同而分成不同的目录,再一层层地进行分类。因此,目录搜索引擎虽然具有搜索功能,但其并不是严格意义上的搜索引擎。人们要找自己想要的信息可按该分类一层层进入,最后就能到达目标网站,找到自己想要的信息。此类搜索引擎因为进行了人工干预,所以信息准确、导航质量高;缺点是需要人工介入、维护量大、信息量少、信息更新不及时。这类搜索引擎的代表有 Yahoo,Open Directory 等。

③ 元搜索引擎,又称搜索引擎之母,没有自己的数据库,是对多个独立搜索引擎的整合、调用、控制和优化利用。它将用户的查询请求同时向多个搜索引擎递交,将返回的结果进行查重、重新排序等处理后,作为自己的结果返回给用户。这类搜索

① 笪佐领,陈馥瑛. 网络信息检索及应用教程[M]. 南京:南京大学出版社,2011.
② 刘汉义. 网络医学信息应用[M]. 北京:清华大学出版社,2007.

引擎的代表有 MetaCrawler、Mamma、InfoSpace、Dogpile、Vivisimo、国内的搜星搜索、搜魅网等。

3. 搜索引擎的发展历程

从其发展历程来看,迄今为止,搜索引擎已经历了四代。

第一代搜索引擎出现于 1994 年,特点是人工整理信息,按预计的用户需要制作目录,这类搜索引擎一般都索引少于 100 万个网页,极少重新搜集网页并刷新索引。其检索速度非常慢,一般都要等待 10 s 甚至更长的时间。其以 Yahoo, Excite, HotBot 等为代表。

第二代搜索引擎大约出现于 1996 年,特点是依靠机器抓取,是建立在超链分析基础上的网页搜索,使用关键词查询网页。其大多采用分布式方案(多个微型计算机协同工作)来扩大数据规模、增大响应速度和增加用户数量,索引数据库一般保持约 5 000 万个网页,每天能够响应 100 万次用户检索请求。其以谷歌(Google)、AltaVista、Ask Jeeves 等为代表。

第三代搜索引擎大约出现于 1998 年,特点是大量采用了人工智能技术、索引数据库规模进一步扩大,以及开始使用自动分类技术,增加了互动性和个性化等高级的技术,为用户提供了更好的搜索体验。

第四代搜索引擎出现的时间学术界无定论,但是有一点可以肯定的是,目前我们使用的正是第四代搜索引擎。其特点包括:① 个性化的搜索。基于个人的网页浏览历史、搜索关键词历史、个人档案信息等,使得即使是同一个搜索关键词,也能为不同用户呈现不同的搜索结果。② 社交搜索大大提高网页排序质量。通过用户对网页评价、根据用户社交圈推测用户兴趣、高效的问答系统 3 个方面大大改善搜索质量。③ 多媒体搜索。

从第一代到第二代搜索引擎是一个质变,由人工转向计算机,使得数据搜集和处理方式有了一个质的飞跃;第二代到第三代搜索引擎是一个量变,是检索技术的进步和索引数据库规模的扩大;从第三代到第四代搜索引擎是一个全面的提升,此时的搜索引擎比以往任何时候都更加注重个性化、人性化和用户体验,功能极其丰富。

当今时代新技术、新事物层出不穷,例如,云计算、大数据、无须屏幕可隔空辨物的 BaiduEye 等。那么,搜索引擎未来究竟该如何发展?对此,可以从“百度世界”窥见一斑。

“百度世界”是由百度公司举办的一年一度针对用户、客户、合作伙伴的行业盛会,在百度世界上曾先后发布框计算、开放平台、百度云及百度轻应用。在最近的 2014 年 9 月 3 日举办的第 9 个百度世界大会上,百度 CEO 李彦宏表示,移动互联网的到来给了用户新的可能性,现在人们的搜索需求分为语音、文字、图片。他认为,语音相比文字是一个更加自然、更加低门槛的表达方式。目前,有的人每天有 500 多次语音搜索，而400次以上的绝大多数是儿童。另外，拍照搜索也是一种自然的搜索方式。百度数据显示，图片搜索中的35.5%是商品搜索，15.8%是人脸搜索。未来五年使用语音和图像使用需求的比例会超过50%，超过文字搜索。①

6.2.2 常用搜索引擎

1. 谷歌(Google)

目前，谷歌(www.google.com.hk)是因特网上最大的搜索引擎。它最初是由斯坦福大学的Sergey Brin和Lawrence Page小组于1998年9月发明的搜索引擎模型。Google Inc.于1999年创立。

谷歌在网页级别技术、动态摘要、网页快照、DailyRefresh、多文档格式支持、图像搜索、多语言支持、用户界面等方面进行革新，它以检索功能强大、搜索信息准确而倍受赞誉。Google允许以多种语言进行搜索，在操作界面中提供多达30余种语言选择，包括英语、主要欧洲国家语言、日语、汉语等。同时还可以在多达10多个国别的专属引擎中进行选择。

根据谷歌创始人Sergey Brin和Lawrence Page的介绍，Google的主要目标是提高搜索引擎的搜索质量和易用性。Google之所以能获取高效率的查询结果，是因为其具有两项重要的技术特性：第一，Google分析整个Web的链接结构，然后计算出每一个网页的级别，并进行综合评分，这就是Google所采用的PageRank技术(网页排序技术)；第二，Google充分利用链接提供的信息以进一步改善查询质量②。

谷歌平均每月更新一遍，对部分网页每日更新。目前谷歌提供Google工具条、网页快照、图像搜索、新闻组及网页目录搜索等功能。

案例6-1

Google高级检索的语法有以下几种。

① site语法：表示在特定域名内或某一类域名内搜索。例如，在中国的政府类网站搜索含有“基因组”的内容，表达式为“基因组 site:gov.cn”；在南京大学网站内搜索含有“基因组”的内容，表达式为“基因组 site:nju.edu.cn”。

② link语法：表示返回所有链接到某个URL地址的网页。例如，“link:www.loc.gov”返回的是链接到美国国会图书馆(Library of Congress)的网页。需要注意的是，link语法不能与其他语法相混合操作，所以“link:”后面即使有空格，也将被Google忽略。

---

① 李彦宏：未来五年语音图像搜索将超过文字搜索[EB/OL].[2014-09-04].http://tech.ifeng.com/a/20140903/40784793_0.shtml.

② Sergey Brin，Lawrence Page，万思.Google搜索引擎剖析[J].程序员，2003(4)：68-73.

③ filetype 语法：表示搜索某一特定格式的文件，如“基因组 filetype：ppt”“混合算法 filetype：pdf”。

④ related 语法：表示搜索与指定的网页内容或性质相似的网页。例如，“related：www. sina. com. cn/index. shtml”能搜索所有与中文新浪网主页相似的页面（如网易首页、搜狐首页、中华网首页等）。

⑤ inurl 和 allinurl 语法：表示搜索包含特定的关键词或字符串的网址。不同的是，inurl 后面只能紧跟一个关键词或字符串，而 allinurl 则紧跟所有关键词或字符串，如“inurl：windows”“allinurl： windows security”。

⑥ intitle 和 allintitle 语法：表示搜索标题中包含特定的关键词或字符串的网页。不同的是，intitle 后面只能紧跟一个关键词或字符串，而 allintitle 则紧跟所有关键词或字符串，如“intitle：微生物”“allintitle：微生物生存”。

⑦ inanchor 和 allinanchor 语法：表示搜索含有特定链接（又称“锚点标记”）的网页。不同的是，inanchor 后面只能紧跟一个关键词或字符串，而 allinanchor 则紧跟所有关键词或字符串，如“inanchor O'Reilly”“allinanchor O'Reilly Associates”。

⑧ intext 和 allintext 语法：表示搜索网页主体部分非链接文字中含有特定的关键词或字符串的网页。不同的是，intext 后面只能紧跟一个关键词或字符串，而 allintext 则紧跟所有关键词或字符串，如“intext：信息检索”“allintext：信息检索 医学 药学”。

小贴士

① Google 用“空格”“＊”“－”表示逻辑运算“AND”“OR”“NOT”，需要注意的是，在输入“＊”“－”之前应加空格。

② 星号“＊”在 Google 中表示的不是通配符，而是补全字符，代表的是任意未知字词。例如，“Obama vote ＊ on the ＊ bill”会检索出奥巴马针对不同提案投不同票的报道。与其他数据库不一样的是，星号“＊”在 Google 中代表的是整个单词，而不是单词的一部分。

③ 特别提醒：Google 高级语法后的冒号必须是英文输入法状态下的冒号，而且冒号后都不能有空格。

④ site 语法中的网站域名不能有“http”及“www”前缀，也不能有任何“/”的目录后缀，例如，“site：edu. sina. com. cn/1/”是错误的。

2. 百度

百度（www. baidu. com）是全球最大的中文搜索引擎、最大的中文网站。1999 年底，身在美国硅谷的李彦宏看到了中国互联网及中文搜索引擎服务的巨大发展潜力，抱着技术改变世界的梦想，他毅然辞掉硅谷的高薪工作，携搜索引擎专利技术于

2000 年 1 月 1 日在中关村创建了百度公司。从最初的不足 10 人发展至今，员工人数超过 17 000 人。如今的百度，已成为中国最受欢迎、影响力最大的中文网站。百度拥有数千名研发工程师，这是中国乃至全球最为优秀的技术团队，这支队伍掌握着世界上最为先进的搜索引擎技术，使百度成为中国掌握世界尖端科学核心技术的中国高科技企业，也使中国成为美国、俄罗斯和韩国之外，全球仅有的 4 个拥有搜索引擎核心技术的国家之一。①

从百度的产品上看，由最初的网页搜索，发展到至今的除网页搜索以外的垂直搜索、社区产品（如百度贴吧、百度知道、百度百科、百度空间、百度 Hi 等）、电子商务等，产品日益多样化，功能日益丰富，也更加注重用户体验和人文关怀，如面向老年人的“老年搜索”、面向视障人士的“盲道”等服务。百度的所有产品和服务可以通过百度的“产品大全（www. baidu. com/more）”来查看。百度的核心技术是超链分析。

小贴士

① 关键词的提炼。选择正确的关键词是一切搜索的开始，好的关键词能起到事半功倍的作用。因此，如何从复杂的查询意图中分析、提炼出合适的、最有代表性和指示性的关键词至关重要。

② 合理使用搜索引擎的逻辑命令和语法规则。灵活、合理地使用一些逻辑命令（AND，OR，NOT）及语法规则（如 site，link，inurl，filetype 等）可以使检索结果范围更小，更符合检索要求。

除了常用的全文搜索引擎百度和谷歌以外，到目前为止，还有一些其他的搜索引擎，如搜狗（www. sougou. com）、中搜（www. zhongshou. com）、有道搜索（www. youdao. com）、中国搜索（www. chinaso. com）等。

3. 主要的元搜索引擎

（1）MetaCrawler

MetaCrawler 是 1995 年华盛顿大学硕士生 Eric Selberg 和 Oren Etzioni 推出的世界上第一个元搜索引擎，1997 年被 InfoSpace 购买。

它支持调用 12 个独立搜索引擎，提供涵盖近 20 个主题的目录检索服务。其检索特性非常丰富，包括常规检索、高级检索、定制检索、国家或地区的资源检索等检索服务模式。其中，高级检索模式可实现搜索引擎的选择调用，基于域名、地区或国家的检索结果过滤，最长检索时间设置，每页可显示的和允许每个搜索引擎返回的检索结果数量的设定，设定检索结果排序依据（包括相关度、域名、源搜索引擎）等。

MetaCrawler 提供涵盖近 20 个主题的目录检索服务，包括常规检索、高级检索、定制检索、国家或地区的资源检索等。其中，高级检索模式可实现搜索引擎的选择

① 百度公司介绍[EB/OL]．[2014－07－11]．http://home. baidu. com/about/about. html.

调用，基于域名、地区或国家的检索结果过滤，最长检索时间设置，每页可显示的和允许每个搜索引擎返回的检索结果数量的设定，检索结果排序依据（包括相关度、域名、源搜索引擎）设定等 Dogpile：它首先并行地调用 Google，Yahoo，MSN，Ask Jeeves 这 4 个源搜索引擎，如果没有得到 10 个以上的结果，再调用另外的搜索引擎。但 Dogpile 不提供可调用的源搜索引擎列表，不支持对各个源搜索引擎的自行指定和选择。

（2）Mamma

Mamma 是 1996 年面世的并行式元搜索引擎，自称为"搜索引擎之母"，可同时调用 7 个最常用的独立搜索引擎，并且可查询网上商店、新闻、股票指数、图像和声音文件等资源。其特点是检索界面友好，检索选项丰富，主要包括可控制调用的独立搜索引擎，选择使用短语检索功能，设定检索时间、每页可显示记录数等。

另外，Mamma 支持常用检索语法在不同搜索引擎中的转换，还提供了专门检索页面文件标题的特殊检索服务，以及通过 E-mail 传输检索结果的特色功能。检索结果以相关性排序，内容包括网页名称、URL、文摘、源搜索引擎。

（3）搜魅网

搜魅网（someta. cn）集合了百度、google、搜狗、雅虎多家主流搜索引擎的结果，提供网页、资讯、网址导航等聚合查询。另外，搜魅网突破了元搜索引擎没有自己的蜘蛛这一瓶颈，提供了网站查询的功能。

（4）ByteSearch

ByteSearch 搜索速度快，可检索资源丰富，搜索范围包括 Web、城市信息、公司名录、域名、FTP 网站、多媒体、新闻组、包裹跟踪等，并提供新闻浏览、URL 提交、最新的 20 个检索浏览、联机商店等内容方面的服务。其支持完全匹配（All）、部分匹配（Any）、短语检索（Phrase）等特性检索功能，没有搜索引擎列表，不能控制源搜索引擎的选择。

国内外的元搜索引擎除了以上几种以外，还有 Dogpile、Webcrawler、Inforgrid、Yurnet、Clusty、ZapMeta、Kartoo、Ixquick、SurfWax、InfoSpace、Vivisimo、360 综合搜索等。

6.2.3 专业搜索引擎

专业搜索引擎是特定学科的信息检索工具，用来搜集和组织专业性较强的学术信息资源。专业搜索引擎具有很强的学科针对性，能够排除冗杂信息，提高检索的查准度。

下面介绍国内外一些重要的医学专业搜索引擎。

1. HON（www. hon. ch）

健康在线基金会（Health On the Net Foundation，简称 HON）是 1995 年创建于瑞

士日内瓦的一个国际性非营利性组织，是为联合国经济及社会理事会所承认的非政府组织，其宗旨是在全球范围内促进新技术在远程医疗保健领域的有效和可靠使用。HON 在 1996 年建立了 www. hon. ch 网站，成了最早为普通病人、医学专业人员及网站管理员提供可靠的在线健康信息的网站之一。该网站提供法语、英语、汉语、葡萄牙语、德语、西班牙语共 6 个语种的网站版本。

从 HON 英文版主页（如图 6-2 所示）可以看出，HON 网站面向普通病人、医护人员和网站管理员提供 4 种类型的服务：HONcode 认证、HON 检索、HON 工具和 HON 话题。HONcode 认证旨在改善网络上健康信息的质量，提供基于网络的权威性的、可信赖的医学信息而制定的道德行为准则。HON 工具是为了方便用户的互联网体验而为用户提供的一些实用的工具，例如 HONcode 工具栏（HONcode toolbar）。

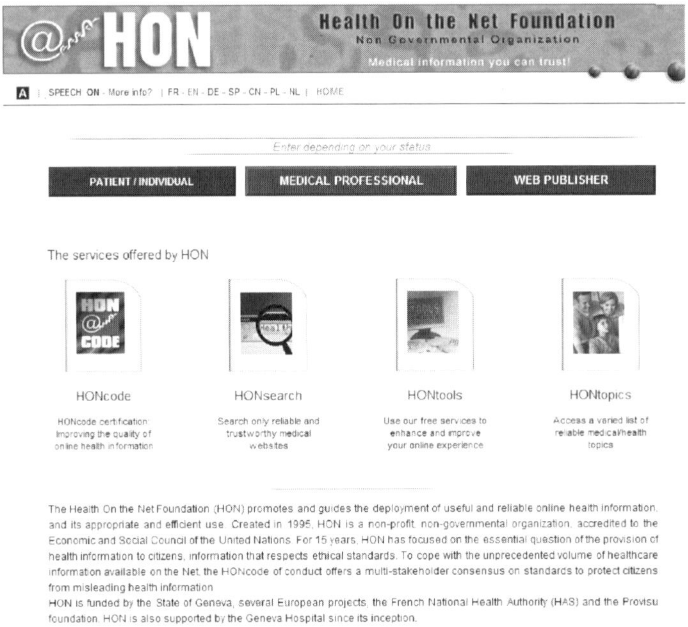

图 6-2　HON 英文版主页

HON 中文版主页（如图 6-3 所示）提供了 HONcode、医学网站搜索（MedHunt）、HONselect、新闻搜索、医学会议搜索和医学图像搜索几项功能。

医学网站搜索（MedHunt）是一个免费的全文医学搜索引擎，目前可搜索 9 万多个医学全文文档。该引擎提供对关键词、主题词或自然语言的查询，检索功能强大，能够识别医学术语，并提供了 Honoured database 和 Auto-Indexed database 两个独立的数据库，检索结果按各自的数据库检索的内容及医学主题的相关性分别显示。

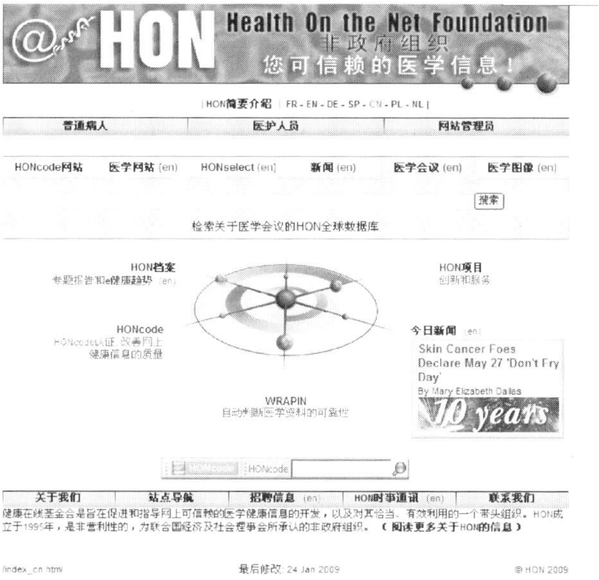

图 6-3　HON 中文版主页

HONselect 可检索 33 000 个医学主题词，是其网站整合后新的医疗与健康搜索引擎。HONselect 能通过一个统一的界面检索 MeSH 词、权威科技论文、卫生领域新闻、网站、多媒体 5 种类型的信息资源，专指性比较强。其分类目录式检索有 4 个入口：Diseases（疾病）、Viruses & Drug（病毒和药物）、Anatomy（解剖）、Psychiatry and Psychology（精神病学和心理学）。关键词检索可以在“按照医学术语检索”下方，输入一个单词或单词的一部分，也可以是词组，其中的虚词一般会被忽略；还可以通过下拉式菜单选择检索“整个单词”“单词的一部分”，或“仅在 MeSH 词表”“在 MeSH 及其描述”“在法语 MeSH 词表”中检索。该网页还提供了 Most frequently used searchterms（常用检索词）和 List of rare diseases（罕见疾病主题词列表）两种检索入口。

2. Medical Matrix（www.medmatrix.org）

1994 年由堪萨斯大学创建，包括 4 600 多个医学网址，现由美国 Medical Matrix L. L. C. 主持，是目前最重要的医学专业搜索引擎之一，它为医务工作者提供内容全面、无限制使用的网络医学信息资源。根据其主页的介绍，Medical Matrix 能搜索到被排序的、同行评议的、被注释的和及时的临床医学资源。其主要有两个特点，一是所收录的站点质量高，只有经过美国医学信息学会的资深专家评估、筛选、审定后被认为有价值的网站信息才被网站收录，评定的标准包括网站内容的质量、深度、同行评议、界面友好程度、维护状态及多媒体功能的优劣等指标。对经过评定的站点，按其价值分别标以 1~5 个“ * ”，“ * ”越多表示其使用价值越大。二是主要搜集临床医学资料,最适合临床医师使用。

其分类目录按各种医学信息分为专业(Specialties)、疾病种类(Diseases)、临床应用(Clinical Practice)、文献(Literature)、教育(Education)、健康和职业(Healthcare and Professionals)、医学计算、因特网和技术(Medical Computing,Internet and Technology)、市场(Marketplace)八大类。每一大类下再根据内容的性质分为新闻(News)、全文和多媒体(Full Text/MultiMedia)、文摘(Abstracts)、参考书(Textbooks)、主要网址(Major Sites/Guidelines/FAQS)、病例(Case)、影像学和病理切片(Images, Path/Clinical)、患者教育(Patient Education)、教育资源(Educational Materials)等亚类。该网站对每一个内容均有简明扼要的评论,并且对链接的网址按1~5个"*"进行分级。

Medical Matrix 收集的内容专业、全面,而且对每一内容有评论和分级,便于使用者事先决定是否进入其网页进一步浏览,以节省时间。其主页如图 6-4 所示。

图 6-4 Medical Matrix 主页

3. Medical World Search (www.mwsearch.com)

Medical World Search(如图 6-5 所示)是美国 The Polytechnic Research Institute 于 1977 年建立的一个医学专业搜索引擎,它采用的是美国国立医学图书馆的"一体化医学语言系统(Unified Medical Langrage System,简称 UMLS)"词表,该词表融合了 30 余种生物医学词表和分类法,约有 54 万个医学主题词,几乎包括了所有的医学术语。该网站收集了数以千计的医学网点的近 10 万个 Web 页面,可以使用 540 000 多个医学术语,包括各种同义词检索,在检索时可根据词表扩大或缩小检索范围,搜索的准确性很高。

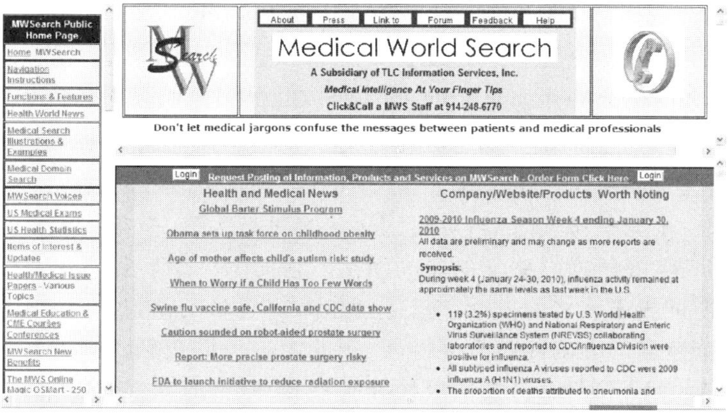

图 6-5　Medical World Search 主页

4. Medscape（www. medscape. com）

Medscape 由美国 Medscape 公司于 1994 年研制，1995 年 6 月投入使用，由功能强大的通用搜索引擎 AltaVista 支持，可检索图像、声频、视频资料，拥有会员 50 多万人、临床医生 12 万人。Medscape 目前属于 WebMD Health Professional Network 的一个部分。

该网站主页（如图 6-6 所示）左边按英文首字母的先后顺序列出一些医学专业，如过敏与免疫学（Allergy & immunology）、麻醉学（Anesthesiology）、心脏病学（Cardiology）、皮肤病学（Dermatology）、肿瘤学（Oncology）等。

图 6-6　Medscape 主页

该网站主页上提供了“Drugs & Diseases”和“CME & Education”两个链接。通过“Drugs & Diseases”可以查找药物、疾病和一些规程（procedures）。单击“CME &

Education"就链接到"Medscape Education(其网址为 http://www.medscape.org/)",其主要目的是为医生、护士和其他医护专业人士提供继续教育,包括 30 多个提供 CME/CE 课程的网站。Medscape Education 可以通过桌面或移动平台登录。

5. Health A to Z(www.healthatoz.com)

该网站由美国 Medical Network 公司于 1994 年开发,是因特网上一个功能强大的免费全文医学信息资源搜寻器,可对医学信息进行准确、有效的搜索,是为医学工作者和健康消费者提供搜索医学信息的网站。它提供了 5 万多个健康和医学相关网址,可根据主题词或疾病名的首个字母进行检索。收录的信息均经医学专业人员手工编排,保证了搜索的准确性及方便性,收集的内容每周更新,可按分类及关键词检索,关键词检索时大小写无区别,结果按相关性排序,并通过"related categories"实现相似性检索。通过该网站,用户可分类浏览疾病与状态(按字母顺序排列)、卫生与福利、卫生学主题(字顺排列)、卫生学快报、卫生新闻等,此外,该网站还提供了免费检索 Medline 功能。用户简单注册后可进一步获得全文、药学数据库的检索服务,此外还可了解其他计划和服务。

6. Achoo(www.achoo.com)

Achoo 由加拿大商业机构 MNI System Corp 分部 Achoo 公司研究开发,收集了 7 500多个 Web 站点,主页内容包括热门 Achoo 链接、参考资源、期刊/出版物、数据库/指南、病人/公共新闻、医学专业新闻、商业之最(健康商店)、健康商业指南(公司、产品、服务、市场、财务和经济)、人类健康与疾病指南(医学伦理学、药物、医学科学、营养学、毒物、运动与健美、疾病与状态、牙科保健、精神卫生)、机构和资源指南(计算机与医学、数据库及指南、教育机构与医院、就业、卫生职业、赞助团体)、Achoo 网络站点(CME)。其提供医学新闻和新闻组信息、商业与产品、临床信息、CME 资源等,可实现分类检索和关键词检索。

7. Oncolink(www.oncolink.com)

Oncolink 是由美国宾夕法尼亚大学癌症中心(UPCC)于 1994 年开发的一个免费全文癌症信息检索系统,这是 Internet 上第一个多媒体肿瘤学信息资源服务器,信息内容涉及肿瘤学研究最新进展、肿瘤诊断和治疗,以及病因、普查和预防等,旨在向肿瘤患者和医护人员提供高质量的原始文献信息资源。Oncolink 的主页内容分为四部分:主题菜单、导航菜单、帮助系统与相关链接、专题分类菜单,其中专题分类菜单是分类检索的主体。

该网站介绍了一些常用的医学专业搜索引擎,此外还介绍了一些医学专科搜索引擎,如矫形外科(www.orthoguide.com)、皮肤科(www.dermguide.com)、眼科(www.ophthoguide.com)、泌尿科(www.uroguide.com)、脑科(www.neuroguide.com)、心脏科

(www. cardioguide. com)、牙科(www. dentalgate. com)等。① 还有一些专业搜索引擎曾经出现在该网站上,但如今已不存在,如 Elsevier Science 和 FAST 合作开发的 Scirus。

6.2.4 学术搜索引擎

1. Google Scholar(scholar. google. com. cn)

Google Scholar 即 Google 学术搜索,是建立在 Google 搜索引擎的基础上,直接面向科研需要的学术资源的网络检索工具。Google Scholar 不仅从 Google 收集的上百亿个网页中筛选出具有学术价值的内容,而且最主要的方式是通过与传统资源出版商的合作来获取足够的、具有学术科研价值的文献资源。② 通过有关人员的测试,Google Scholar 的文献信息来源包括 3 个部分:① 学术性商业数据库,如 Association for Computing Machinery, PubMed, IEEE 等;② 出版社的网站,如 Springer, Wiley 等;③ 域名为“. gov”“. org”“. edu”的网站,即政府机关、教育机构的网站。

Google Scholar 的检索范围涉及多个学科领域,但在实际检索时,系统默认是对整个资源库进行查询,不分学科,且检索范围不局限于英语,除英语外还包括其他 15 种语言。在推出之初,Google Scholar 仅有英文版,并不支持中文。中文版的 Google Scholar(scholar. google. com. cn)是在 2006 年诞生的。

Google Scholar 提供两种检索途径:基本检索和高级检索。基本检索可通过 Google Scholar 主页(如图 6-7 所示)直接输入关键词、人名、期刊名或者人名和期刊名的组配缩小检索范围,获取需要的学术文献信息。而在高级检索(如图 6-8 所示)中,Google Scholar 提供了一些选项来限制检索结果,如关键词在文献中出现的位置(可选“文章中任何位置”和“位于文章标题”)、作者、刊物、文献发表时间等。

图 6-7 Google Scholar 主页

① 刘汉义. 网络医学信息应用[M]. 北京:清华大学出版社,2007.

② 原宏盛. 直接满足中文用户科研文献需求的网络搜索工具——Google Scholar 初探[J]. 中国图书馆学报,2007(1):96-99.

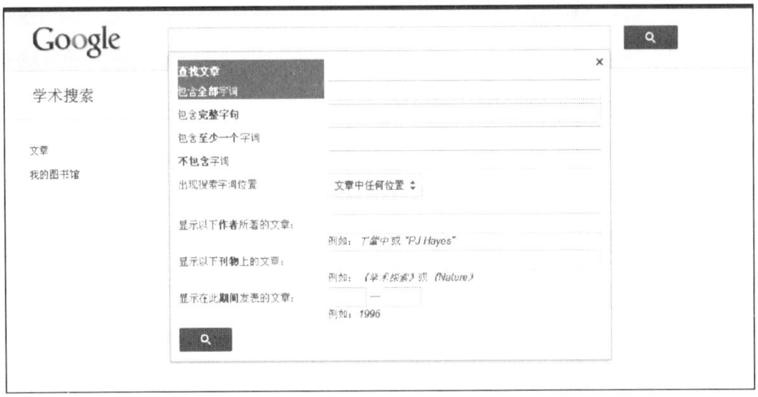

图 6-8 Google Scholar 高级搜索选项

2. 百度学术搜索(xueshu. baidu. com)

百度学术搜索的界面极为简洁,如图 6-9 所示。

图 6-9 百度学术搜索主页

百度学术搜索并没有公布其资料来源,但是根据其检索结果来反推,笔者认为其主要来源于国内的三大数据库:知网、万方和维普。

百度学术搜索可以进行搜索设置,包括是否显示搜索框提示、搜索语言范围、每页显示的搜索结果条数、输入法的设定、是否希望在搜索时显示搜索历史。

小贴士

① 使用百度学术搜索时,请先确认浏览器启用了 cookie,否则无法使用搜索设置。

② 每刷新一次百度学术搜索的主页,就会出现不同名人的图像及其代表性的格言,如“旧书不厌百回读,熟读精思子自知。——苏轼”,“非淡泊无以明志,非宁静无以致远。——诸葛亮”等。

案例 6-2

图 6-10 所示为以“蛋白质”为检索词，在百度学术搜索进行检索的结果。百度学术搜索对检索到的每一条记录都标明了来源，如“来自知网”，还有的论文有几个版本，如图 6-10 中的第三篇论文共有 3 个版本。单击检索结果网页上的“所有 3 个版本”，得到如图 6-11 所示结果。

图 6-10　百度学术搜索检索结果示例

图 6-11　检索论文的 3 个版本

如果某篇论文被不同数据库收录(即有多个版本),那么在检索结果中会出现“所有××个版本”。例如,单击图6-10中的第3篇论文《食品蛋白质的改性技术》的“所有3个版本”的链接,会出现如图6-11所示结果,其结果分别来自知网、万方和维普。

3. Microsoft Academic Search(academic. research. microsoft. com)

在推出谷歌中文版Google Scholar的2006年,微软公司推出了Microsoft Academic Search,即微软学术搜索,其主页如图6-12所示。微软学术搜索按照学科领域对文献信息进行组织和检索,目前共包括15个学科领域(按学科英文单词的首字母先后顺序排序):农业科学、艺术和人文科学、生物学、化学、计算机科学、经济和商业、工程科学、环境科学、地理科学、材料科学、数学、医学、交叉学科、物理学和社会科学。从语种上看,目前微软学术搜索可检索的文献语种仅限于英语。

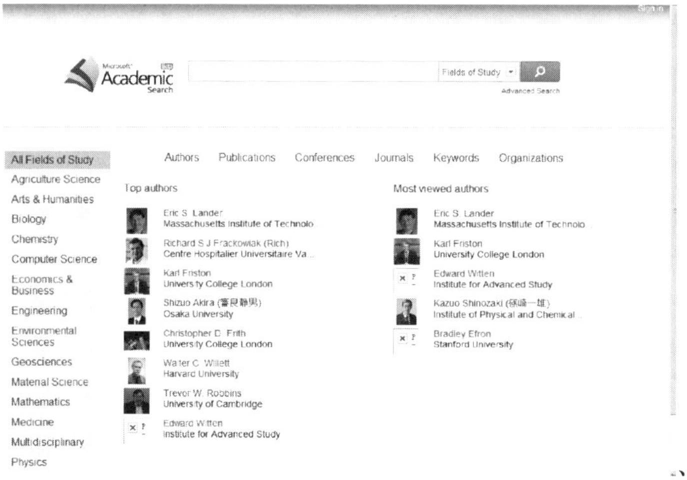

图6-12 Microsoft Academic Search主页

单击主页右上角的“Advanced Search”,可进行高级检索,该检索提供作者(Author)、论文(Publications)、会议(Conference)、期刊(Journal)、机构(Organization)、数字对象唯一标识符(DOI)共6个检索字段对检索结果进行限制,也可进行多个字段组合检索。

在检索结果的呈现方面,根据检索字段的不同,微软学术搜索提供不同呈现方式的检索结果。

① 通过关键词或人名进行检索(如neural network)时,检索结果是自动按学科进行聚类的。

② 通过机构名称进行检索时,返回的结果有机构简介、机构内的作者列表,以及

位于结果页面左侧的与机构相关的关键词云和领域趋势图。其中,机构简介包括机构名、机构中学者的出版物数量、被引用次数、H-Index、机构核心研究领域、下属机构、机构主页链接等。领域趋势图显示了一个时间段中某些特定领域的出版数量变化曲线,用户可以自行选择领域,查看领域趋势图。

案例 6-3

例如,以“Microsoft”为机构名称于 2014 年 8 月 30 日进行检索,关键词云图显示有 28 634 个关键词,包括 Case Study, Data Structure, Indexing, Large Scale 等,检索结果中显示有 5 874 个 Microsoft 的作者。

③ 通过会议名称或期刊名称进行检索时,返回的结果包括迄今为止该会议或该期刊上发表的所有论文、位于结果页面左侧的作者自动聚类、关键词自动聚类,显示了关于该会议的全部作者的数量和关键词的数量。例如,以“SIGGRAPH”为会议名称于 2014 年 8 月 30 日进行检索,得到 3 475 篇论文、5 511 个作者和 2 493 个关键词。

6.3 开放获取

国内对 Open Access(简称 OA)有多种翻译,例如,开放获取、开放存取、开放访问、开放使用、开架阅览、公开获取、公开存取、开放取用、开放取阅、开放共享、开放近用等。为方便理解及保持术语的一致性,本书统一采用“开放获取”作为 OA 的翻译。

6.3.1 开放获取产生的背景

开放获取最早起源于欧美国家,其产生的背景主要有以下几个方面:一是传统出版方式和学术交流模式存在一系列问题,如内容单一、出版周期长、流通渠道不畅等;二是 20 世纪 70 年代欧美发达国家学术出版商的商业化和垄断化而导致学术期刊价格飞涨,被称为“学术期刊危机”;三是随着学术期刊的网络出版,出版商采用版权管理技术等各种手段限制,阻碍了科研人员对学术信息的获取,形成了一种“认证危机”。如此诸多的因素促使人们开始尝试讨论一种新的学术交流方式:Open Access,即开放获取。

所谓开放获取(Open Access),是国际学术界、出版界和信息传播界为推动科研成果利用互联网自由传播而发起的一场运动,即把经过同行评议的科学论文或学术文献放到互联网上,使用户可以免费获取而不需考虑版权和授权的限制,旨在打破学术交流中的人为壁垒。

开放获取作为一种概念被明确提出是在20世纪90年代初期,在国际社会得到认可是在1998年左右。2001年12月,开放协会研究所(Open Society Institute,简称OSI)在布达佩斯召开了一次旨在促进通过因特网免费获取各个学术领域的研究论文的会议,随后提出了《布达佩斯开放获取计划》(*Budapest Open Access Initiative*,简称BOAI)。BOAI是开放获取领域早期的、重要的文件之一。随后,学术界,图书馆界,信息传播机构、非营利性出版机构等其他机构也纷纷发表正式的声明或宣言,表示支持开放获取。

在开放获取出版实践方面,比较有代表性的机构有学术期刊出版与学术资源联盟(Scholarly Publishing & Academic Resources Coalition,简称SPARC)、科学公共图书馆(Public Library of Science,简称PLoS)、生物医学期刊出版中心(BioMed Central)等。

概括地讲,开放获取是一种基于数字化、网络化环境的全新的出版模式(付费出版,免费使用),是一种基于"自由、开放、共建、共享"理念下的学术信息交流与共享模式。

6.3.2 开放获取的特征与实现途径

1. 开放获取的特征

(1) 信息获取的交互性

在交流方式上,开放获取实现了作者、读者、编辑之间的交互模式,在交流效率方面缩短了论文评审和出版时滞,能最快反映研究成果,使得科研人员能及时了解专业动态。

(2) 收费模式的独特性

传统出版模式下,一般是采用资源使用者付费的模式,例如,某个用户去书店买纸质图书需付费;某高校图书馆每年花一定经费采购CNKI数据库供校内读者使用等。开放获取出版模式采用的是作者付费或资助机构付费的模式,也就是生产者(或出版者)付费,使用者不需要付任何费用。

(3) 作者对版权的保护

传统出版模式中,大多数传统学术期刊都要求作者必须签署版权转让协议,将研究成果的版权转让给出版商,论文发表后,版权归出版社所有,作者只拥有使用权而无所有权。但是,在开放获取环境下,版权一般归作者所有。

(4) 学术成果的开放共享性

开放获取的目的是为了消除学术传播中的"期刊危机"与"认证危机"。开放获取信息出版成本低廉、获取学术研究成果极为方便和快捷,有利于加快学术研究的周期以及迅速推广科研成果。为使互联网用户能够查找到开放获取资源的信息,它们均支持、遵循互操作协议(如OAI,PHM,OAJS),以利于被第三方搜索引擎所获取,用户可免费使用这些资源,这样有利于实现科学信息的公开与共享。

2. 开放获取的实现途径

根据《布达佩斯开放获取计划》(BOAI),自建档(Self-archiving)和 OA 期刊(Open-access Journals)是开放获取实现的两种主要形式。这也是目前大多数学者所认同的。自建档(或自存档)是通过开放获取知识库(又称 OA 仓储)实现的。开放获取知识库一般分为机构知识库(Institutional Repositories)和学科/主题知识库(Subject-specific Repositories)。

除此以外,开放获取还有一些其他的实现途径,如个人主页、个人博客、P2P 文件分享网络、维基等。另外,近年来出现的开放课件、开放课程(如 MIT OpenCourseWare)等也属于开放获取的范畴。

关于开放获取的实现途径,不同的研究人员有不同的看法,研究结果不一。例如,John Willinsky 提出了预印本模式、后印本模式(延迟开放获取模式)、双重模式、作者付费模式、半开放获取模式、简易开放获取模式、人均开放获取模式、合作开放获取模式 9 种实现模式。①

所谓预印本(Preprint)是指科研工作者的研究成果还未在正式出版物上发表,而出于和同行交流的目的自愿先在学术会议上或通过互联网发布的科研论文、科技报告等文章。预印本具有交流速度快、利于学术争鸣、可靠性高的特点。目前,国际上有三大生物医学预印本系统:arXiv 数量生物学预印本、PeerJ 预印本和 bioRxiv 预印本。② 1991 年 8 月美国国家科学基金会和能源部资助洛斯阿拉莫斯国家实验室(Los Alamos National Laboratory)建立了 arXiv 预印本系统。目前它已经成为世界上建立最早、规模最大、建设最成功的预印本系统,是其他学科型预印本系统的典范,收集了包括物理、数学、计算科学、定量财务、数量生物学及统计学六大类学科领域预印本,其中收集的物理学学科论文最多。2003 年 9 月,arXiv 系统开始设立数量生物学子系统,是有关生物科学最早的预印本系统。

PeerJ 预印本是 2013 年 4 月建立的类似于 arXiv. org 的预印本服务,包括公共预印本和私人预印本两种类型。但是与 arXiv. org 不同的是,PeerJ 预印本只收集生物科学、医学和健康科学的论文,不涉及物理、数学等其他自然学科。

bioRxiv 是 2003 年 11 月 11 日世界知名的非营利机构美国冷泉港实验室(Cold Spring Harbor Laboratory,简称 CSHL)效仿 arXiv 启动的生物学家专有的预印本文献库。

① 陈晋. 开放获取十年(2001—2011)[M]. 北京:国家图书馆出版社,2012.

② 秦文珍,肖琼. 生物医学领域预印本的现状与发展[J]. 现代情报,2014,34(4):142-145.

扩展阅读

带着打破人为壁垒、促进学术传播与交流的初衷，开放获取出版生发出两种生存道路——“金色道路(Gold Road)”和“绿色道路(Green Road)”。

在金色道路中，作者向出版商付费出版，出版社可建立读者免费获取的在线版本，出版商们通过收取出版“服务费”获得盈利。绿色道路的模式则有所不同，作者仍向传统期刊投稿，但是自己的论文会以电子版本存放在专门的开放获取知识库里，以供同行、公众免费阅读，而这些专门的知识库通常由机构、学科或资助者建立。

过去的一段时间里，绿色道路的开放获取出版已经提供最大的可获取性。不过，就实际情况来看，许多作者往往更青睐前者。而对出版商而言，金色开放获取更是不二之选。①

6.3.3 国内外主要开放获取软件(机构知识库软件)

软件是构建机构知识库的核心。软件选择的好坏直接影响机构知识库运作的质量。目前世界上机构知识库软件种类繁多并且发展迅速，其中大多数是免费的，即“开源软件”，可以免费下载、升级、修改和重新分发，也有一些收费软件。

具体来讲，机构知识库软件可分为四类②：一类是开源软件，如 DSpace，Fedora，Archimede，CDSware 等；一类是出于商业目的开发的商业软件，如 Documentum，Bepress，Digital Commons，DRM，Open Repository，Contentdm 等；一类是本地化软件，通常是大学或科研机构为了某种应用而开发的，如 MPGEdoc，OPUS，MyCore 等；一类是区域性软件平台，如德国的 OPUS、荷兰的 i-Tor 等。其中以 DSpace，E-prints，Fedora，Greenstone 等应用最为广泛。

1. DSpace

DSpace 是麻省理工学院与惠普公司于 2002 年共同开发的开源软件。目前，DSpace 可以说是全球应用最为广泛的机构知识库软件，用户遍及全球。根据 OpenDOAR(开放获取知识库目录，www. opendoar. org)的数据，截至 2014 年 8 月 4 日，全世界已有 1 147 个知识库采用 DSpace 作为建库软件。DSpace 的绝大部分用户集中在欧美国家，主要有美国(454 个用户)、英国(229 个用户)、德国(170 个用户)、法国(89 个用户)、波兰(85 个用户)等，其中包括英国的剑桥大学、阿伯泰大学等。DSpace 在中国有 39 个用户，如中国科学院、北京大学、清华大学、西安交通大学、香港城市大学、香港教育学院、香港大学、澳门大学等。

---

① 开放获取的“金色道路”[EB/OL]. [2015 - 01 - 15]. http://www.1000thinktank.com/ztbd/1164.jhtml.

② 陈晋. 开放获取十年(2001 - 2011)[M]. 北京：国家图书馆出版社，2012.

DSpace 系统的体系分为三层：存储层、业务逻辑层和应用层，每层都由一系列的组件组成。存储层对元数据和目录进行物理存储，数字内容存储在文件系统中，以数据流和数据流包的形式与款目相关联，款目中可以包含不同类型的文件。业务逻辑层对知识库内容、用户、认证、工作流等进行管理，是由一系列具有独立功能的组件所组成的。应用层提供与外界的交互功能，包含 web 用户界面、OAI-PMH 数据提供、款目输入输出、媒体过滤、METS 工具箱、附属社区等管理功能。

DSpace 数据的组织方式一般是按照采用机构本身的结构来组织。每个 DSpace 系统都被划分成一些社区，这些社区可对应于大学或其他研究机构内部的实验室、研究中心或院系，自 1.2 版本之后，可按照等级制度对这些社区进行组织排列。每个社区都包含有馆藏，馆藏是分组的相关目录，同一馆藏可出现于不同的社区。每一馆藏由款目组成，款目是知识库中的基本存档元素。每一款目只对应一个馆藏。①

有研究人员总结出 DSpace 的一些特征和优点，认为 DSpace 主要有 3 个特征：① 基于存储的资产管理；② 利用数字提交的工作流模型来捕获和描述数字化条目；③ 分级权限认证。其优点主要包括：① 源代码开放；② 方便移植；③ 具有较好的集成度；④ 提供全球唯一标识符；⑤ 使用小程序接口，可以简化和加速数字馆藏的开发，在一定程度上为系统提供了扩展和修改的能力②。

案例 6-4

DSpace@ MIT(dspace. mit. edu) 是麻省理工学院的机构知识库，其主页如图 6-13 所示，收录麻省理工学院各学院、科研机构、实验室的作品，包括普通论文、学位论文、开放课件(MIT OpenCourseWare) 等。该网站提供 5 种浏览方式：社区和资源集合(Communities & Collections)、发布日期(Issue Date)、作者(Authors)、标题(Titles)、主题(Subjects)，还提供简单检索和高级检索(Advanced Search) 页面。高级检索的字段包括作者、标题、关键词、摘要、导师、系别等，如图 6-14 所示。

① 王颖洁. 机构知识库建库软件 DSpace、Eprints、Fedora 的比较分析[J]. 图书馆学刊，2008(4)：133 - 137.

② 纪元霞. 国内机构库软件平台调研[J]. 图书情报工作网刊，2012(1)：31 - 39.

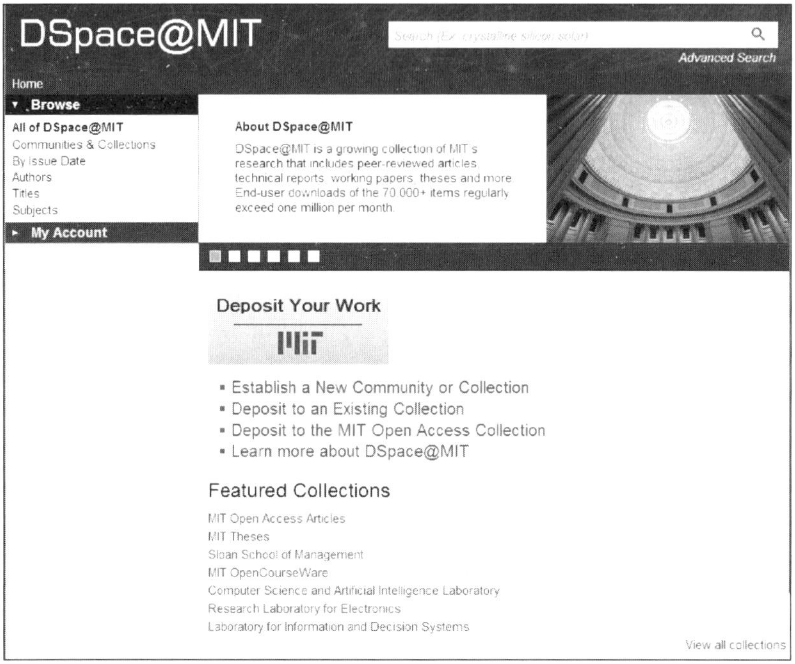

图 6-13　DSpace@MIT 主页

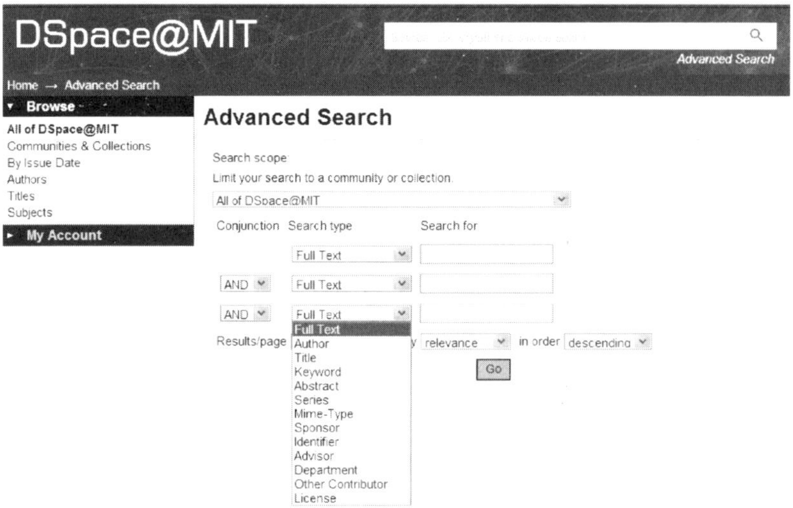

图 6-14　DSpace@MIT 高级检索页面

例如，笔者于 2014 年 7 月 27 日，以"gene"作为检索词，检索字段选择"Title"，在"All of DSpace@ MIT"中则得到 382 条记录，而如果将 community 限制在"Department of Biology"中则得到 89 条记录。

2. EPrints

Eprints 是英国南安普敦大学(University of Southampton)于 2000 年开发的机构知识库软件。2002 年,该校建立了本校的机构知识库,为本校研究人员和学术作品提供开放获取服务。根据 OpenDOAR 的数据,截至 2014 年 8 月 4 日,全世界已有 379 个知识库采用 EPrints 作为建库软件。

Eprints 的主要特点是允许通过配置文件定制系统功能,允许增加新的工具和程序段,所以它具有个性化、可扩展性强的特点。其可存储任何格式的文件,允许同一文件有不同的格式;可以采用任何元数据标准,由管理员选择元数据字段;提供可定制、可扩展的主题词表、主题树;提交的数字资源可以是压缩文件也可以是在其他位置存在的文件 URL;可自动完成完整性检验,备有缓存区,可以使数字资源在正式进入系统前得到编辑的检验和修改,该过程也可以在用户界面上完成。此外,该网站有基于网络的系统维护。①

图 6-15 所示为南安普敦大学机构知识库 ePrints Soton(eprints. soton. ac. uk)的主页。

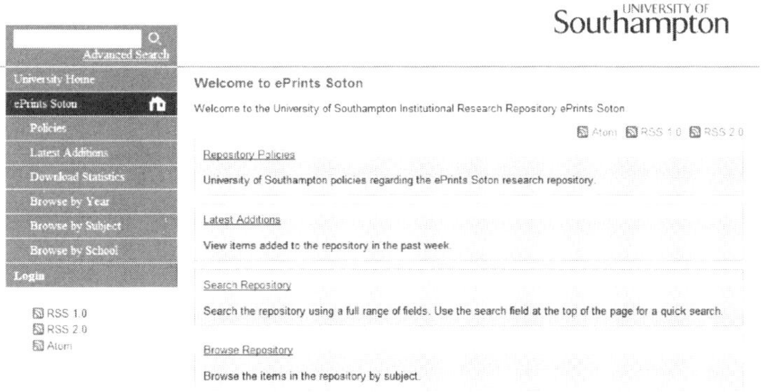

图 6-15　南安普敦大学机构知识库 ePrints Soton 主页

3. Fedora

Fedora 最初是 1997 年由美国国防高级研究项目署(DARPA)和美国国家科学基金会(NSF)共同资助的关于复合数字对象模型的研究项目。它提出由结构内核和功能分发层来共同组成一个复合数字对象,即将数据和对数据的操作分离。康奈尔大学在此模型框架上建立了基于 CORBA 的原型系统。从 1999 年夏天开始,弗吉利亚大学图书馆建立了原型系统,并在此基础上不断深入研究。从 2001 年 9 月开始,该项目就得到 Melon 基金支持,由弗吉利亚大学图书馆和康奈尔大学共同合作来全面开发完善 Fedora 系统,以便其更广泛地适用于图书馆、博物馆和档案馆等数字内容

① 纪元霞. 国内机构库软件平台调研[J]. 图书情报工作网刊,2012(1):31-39.

管理领域。系统最早于 2003 年 5 月发布 1.0 版。①

根据 OpenDOAR 的数据，截至 2014 年 8 月 4 日，全世界已有 33 个知识库采用 Fedora 作为建库软件。

Fedora 的系统体系分为 web 服务层、逻辑应用层和存储层三层。web 服务层提供管理 web 服务、获取与搜索 web 服务和 OAI-PMH 提供者服务。逻辑应用层负责实施 Fedora 数字对象模型的所有功能，它包含管理子系统、安全子系统与访问子系统。存储层主要是负责保存数字对象和对数据进行读、写、删除的操作。存储层还需要对实时请求和缓存分布的数据进行管理。它还通过支持 HTTP 与 FTP 协议访问分布式资源。

数字对象是 Fedora 知识库中所存储的数字内容。Fedora 的数字对象按其在系统中的工作方式不同而被定义为 3 种类型，具体为数据对象（每个数据对象都代表系统所收藏的一个数字内容实体，这些实体可为图片、书、电子文本或出版物）、数字对象（包括数字内容、表示数字内容的元数据和分发数字内容的软件工具）及行为定义对象和行为机制对象（它们都属于专用对象，行为定义对象用来描述数据对象的服务定义，行为机制对象描述约定性服务的具体实现机制）。②

4. Geenstone

Greenstone（绿宝石）是由新西兰怀卡托大学（University of Waikato）的新西兰数字图书馆工程开发，并与联合国教科文组织（UNESCO）及人类资讯非政府组织（Human Info NGO）一起合作发行。它是在 GNU 通用公共许可条款下发布的开源多语种软件。根据 OpenDOAR 的数据，截至 2014 年 8 月 4 日，全世界已有 53 个知识库采用 Geenstone 作为建库软件。

Greenstone 系统是一套用于创建、管理及发布数字图书馆馆藏的软件包，提供了一种组织信息并在因特网或 CD-ROM 上发布它的新方法。数字资源要存储到 Greenstone 文档中，必须经过一个导入过程，将原有的数据格式转换成 Greenstone 系统特有的数据格式，Greenstone 通过一系列插件来完成这个转换过程。系统本身提供了一些常用的插件，同时也允许用户编写自己的插件放入系统中。系统通过基于 Web 和命令批处理两种方式建立收藏，可以接受 HTML，PDF，txt，PS，Email，Bibliographic 等格式。

Greenstone 的不足之处是未实现交互式的内容更新和管理，系统不具备查重功能，元数据处理相对复杂，建立收藏过程中的批量处理（如建立索引等）对系统的服务运行有一定影响。③

① 林颖. Fedora 仓储体系研究及其扩展案例分析[J]. 现代图书情报技术，2005(8)：12－15.

② 王颖洁. 机构知识库建库软件 DSpace、Eprints、Fedora 的比较分析[J]. 图书馆学刊，2008(4)：133－137.

③ 张首红，姜爱蓉. 数字图书馆系统开源软件的比较分析[J]. 图书馆杂志，2006(1)：43－48.

6.3.4 开放获取资源

开放获取资源(OA 资源)是指由同行评议过的科学论文、研究报告、学位论文等学术文献组成的资源,使用者可以在尊重作者知识产权的前提下通过 Internet 免费阅读、下载、复制、传播、打印和检索作品的全文等,而不用考虑注册、版权、时间、空间及经济状况的限制,唯一的限制是使用者应保证作者作品的完整性,并注明相应的引用信息。

国际上知名度较高的开放获取资源目录有 DOAJ,OpenDOAR;国内较知名的是中国科技论文在线、中国预印本服务系统和奇迹文库。

1. DOAJ(www. doaj. org)

DOAJ 的全称是 Directory of Open Access Journals,即开放获取期刊目录。DOAJ(如图 6-16 所示)是由瑞典的隆德大学图书馆于 2003 年 5 月推出的开放获取期刊检索系统,系统收集了全世界各国的、各种语言的开放获取期刊。截至 2014 年 7 月 27 日,系统中可检索到 134 个国家共计 9 919 种期刊,与 2006 年 3 月的 2 124 种期刊①的统计结果相比,8 年间,期刊数量以平均每年 1 000 种的速度累积增长。

图 6-16 DOAJ 主页

旧版的 DOAJ 按期刊的学科主题分为 17 类,包括农业和食品科学(Agriculture and Food Sciences)、艺术与建筑(Arts and Architecture)、生物与生命科学(Biology and Life Sciences)、商业与经济(Business and Economics)、化学(Chemistry)、地球科学与

① 田丽丽. 中美大学图书馆开放获取资源建设调查研究[D]. 广州:中山大学,2006.

环境科学(Earth and Environmental Sciences)、一般作品(General Works)、健康学(Health Sciences)、历史与考古学(History and Archaeology)、语言与文学(Languages and Literatures)、法律与政治(Law and Political Science)、数学与统计学(Mathematics and Statistics)、哲学与宗教(Philosophy and Religion)、物理与宇航(Physics and Astronomy)、一般科学(Science General)、社会科学(Social Sciences)、技术与工程类(Technology and Engineering)。其中收录的中国大陆出版的生物、医药、化学类的开放获取期刊有《中国药理学报》(*Acta Pharmacologica Sinica*)、《国际网上化学学报》(*Chemical Journal on Internet*)、《植物学报》(*Journal of Integrative Plant Biology*)、《中华医学杂志》(*Chinese Medical Journal*)等。

最新版的DOAJ分类比旧版更为细化,主题更多,检索功能很强大,可选项多。DOAJ主页提供简单检索功能,如果要进行高级检索,可单击主页上的"Search"或"Advanced Search"进入高级检索。高级检索的检索字段包括标题、关键词、主题、ISSN、DOI等10多个检索字段。高级检索页面的最左边一栏的选项包括期刊VS论文(Journals vs. Articles),学科/主题(Subject),期刊语言(Journal Language),期刊国家(Journal Country),出版者(Publisher),平台、主办方和聚合者(Platform, Host, Aggregator),出版费用(Publication Charges),期刊认证(Journal License),论文出版年(Year of Publication),期刊名称(Journal Title)。每一个选项都可以进行个性化的设置,单击"+"号即可进行设置如何对检索结果过滤(单击"filter list size"按钮,输入具体的数值,如"50""100",系统默认值是"10"),个性化功能强大。对于检索结果的显示,系统可以设置每页显示多少条记录(单击"change result set size"按钮,输入具体的数值,如"50""100",系统默认值是"10")、排序方法(包括相关度、加入DOAJ的日期、标题、出版日期)。

图6-17所示为DOAJ高级检索页面,其中的"1702660"表示的是系统中的论文总数,也就是系统中目前已有超过170万篇论文。

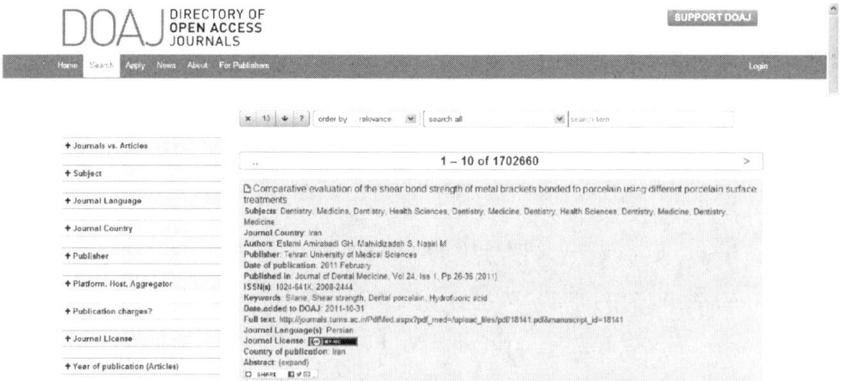

图6-17 DOAJ高级检索页面

2. OpenDOAR(www. opendoar. org)

OpenDOAR 的全称是 Directory of Open Access Repository，即开放获取知识库目录，最初由英国诺丁汉大学和瑞典隆德大学共同开发，于 2005 年 2 月 15 日正式发布，目前由诺丁汉大学负责维护。该项目受到了 OSI，JISC，CURL，SPARCEurope 等机构的资助。①

根据 2006 年 3 月的一项调查，OpenDOAR 当时只收录有 355 个 OA 知识库，而到了 2014 年 7 月，根据 OpenDOAR 主页的介绍，其收录的 OA 知识库已增加至 2 600 多个②。而根据笔者 2014 年 7 月 29 日的实际检索，准确数字是 2 703 个③。

OpenDOAR 网站（如图 6-18 所示）主要提供 4 项服务：知识库搜索（Search for repositories）、知识库内容搜索（Search repository contents，是基于 Google Custom Search engine 的搜索）、知识库列表（List of repositories，按地区和国家进行列表）和知识库统计（Repository Statistics）。下面重点介绍其"知识库搜索"功能。

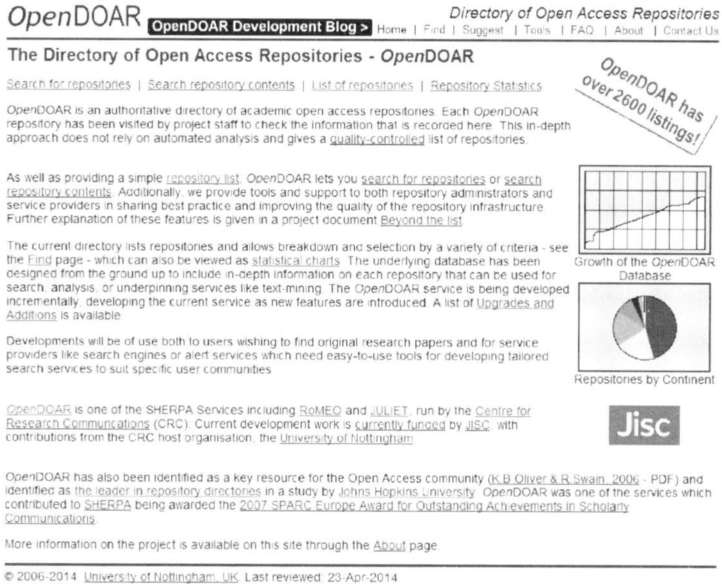

图 6-18 OpenDOAR 主页

① 浏览功能：浏览某一学科或主题领域下的 OA 知识库。例如，"Subject Area"选取"生物与生物化学（Biology and Biochemistry）"类，得到 146 个知识库，如印度中央药物研究所的（CDRI）的机构库 DKR@ CDRI、中国科学院成都生物研究所的机构

---

① About OpenDOAR[EB/OL]. [2014－07－29]. http://www. opendoar. org/about. html.

② OpenDOAR[EB/OL]. [2014－07－29]. http://www. opendoar. org/index. html.

③ Search or Browse for Repositories[EB/OL]. [2014－07－29]. http://www. opendoar. org/find. php.

库 CIB OpenIR 等。又例如，“Subject Area”选取“健康与医药（Health and Medicine）”类，得到 263 个知识库，如日本旭川医科大学的知识库 AMCoR、加拿大 Canadian Breast Cancer Research Alliance（CBCRA）的开放文档、台湾地区的中国医药大学的机构库等。

② 检索功能：即关键字检索功能，通过知识库名称的关键字进行搜索。同时，其还提供一些可选择的检索项：学科领域、内容类型（论文、图书、会议文献、数据集、多媒体、学习对象、专利、学位论文、未发表等类型）、知识库类型（提供 4 种类型：累计知识库、学科知识库、政府机构的知识库和机构知识库）、国家、语种、所采用的软件。例如，输入“CIB”为关键字，国家选“China”，就可以检索到中国科学院成都生物研究所的机构库 CIB OpenIR。

截至 2014 年 7 月，OpenDOAR 中收录的中国 OA 知识库有 39 个①，绝大部分是中科院系统的知识库，如中科院成都生物研究所、中科院西北高原生物研究所、中科院高能物理研究所等共 27 个（占总数 69%），中国西部环境与生态科学数据中心 1 个，大陆地区的大学 5 个（分别是北京大学、清华大学、北京科技大学、西安交通大学、厦门大学），港澳台地区的大学 6 个（分别是香港城市大学、香港教育学院、香港理工大学、香港科技大学、香港大学、澳门大学）。由此可见，中科院对开放获取的重视程度最高，在国内开放获取的实践方面走在前列。

图 6-19 和图 6-20 所示为 OpenDOAR 记录（一条记录即为一个知识库的基本信息）的两个样例，每一条记录的信息都包括有知识库名称、主办机构名称、关于该知识库的简要描述、OAI-PMH（有的知识库无此项）、所采用的软件、大小（即资源总量）、主题、内容类型（图书、学习对象、多媒体、学位论文、研究报告等）、语种、政策、OpenDOAR ID 号及如何链接到此条记录。链接的命名规则是在 http://opendoar.org/id/后加上 OpenDOAR ID 号，最后加一斜杠“/”，如 OpenDOAR ID 为 2038 的知识库的链接为“http://opendoar.org/id/2038/”。

Digital Collections

Organisation: National Library of Medicine (NLM), United States
Description: This site provides access to the digitised collections of the institution. These include advisory films. The interface is available in English
Software: Fedora
Size: 12205 items (2014-07-23)
Subjects: Health and Medicine
Content: Books; Learning Objects; Multimedia
Languages: English
Policies: Metadata re-use policy explicitly undefined, Full data item policies explicitly undefined, Content policies explicitly undefined; Submission policies explicitly undefined; Preservation policies explicitly undefined
OpenDOAR ID: 2038. *Last reviewed*: 2012-08-20. Suggest an update for this record. *Missing data is needed for*: OAI-PMH & Policies
Link to this record: http://opendoar.org/id/2038/

图 6-19 OpenDOAR 记录样例 1

① 数据是作者 2014 年 7 月 29 日根据 http://www.opendoar.org/countrylist.php? cContinent = Asia#China 提供的中国开放获取知识库列表整理而来。

Chung Shan Medical University Repository (CSMUIR)

Organisation: Chung Shan Medical University Repository (中山醫學大學圖書館), Taiwan
Description: This site provides access to the student output of the institution. The interface is available in Chinese, Chinese (simplified) and English. Some items are not available as full texts.
OAI-PMH: http://ir.lib.csmu.edu.tw:8080/ir-oai/request
Software: DSpace
Size: 8261 items (2014-07-23)
Subjects: Health and Medicine
Content: Theses
Languages: Chinese; English
Policies: Metadata re-use policy explicitly undefined; Full data item policies explicitly undefined. Content policies explicitly undefined; Submission policies explicitly undefined; Preservation policies explicitly undefined
***Open*DOAR ID:** 1854, *Last reviewed*: 2012-07-16, Suggest an update for this record. *Missing data is needed for:* Policies
Link to this record: http://opendoar.org/id/1854/

图 6-20　OpenDOAR 记录样例 2

3. 中国科技论文在线(www. paper. edu. cn)

中国科技论文在线是经教育部批准，由教育部科技发展中心主办，针对科研人员普遍反映的论文发表困难，学术交流渠道窄，不利于科研成果快速、高效地转化为现实生产力等问题而创建的科技论文网站。其利用现代信息技术手段，打破传统出版物的概念，免去传统的评审、修改、编辑、印刷等程序，给科研人员提供一个方便、快捷的交流平台，提供及时发表成果和新观点的有效渠道，从而使新成果得到及时推广，科研创新思想得到及时交流。①

该网站以“阐述学术观点、交流创新思想、保护知识产权、快捷论文共享”为宗旨，依托 35 位中国科学院和中国工程院院士组成的顾问委员会为网站提供学术指导，在快速发表科研人员最新研究成果的同时，致力于建立一个自然科学各学科的大容量精品论文库，是一个完全公益性的科技论文网站。②

目前，中国科技论文在线的主要栏目包括首发论文、优秀学者及主要论著、自荐学者、名家推荐精品论文、科技期刊、专题论文、博士论坛、高校认可等。除了这些栏目以外，其还出版电子杂志、半月刊。

图 6-21 所示为中国科技论文在线的主页，“在线首发论文”按一级学科分类列出了一级学科名称及其所收录的文献量。其中，涉及生物、医学类的一级学科有生物学、基础医学、临床医学、预防医学与卫生学、军事医学与特种医学、药学、中医学与中药学。单击一级学科名称，即可以看到每一个一级学科下又分为若干个二级学科，如中医基础理论、中医诊断学、中医内科学、中医外科学等多个二级学科。

① 在线简介[EB/OL]. [2014 - 07 - 27]. http://www. paper. edu. cn/about/aboutme. html.
② 栏目简介[EB/OL]. [2014 - 07 - 27]. http://www. paper. edu. cn/about/intro. html.

图 6-21　中国科技论文在线主页

中国科技论文在线提供论文检索功能，在主页单击“高级检索”链接，就可以出现如图 6-22 所示高级检索页面。目前可以被检索到的论文包括首发论文、优秀学者论文、自荐学者论文、科技期刊论文和会议论文。系统默认在“全部”范围下进行跨库检索，也可以指定某一具体的检索范围进行分库检索，在明确数据库类别后，还可以选择学科分类进行检索。检索字段包括全文、题目、作者、作者单位、摘要、关键词。检索系统还提供了“检索帮助”，如可以检索到哪些论文资源、检索范围的限定、如何查找论文资源、在检索结果页面还可以进行哪些操作。

图 6-22　中国科技论文在线高级检索页面

4. 中国预印本服务系统(prep. istic. ac. cn 或 prep. nstl. gov. cn)

中国预印本服务系统是由中国科学技术信息研究所与国家科技图书文献中心联合建设的,是提供预印本文献资源服务的实时学术交流系统,是国家科学技术部科技条件基础平台面上项目的研究成果。该系统由国内预印本服务子系统和国外预印本门户子系统构成。但是,“国外预印本门户”因丹麦科技大学图书馆技术信息中心关闭其平台而停止服务。

该系统实现了用户自由提交、检索、浏览预印本文章全文、发表评论等功能。系统的收录范围按学科分为五大类:自然科学、农业科学、医药科学、工程与技术科学、图书情报与文献学,除图书情报与文献学外,其他每一个大类再细分为二级子类,如自然科学又分为数学、物理学、化学等;医药科学又分为基础医学、临床医学、药学、中医学与中药学、预防医学与卫生学、军事科学与特种医学。

5. 奇迹文库(www. qiji. cn)

奇迹文库是中国第一个开放获取仓储,服务器位于公网上,为中文论文开放获取提供了一个平台。该仓储以物理学论文为主,也作为其他学科论文的存储,另外还建立了和国外的其他开放获取仓库的链接。其由一群年轻的科学、教育与技术工作者发起并创建,负责人来自北京科技大学物理系,发表的内容包括预印本、期刊论文、笔记、幻灯片、报告、图书章节等各种形式。

在国际上,除了上述几种规模相对较大、知名的开放获取资源以外,还有其他一些开放获取资源,如 Open J-Gate(openj-gate. org)、HighWire Press 免费电子期刊(highwire. stanford. edu)、日本的 J-STAGE(Japan Science and Technology Information Aggregator, Electronic)、巴西的 SciELO(Scientific Electronic Library Online, www. scielo. br)、发展中国家联合期刊库(www. bioline. org. br/)、PubMed Central(www. pubmedcentral. gov)、Free Medical Journals(www. freemedicaljournals. com)等。

6.4 移动阅读与手机图书馆

6.4.1 移动阅读

移动阅读是指基于手机、平板电脑、专用阅读器等便携式电子设备开展的新型阅读形态。随着移动互联网技术和移动终端设备的成熟和普及,移动上网和移动阅读越来越获得用户的青睐。

根据美国最大风险基金 KPCB 公司的数据统计,在 2009 年底,全球移动终端的流量只占互联网的 1%,截至 2012 年 5 月,这一数据已经跃升 10%。CNNIC 发布的《第 31 次中国互联网络发展状况统计报告》显示,相对上一年度,网民通过台式电脑和笔记本电脑上网的比例都有所下降，但手机上网的比例继续保持较快增长。手机在2012年6月首次超过电脑成为我国网民最常用的上网终端设备，截至2012年12月底，手机上网的比例又上升到74.5%。①

尽管移动阅读作为一种新型的阅读模式，具有旺盛的生命力和广阔的发展前景，它在将传统的纸质媒体、网络媒体和移动终端有机地结合起来的同时，也改变着人们的生活习惯，把人们日常生活中的碎片化时间有效地拼接起来，然而，从目前的发展现状来看，移动阅读还存在一些问题。目前我国移动阅读主要面临的瓶颈问题②有内容问题（内容建设缺少专业团队支持、缺乏专业性和教育性的优质内容、泛娱乐化倾向严重）、版权问题、用户群体问题（个性化服务缺乏和浅阅读模式造成难以形成长期稳定的客户群）、商业运营模式、硬件性能等，还有待今后解决和完善。

6.4.2 手机图书馆

为顺应新技术的发展及用户使用手机上网的习惯，国内外一些图书馆也开始提供移动服务，如“手机图书馆”就是其中一项新的服务，是传统的图书馆信息服务在新技术环境下的延伸。

手机图书馆是依托无线移动网络及多媒体技术，以微波、无线电等接入方式接受图书馆提供的一种新兴的信息服务，它是以手机为视听终端、以手机上网为平台、以大众为传播目标、以定向为传播目的、以即时为传播效果、以互动为传播应用的大众传播媒介。③

从技术实现上看，手机图书馆的实现方式主要有4种：一是基于短信的实现方式；二是基于WAP，IDB，i-mode，WiFi等无线接入方式；三是基于即时通信的实现方式；四是基于移动视频会议类的实现方式。

从服务内容上看，目前手机图书馆提供的服务包括指南服务（主要是指导用户行为，使用户能够按照规定的时间、地点、规定的操作进行，从而达到指引用户的目的）、通知提醒服务（如新书到馆、图书到期提醒等）、信息查询服务（如基于手机的书目查询OPAC、用户借阅信息查询等）、移动阅读服务（主要是指通过手机浏览数字资源、阅读相关文献、进行视频点播等）、信息咨询服务（主要是指用户使用手机向图馆咨询部门提出问题，并得到解答的过程，如短信咨询、视频咨询、在线咨询）、馆内工作应用服务等。④

目前，国内一些高校图书馆和公共图书馆都开通了手机图书馆。下面以国家图书馆的“掌上国图”为例来了解目前手机图书馆的发展情况。

---

① 李武，刘宇，于文. 中日韩三国大学生移动阅读行为的跨国比较研究[J]. 出版广角，2013(18)：8－11.
② 白燕燕. 我国移动阅读面临的6大瓶颈及对策研究[J]. 编辑之友，2013(3)：80－83.
③ 姜光远，李菲. 基于第五媒体的手机图书馆服务研究[J]. 情报科学，2008(6)：900－903.
④ 夏南强，殷克涛，赵富红. 论手机图书馆的信息服务[J]. 情报科学，2009(11)：1641－1644.

案例 6-5

国家图书馆是中国国内较早开通手机图书馆的图书馆之一，其手机图书馆服务项目名为“掌上国图(mobile. nlc. gov. cn)”，界面如图 6-23 所示，所提供的资源类型包括图书、期刊、论文、音频、视频、图片等。

图 6-23　掌上国图界面

"掌上国图"包括自建公版图书6 700多本；引入博看期刊、手机知网、读览天下等知名期刊资源，共包含期刊8 000多种、会议论文140余万篇、报纸1 000多万篇、工具书4 800余种；发布博士论文摘要近19万篇，硕士论文摘要近150万篇；建设讲座资源674场，电视短片500余部；建设图片资源3万多张，种类丰富，并利用图片资源建设APP应用2个(年画撷英、艰难与辉煌)，图片专题资源近100个。

"掌上国图"所提供的服务项目包括以下几方面：

① 短信/彩信服务。短信/彩信服务是国家图书馆移动服务中的基础服务项目，提供包括图书催还、续借、预约到达通知，读者卡挂失，发表意见与建议等基础服务，读者开通短信服务后即可免费享受这些服务。国家图书馆通过全国统一特服号"106988106988"为移动、联通、电信的全国手机用户提供借阅相关的读者服务短信和短信/彩信信息订阅服务。从2012年8月1日起，其推出"文津经典天天读"服务，每天为读者介绍一条中华传统美德格言和一首古代诗词，通过"106988106988"发送至订阅手机。

② 手机门户。国家图书馆手机门户(wap. nlc. gov. cn)是国家图书馆移动服务的重要形式之一，设计开发了3个版本，系统自动检测手机适配最优界面。其功能主要包括读者服务、在线服务、读者指南、文津图书奖、新闻公告、资源检索等栏目，为读者打造一个随时随地的图书馆。

③ 应用程序下载。该手机图书馆分别为iphone、ipad和android手机用户提供不同版本的应用程序供下载，包括国家数字图书馆、文津经典诵读、国图选粹、年画撷英、三言二拍等资源的应用程序下载。

扩展阅读

生物医学网站

1. Informa HealthCare Journal 数据库

Informa HealthCare Journal 数据库为英国 Informa 公司独家出版的医学全文数据库(涵盖原 Taylor & Francis 医学期刊)，收录涉及临床医学各领域期刊163种及600种电子图书，是医学临床与科研工作的重要学术资源。在这160余种期刊中，150种为peer-reviewed 期刊，超过70%被SCI数据库收录。其内容涵盖生物化学与生物物理、心血管内科、细胞与分子生物学、皮肤医学、毒理学、残疾与康复、内分泌及生殖医学、免疫学及传染病、医学教育、医学仪器、外科医学、神经病学及神经科学、妇产科、肿瘤及血液学、吸毒成瘾等方面。其数据库网址为 http://informahealthcare.com/。

2. BMJ 英国医学会期刊

BMJ 出版集团是英国医学会(British Medical Association)的一部分。作为医学和专业期刊领域领先的出版机构,BMJ 多年来一直致力于"为医疗、保健专业人员及科研团体和公众提供权威的出版物"。BMJ Journals Collection(BMJ 期刊专辑)不仅包括最著名的《英国医学杂志》(*British Medical Journal*),而且包括从医疗保健管理到神经学等领域的其他 22 种期刊。期刊涵盖综合及专业领域、大众健康和循证医学领域;主要为临床期刊,旨在帮助医学工作者获取最新临床研究成果,改进临床实践。BMJ 旗下产品除 BMJ Journals Collection 以外,还包括药物与治疗通报(Drug and Therapeutics Bulletin-CDTB,简称 DTB)。其英国医学杂志的网址为 http://www.bmj.com/。DTB 访问地址为 http://dtb.bmj.com。

3. Karger 医学数据库

Karger 出版社是一家专业医学出版社,专注于出版人类医学最新的发展和成果,出版范围同时涵盖了传统医学和最新的医学热门课题。为了保持出版物高质量的制作和内容,Karger 只发表和出版经过同行评鉴(peer review)的稿件。目前的出版计划包括了约 80 种期刊、40 种丛书和每年为数不少的专著,并提供纸本和电子版本。Karger 电子丛书涵盖所有生物医学领域的各种临床和研究范畴,包括从过敏症到肿瘤学,内分泌学到肾脏学,神经系统科学到遗传学。大部分的 Karger 电子丛书都收录在 PubMed, Medline 资料库内。其医学数据库的网址为 http://www.karger.com/。

4. Bentham Science 药学化学数据库

Bentham Science 出版公司是全球范围内主要的制药、医疗、生物医学及化学出版商之一,出版 129 种期刊、350 余种电子书及超过 150 种同行评审期刊的开放获取资源。此外,Bentham Science 出版 27 种专利类期刊,是世界上仅有的关于专利的评述期刊。Bentham Science 出版物学科涉及药物设计和开发、药物代谢、药物治疗、药理学、基因组学、免疫学和内分泌学、蛋白质与多肽科学、有机化学、分析化学、抗感染/感染性疾病、医学、分子医学、神经科学、肿瘤学及癌症研究、心脏病学与心血管科学、临床试验、生物信息学、生物技术、组合化学、药物传输、炎症和变态反应、纳米科学、工程学、专利等。其药学化学数据库网址为 http://www.eurekaselect.com/。

5. AMA 美国医学会期刊

美国医学会(AMA)是世界上三大医学会之一。美国医学会 AMA 期刊全文库包含《美国医学会杂志》(*The Journal of the American Medical Association*,简称 JAMA)等刊。JAMA(ISSN: 0098-7484)是由美国医学会主办的一种综合性临床医学杂志,创刊于 1883 年,每月出版 4 期,全年出版 48 期,包含 50 多个医学专刊,主要刊载临床及实验研究论文、编者述评、读者来信、相关书评等类型文章。同时该杂志也向读者提供医学及卫生保健领域的非临床性信息,涉及政治、哲学、历史及文化等方面的内容。其美国医学会期刊的网址为 http://jamanetwork.com/。

循证医学

循证医学(Evidence-based Medicine,简称EBM)是20世纪90年代兴起的新兴交叉临床医学基础学科,被称为“21世纪的临床医学”。循证医学一问世,便很快从北美传至欧洲乃至全球,带来了临床医学和管理学的革命。著名临床流行病学家David Sackett教授将EBM定义为“慎重、准确和明智地应用所能获得的最好研究依据来确定患者的治疗措施”。①

循证医学是一个循证实践的医学过程。其核心思想是在医疗决策中将临床证据、个人经验与患者的实际状况和意愿三者相结合。临床证据主要来自大样本的随机对照临床试验和系统性评价或元分析。

循证医学②包含3个要素:以事实为根据、不断补充新证据、后效评价实践效果。实践循证医学的4个基本原则是基于问题的研究、遵循最好的证据决策、关注实践的效果和后效评价,止于至善。实践循证医学有5个步骤:① 提出明确的临床问题;② 系统检索相关文献,全面收集证据;③ 严格评价找出最佳证据;④ 应用最佳证据,指导临床实践;⑤ 后效评价循证实践和结果。

影响循证医学实践的主要因素③有临床状态及环境、患者意愿与行为、研究证据和临床专业技能。临床状态及环境是决策的主要和关键因素,离开患者的状况及其环境,证据就没有存在的意义。医师抉择不仅应考虑患者的主观意愿,还应考虑其客观行为。研究证据包括临床的系统观察、随机盲法对照研究及优化的系统分析等。临床专业技能不仅包括临床医学的基础及个人经验,同时必须善于平衡上述3个因素。

循证医学与传统医学有着重大区别。传统医学是以经验医学为主,即根据非实验性的临床经验、临床资料和对疾病基础知识的理解来诊治病人。循证医学既重视个人临床经验又强调采用现有的、最好的研究证据,两者缺一不可,它只是强调任何医疗决策应建立在最佳科学研究证据基础上。

循证医学图书馆(The Cochrane Library)是国际Cochrane Collaboration的主要产品,简称考克兰图书馆。Cochrane Library是一个提供高质量证据的数据库,是临床研究证据的主要来源,主要包括Cochrane系统评价数据库、疗效评价文摘库、Cochrane临床对照试验中心注册库、Cochrane协作网方法学文献注册数据库、卫生技术评估数据库、英国国家卫生服务部卫生经济评价数据库和Cochrane协作网的其他相关信息。循证医学图书馆可以帮助参与卫生保健决策的人员及时了解所有最新证据,为他们提供有关现有治疗方法和新治疗方法的最高品质信息。

中国循证医学中心成立于1997年7月,依托四川大学华西医学中心,是国际

① 张鸣明,刘鸣. 循证医学的概念和起源[J]. 华西医学,1998(3):265－265.

② 余恩琳. 循证医学概述[EB/OL].[2014－05－31]. http://wenku.baidu.com/view/ed28d64769eae009581bec20.html.

③ 张廷杰,余振球. 循证医学与临床实践:概念、问题与进展[J]. 中华高血压杂志,2008,16(2):186－189.

Cochrane 协作网的第 15 个中心。中心的主要任务是建立中国循证医学临床试验资料库、开展系统评价、培训循证医学骨干、宣传循证医学学术思想和进行相应的方法学研究。

练习与思考

1. 简述网络信息资源的优点和缺点。

2. 除本章提到的分类方法以外,网络信息资源还有无其他的分类方法?

3. 分析学术搜索引擎 Google Scholar 和一般数据库(如 CNKI,Web of Science)的区别。

4. 医学专业搜索引擎各自的特点是什么?

5. 从多个方面简述开放获取的意义。

6. 思考开放获取资源与网络免费资源的联系和区别。

7. 思考移动阅读的优势和劣势。

参考文献

[1] 刘霞. 我精确,故我在[N]. 科技日报,2009-05-18(002).

[2] 祁延莉,赵丹群. 信息检索概论(第 2 版)[M]. 北京:北京大学出版社,2013.

[3] 笪佐领,陈馥瑛. 网络信息检索及应用教程[M]. 南京:南京大学出版社,2011.

[4] 刘汉义. 网络医学信息应用[M]. 北京:清华大学出版社,2007.

[5] 陈晋. 开放获取十年(2001—2011)[M]. 北京:国家图书馆出版社,2012.

[6] 原宏盛. 直接满足中文用户科研文献需求的网络搜索工具——Google Scholar 初探[J]. 中国图书馆学报,2007(1):96-99.

[7] 王凌. 国外医学专业搜索引擎[J]. 首都医科大学学报:社会科学版,2010,(增刊):141-142.

[8] 王奕飞,梁国庆. 国外常用医学专业搜索引擎[J]. 医学信息,2003(12):705-706.

[9] 夏旭,方平. 寻医找药网上行——中外医学专业搜索引擎概览[J]. 医学情报工作,2000(4):19-22.

[10] Sergey Brin,Lawrence Page,万思. Google 搜索引擎剖析[J]. 程序员,2003(4):68-73.

[11] 秦文珍,肖琼. 生物医学领域预印本的现状与发展[J]. 现代情报,2014,34(4):142-145.

[12] 王颖洁. 机构知识库建库软件 DSpace、Eprints、Fedora 的比较分析[J]. 图书馆学刊,2008(4):133－137.

[13] 纪元霞. 国内机构库软件平台调研[J]. 图书情报工作网刊,2012(1):31－39.

[14] 林颖. Fedora 仓储体系研究及其扩展案例分析[J]. 现代图书情报技术,2005(8):12－15.

[15] 张首红,姜爱蓉. 数字图书馆系统开源软件的比较分析[J]. 图书馆杂志,2006(1):43－48.

[16] 李武,刘宇,于文. 中日韩三国大学生移动阅读行为的跨国比较研究[J]. 出版广角,2013(18):8－11.

[17] 白燕燕. 我国移动阅读面临的 6 大瓶颈及对策研究[J]. 编辑之友,2013(3):80－83.

[18] 姜光远,李菲. 基于第五媒体的手机图书馆服务研究[J]. 情报科学,2008(6):900－903.

[19] 夏南强,殷克涛,赵富红. 论手机图书馆的信息服务[J]. 情报科学,2009(11):1641－1644.

[20] 关于"道客巴巴[EB/OL]. [2014－07－11]. http://www.doc88.com/help/about.html.

[21] 李彦宏. 未来五年语音图像搜索将超过文字搜索[EB/OL]. [2014－09－04]. http://tech.ifeng.com/a/20140903/40784793_0.shtml.

[22] 百度公司介绍[EB/OL]. [2014－07－11]. http://home.baidu.com/about/about.html.

[23] OpenDOAR[EB/OL]. [2014－07－29]. http://www.opendoar.org/index.html.

[24] About OpenDOAR[EB/OL]. [2014－07－29]. http://www.opendoar.org/about.html.

[25] Search or Browse for Repositories[EB/OL]. [2014－07－29]. http://www.opendoar.org/find.php.

[26] 在线简介[EB/OL]. [2014－07－27]. http://www.paper.edu.cn/about/aboutme.html.

[27] 栏目简介[EB/OL]. [2014－07－27]. http://www.paper.edu.cn/about/intro.html.

[28] 张鸣明,刘鸣. 循证医学的概念和起源[J]. 华西医学,1998(3):265.

[29] 余恩琳. 循证医学概述[EB/OL]. [2014－05－31]. http://wenku.baidu.com/view/ed28d64769eae009581bec20.html.

[30] 张廷杰,余振球. 循证医学与临床实践:概念、问题与进展[J]. 中华高血压杂志,2008,16(2): 186－189.

第7章

信息资源利用

学习目标

⊙ 了解信息资源的收集原则与整理方法及信息分析的研究方法；

⊙ 了解报告和论文的写作要点；

⊙ 掌握国标参考文献的著录格式，学会按标准进行规范著录文献。

开篇案例

浙大研究生第一课：先考学术规范再注册

2014年9月21日，浙江大学举行2014级研究生开学典礼，6 944位博士、硕士新生从师长手中接过《浙大研究生学术规范手册》并宣誓“坚守学术操守”。之前，这6 944名新生按学校要求进行了网上学术规范考试和实验室安全考试，成绩须达到90分的及格标准才能正式注册。

《浙大研究生学术规范手册》是浙江大学研究生院聘请各个学科领域的教授自主编写的一本“本土教材”，分社会科学类、人文学科类、理学类、工学类、农学类和医学药学类六大门类，对研究生的学术研究、学术成果写作与发表、学位论文撰写等各种学术活动进行了全面而细致的规定和示范。

在学术规范考试中，试题包括学术道德、学术研究、学术署名、论文撰写、论文发表、论文答辩、学术处分和论文格式等内容。试题均为网上随机分配，题量为50题，题型分为判断题和选择题两种，要求在规定的时间内完成答题，但不限考试次数。

7.1 科研选题

科研选题就是形成、选择和确定所要研究和解决的课题。科研选题是科学研究的重要组成部分，它关系到科学研究的方向、目标和内容，影响着科学研究的途径和方法，决定着科研成果的水平、价值和发展前途。科学学奠基人贝尔纳认为，课题的形成和选择，无论作为外部的技术要求，抑或作为科学本身的要求，都是研究工作中最复杂的一个阶段。

7.1.1 科研选题的意义

① 科研选题是研究工作的起点，是决定科研成败或研究能否顺利进行的关键。爱因斯坦曾说过："提出一个问题往往比解决一个问题更重要。因为解决问题也许仅是一个数学上或实验上的技能而已，而提出新问题、新的可能性，从新的角度去看旧的问题却需要有创造性的想象力，而且标志着科学的真正进步。"

② 科研选题是科学研究中带有战略意义的一步。它不仅确定了科学研究的方向，明确了科学研究的目的，指出了科学研究的路径，而且迈出了实质性的第一步。中国工程院院士王光远认为，科研方向是研究的战略性选择，科研方向好与不好将影响很长时期的研究情况。

③ 科研选题是贯穿科研工作全过程的主线和科学研究的终点。历史无数次地向人们证明，课题选择正确与否直接影响着课题研究的成败。例如，由于社会生产力和科学水平的种种限制，爱因斯坦后半生绞尽脑汁研究统一场论而难有突破就是典型的例子①。

7.1.2 科研选题的基本原则

1. 科研选题的一般原则

科研选题的一般原则主要有创新性原则、必要性（需要性）原则、科学性原则和可能（可行）性原则。

① 创新性原则（即价值原则），即要求选题具有新颖性、独创性和突破性，要选择前人没有解决或没有完全解决的问题。创新可分为两个层次：一是原始创新，包括在基本概念、理论体系上的建立或突破，新方法的建立，新领域内的拓展；二是次级创新，即对现有概念、理论体系、方法等的改良和深化。

② 必要（需要）性原则，即必须符合国家和社会当前或长远需要，或科学发展的

---

① 全国工程硕士政治理论课教材编写组. 自然辩证法：在工程中的理论与应用（修订版）[M]. 北京：清华大学出版社，2012.

需要，要具有生产意义或学术意义。

③ 科学性原则，即所选课题必须符合最基本的科学原理，遵循客观规律，具有科学性。选题时一定要以事实或科学的理论为根据，力戒选题的主观随意性、盲目性和虚假性。创造性的新发现、新发明常常发端于对已有事实、理论的真实性进行批判性的重新审察。科学性原则要求人们既要尊重事实，又要不拘泥于事实；既要接受已有理论的指导，又要敢于突破传统观念的束缚。

④ 可能（可行）性原则，即“条件原则”，要求一个课题的选择，必须从研究者的主客观条件出发，选择有利于展开的题目。如果一个课题不具备必要的条件，无论社会如何需要、如何先进、如何科学，没有实现的可能，课题也是徒劳，选题等于零。

2. 科研选题的新原则

科研成果出来后与市场脱节的矛盾普遍存在，这成了近年来制约、阻碍科学研究工作的主要矛盾。要解决这一主要矛盾，就要把科研工作放到新形势、新的市场经济条件下去考虑，从而得出科研选题新的基本原则：① 市场导向和社会需要的原则；② 经济效益和社会效益并重的原则；③ 利于人才培养原则。

7.1.3 科研选题的方法

1. 从生产、生活、教学、实验等实践中发现有价值的问题

实践中会出现人们从未研究和解决的全新的课题。比如中国著名化工专家侯德榜，在中国筹办碱厂初期，遇到了揭开索尔维法制碱技术的奥秘这一难题；工厂投产后，又遇到产品是暗红色而不是纯白色的问题；碱厂搬迁后，又遇到不能照旧采用索尔维法制碱，而须提高盐的利用率的难题。面对生产实验中的一个个难题，他努力进行探索，终于发明了“侯氏联合制碱法”，把世界制碱水平推向一个新高度。

2. 从科学的内部矛盾中寻找问题

许多研究课题是从科学的内部矛盾中找到的。比如某些学科存在着不同观点、理论和学派。当人们对同一事物有不同的看法形成各种学派的争论时，表明各派在理论上都还有缺陷或难以克服的困难，或者各有其片面性，或者各有其适用的条件和范围，抑或其中有的理论是根本错误的，等等。通过分析这些矛盾，就能比较容易地把握前人研究达到的水平，发现知识的空白区，抓住需要解决的问题，从而提出研究课题。

3. 各学科之间或边缘学科产生的新问题

科学上的新理论、新发明的产生，新的工程技术的出现，经常是在学科的边缘或交叉点上，重视交叉学科将使科学本身向着更深层次和更高水平发展，这是符合自然界存在的客观规律的。这个领域是学科与学科之间的接触点，是知识的空白区。比如寻找自然科学和社会科学的渗透区和接触点，把自然科学与社会科学的多种学

科综合起来建立新的综合学科；或者探索数学和计算机科学向各门学科的渗透，使数学的理论和方法运用于各种学科，使计算机在数值计算、数据处理、信息处理、自动控制等方面的功能在各个领域获得广泛的应用，等等。

4. 发现理论自身存在不足或矛盾

科学上许多悖论就属于理论自身的矛盾。理论中的逻辑困难在数学中称为悖论。一旦发现悖论，表明这个理论的逻辑基础和基本前提中必然出现了问题，这就迫使科学家重新审查原有的理论。悖论的解决使原有理论体系逻辑基础扩大，有助于新理论的产生。例如，微积分初创时期出现的无穷小悖论，曾推动了极限理论和方法的产生；集合论中的罗素悖论，曾促进了类型论和哥德尔不完备性定理的出现。①

5. 发现新的观察或实验现象同原有理论或观点的矛盾

在学习中人们有时会发现，实验事实与现有理论观点之间存在着或多或少的矛盾。在这种情况下，认真分析事实，分析实验数据，弄清研究对象的性质，充分暴露实验事实与现有理论、观点的矛盾，在矛盾比较尖锐的地方提出问题，提出新的假说，设计新的实验验证方案，找出研究课题，是现代科学技术发现问题、研究问题的重要方法。

6. 现有的方法、技术等有缺陷或不足

在几乎所有的研究报告的前言部分，都陈述了其选题的理由，其中大部分都是针对现有方法、技术等的缺点和不足所提出来的。例如，东华大学何南霏的硕士学位论文《胶原针刺非织造材料及其在软骨/骨组织工程中的应用研究》中对现有的临床治疗软骨缺损或畸形的方案，如自体骨或异体骨移植"还存在着很多缺陷与不足，如来源有限，且会造成新的创伤"，从而选定了新的支架制备技术——针刺成型工艺，较好地规避了目前已有支架制备技术的缺陷。因此，从现有方法、技术等的缺点和不足中挖掘研究方向是一个实用而有效的选题方法。

7.1.4 科研选题的步骤

1. 课题调研

调研与考察是对有关课题的历史、现状及发展趋势进行调查研究，从而掌握前人对有关课题已做了哪些工作，还存在什么问题，问题的关键在哪里，已经得出什么结论，有什么经验和教训，以便在新的起点上选择课题。

2. 课题选择

课题选择过程首先是根据调研和实际考察的结果，初选出各个科学问题，认真分析其在科技发展中的地位、作用、社会经济效益及制约科研能否顺利进行的其他

① 范锡洪，蒋祖喜，金焕副. 自然辩证法教程[M]. 上海：同济大学出版社，1992.

因素等；其次，运用后面将涉及的选题原则，从各个问题中优选出一个适宜的课题，然后进一步研究如何进行课题研究工作，拟出初步的研究计划和几种可行的研究方案，提出开题报告。开题报告是有关部门组织同行专家对课题进行可行性研究和审批课题的重要依据。

3. 课题论证

论证是指对课题进行全面的评审，看其是否符合选题的基本原则，并分别对课题研究的目的性、根据性、创造性和可行性进行论证，以确定选题的正确性。课题论证一般采取同行专家研究评议与管理决策部门相结合的方式进行。评议内容包括课题研究目的和预期成果是否符合社会实践和科技发展的需要；开题报告对国内外现状和发展趋势分析是否正确，开题执行的论据是否充分、可靠；课题的科学技术意义和经济价值如何；课题所采用的初步研究计划和技术路线是否先进、合理、可行；等等。

4. 课题确定

经过课题论证之后，该课题若通过，则课题确定；若没通过，该课题则被淘汰，需再按照选题的程序和原则，另行选定其他课题。

7.2 文献管理

“工欲善其事，必先利其器。”科学地管理文献、有效而准确地使用文献，是一个科学工作者的基本功，也是保证论文质量的一个重要因素。

文献管理软件集文献检索、管理、分析及论文写作功能于一体，能帮助用户高效管理和快速生成参考文献。文献管理软件的主要功能有以下几个方面。

① 收集文献：能够获取不同来源的文献，支持数以百计的全球图书馆书目数据库和网络数据库，如中国学术期刊网络出版总库、中文科技期刊数据库、PubMed、SciVerse ScienceDirect、Web of Science、图书馆书目数据库等。

② 管理文献：科学管理和组织大容量的参考文献，把文献按个人需要归类、进行查重去重、统计分析，对文献题录进行编辑和修改等。

③ 写作时即写即引：可在 Word 文档中方便引用参考文献，当修改文内引用时，文后参考文献的编排随之可自动增加、删除、调整顺序、修改，避免了烦琐的人工调整，并可减少人为出错。管理软件中一般内置丰富的引文格式模板与重要期刊的论文格式模板，使论文撰写更加规范和轻松。

国外比较有名的文献管理软件有 Endnote、Reference Manager、ProCite 及 Biblioscape；国产软件有 NoteExpress、医学文献王等。

7.2.1 Endnote

EN(Endnote)软件是 ISI Thomson 公司推出的最受欢迎的一款文献管理软件,其版本由最初的 EN 1 到本书撰写时的 EN X7(X 为罗马数字 10),功能也在不断地提升。其主要功能见表 7-1。

表 7-1 Endnote 软件的主要功能

程序基本模块	主要功能
建立数据库	EndNote 的内置在线检索功能;PDF 导入及文件夹批量导入;英文数据库的导入(PubMed,Ovid,FMJS 等);中文数据库的导入(CNKI、万方、重庆维普等);谷歌学术搜索数据的导入;数据库导入 Filter 的编辑
数据库管理	界面操作:栏位置显示与隐藏、排序; 文献书目操作:拷贝、复制、删除、统计、查找、输出; 管理操作:全文管理、合并数据库、分组管理、笔记等; 文献分析:文献简单分析等
引文格式编辑	在写作时插入引文,编辑文后参考引文的显示格式(即输出格式),编辑与修改输出格式,使用论文模板

EN 除了单机版,还推出了网络版 EN Web,只要订购了 Web of Science 数据库的单位就有权限使用 EN Web 进行文献的管理工作。EN Web 相当于将个人图书馆建立在网络上,只要登录 EN Web 就可以使用其最新版的各项功能,不受电脑及地域的限制。

因 EN 有众多版本,本章以 EN X7 为例进行简要介绍。需要提及的是,EN 为收费软件,但可以免费试用 30 天,试用版部分功能受限,可在 EN 官网(http://endnote.com/)下载。EN X7 对电脑的要求包括:① Windows XP 及以上版本;② Pentium 450MHz 或更快的处理器;③ 180MB 以上的硬盘空间;④ 256MB 以上的存储空间。

1. *启动* EndNote

首先在电脑里安装 EN,安装文件包内的两个文件 ENX7Inst,License.dat 必须在同一个文件夹内,安装成功以后,可以通过几种方式打开:

① 从“开始”进入“程序”,找到“EndNote”并单击,打开 EN 使用界面。

② 打开 Word,单击工具栏上的“EndNote X7”展开后,单击“Go to EndNote”,进入 EN 使用界面或触动任何一个功能键都可启动 EN。

打开软件,在窗口的最上方依次为标题栏、菜单栏和常用工具栏;左边为本地图书馆的树状目录和在线检索等;右边包括检索区、题录及其详细信息(如图 7-1 所示)。

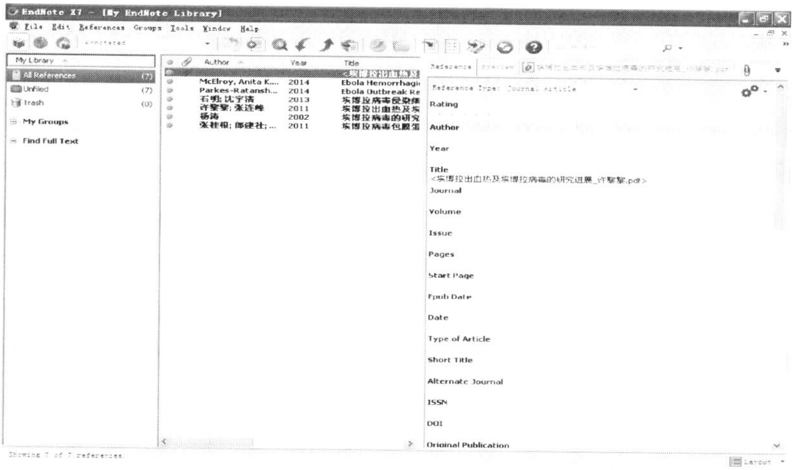

图 7-1　EndNote 界面

2. 建立个人图书馆

打开 EN 后就要建立个人图书馆(EndNote Library)了,在 EN 启动界面依次单击“File/New”,即可弹出新建个人图书馆对话框,可以选择为图书馆命名、选择保存位置,之后单击“保存”按钮,即可产生一个“ * . enl”文件,通过此文件可对图书馆进行管理。

无论将“ * . enl”文件及其文件夹放在哪里,备份的时候只要将此文件和文件夹一起备份即可。重新安装后,已导入的文章条目和 PDF 等文件无须重新导入。

3. 文献的输入

单击工具栏上的“Open Library”(打开图书馆)图标,或使用 File/Open/Open Library 命令可打开一个 Endnote 图书馆。界面包括以下几个部分:快捷工具栏、分组管理/在线搜索窗口、书目信息显示窗口、书目编辑与预览窗口、全文导入/预览/批注窗口。接下来输入文献数据。输入数据有以下几种方法。

(1) 手动输入

依次单击菜单栏“References” > “New Reference”或者快速工具栏的“新建”按钮,单击“关闭”即可保存(如图 7-2 所示)。

(2) 内置在线检索输入

单击快速工具栏上的“Show Search Panel”按钮打开在线搜索面板,使用内置在线搜索功能直接添加文献数据。或者单击“Online Search”按钮,弹出在线数据库选择对话框,选择要检索的数据库,输入检索策略。在线搜索数据库不支持中文数据库。

(3) PDF 导入

单击“File” > “Import” > “File”可单独导入单个 PDF 文件,也可单击“File” >

"Import" > "Folder"使用文件夹批量导入 PDF 文件。在跳出的对话面板中"Import option"(导入项/过滤器)选择"PDF"。

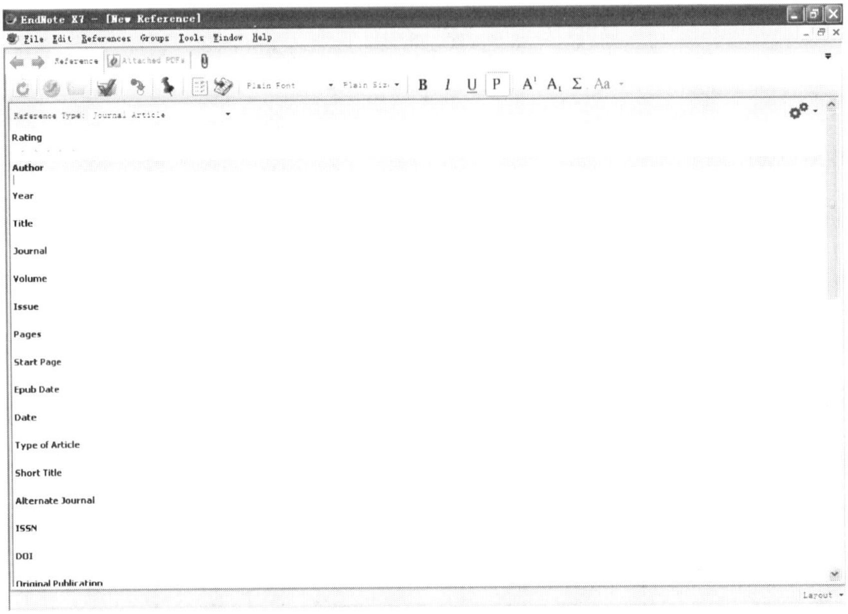

图 7-2 EndNote 手动输入界面

(4) 下载题录文献(PubMed、FMJS、万方、CNKI、谷歌学术等)

如对在 PubMed 中搜索的数据,选中所要保存结果的数据,单击结果显示页面右上角的"Send to"按钮,弹出"Choose Destination"下拉菜单,选中"Citation Manager",然后单击"Create File"按钮,将会自动下载一个名为"file_backend. cgi"的文件并自动关联 Endnote 程序打开,将所选中的结果导入 Endnote。

(5) 链接 PDF 全文

右键单击需要链接 PDF 全文文件的条目,在下拉菜单中依次单击"File Attachments" > "Attach File",然后找到 PDF 文件即可。

(6) 在线搜索下载 PDF 全文

右键单击需要链接 PDF 全文文件的条目,在下拉菜单中单击"Find Full Text",然后程序即可自动开始在互联网上搜索 PDF 全文并下载。但是,不是所有文件的全文都能下载。

4. 引文输出格式的修改

修改文后参考文献格式为国内标准。单击菜单栏上的"Edit",在弹出的下拉菜单中单击"Output Style",然后单击"Open Style Manager",弹出"Endnote Style"对话框。在"Endnote Style"对话框中,找到"Vancouver"一项并选中,然后单击右下的"Edit"按钮打开"Style"编辑窗口。在左侧的工具栏中单击"Citations"下的

"Templates",在右侧编辑窗口中修改代码"(Bibliography Number)"为"[Bibliography Number]",并单击上方的"A1"图标,将代码变成上标格式,修改时只能在英文输入法状态下手动输入,不可复制粘贴。修改完毕后保存此"Output Style"文件,依次单击菜单栏"File" > "Save as"弹出文件保存对话框,单击"Save"进行文件保存,文件名可自行修改。修改完成后在主界面的工具栏上选择默认预览输出格式为刚刚编辑好的格式或单击"Select Another Style"进行选择。

5. 使用数据

完成数据导入及 Output Style 设定就可以进行数据使用了,即写论文时插入引文的功能。打开 Word 文档,将光标放在要插入引文的地方,然后单击工具栏"Insert Citation" > "Insert Selected Citations(s)"即可将参考文献插入论文。

7.2.2 NoteExpress

1. 软件简介

NoteExpress 是由北京爱琴海软件中心自主研发、拥有完全知识产权的文献检索、管理与应用系统,全面支持简体中文、繁体中文和英文。NoteExpress 具有五大功能模块:检索、管理、分析、发现和写作。

① 检索:直接与数以百计的全球图书馆目录检索系统和电子数据库,如万方、维普期刊网、CNKI、SCI、EI、Elsevier ScienceDirect、ACS、OCLC、美国国会图书馆等连接,把因特网上的资料(如 Google 学术)直接导入现有的参考文献数据库中。一次检索,永久保存。

② 管理:对个人参考文献数据库电子文献题录和全文进行管理,包括通过去重、分类、排序、检索,检索结果能够保存到特定目录,供平时研究时使用。独创的虚拟文件夹功能更适合多学科交叉的现代科研。

③ 分析:依据文献计量学原理,对检索结果进行多种统计分析,从而使研究者快速地了解某领域里的重要专家、研究机构、期刊分布、研究热点等。

④ 发现:通过与文献相互关联的附加笔记功能,能随时记录阅读文献时的思考,用户能够与参考文献相链接,方便以后查看和引用。检索结果可以长期保存,并自动推送符合特定条件的相关文献,用户能够长期跟踪某一专业方向的研究动态。

⑤ 写作:支持 Word 和 Latex,在论文写作时可以随时引用保存的文献题录,自动生成并输出符合要求的参考文献索引。软件内置 3 000 种国内外期刊和学位论文的格式定义。首创的多国语言模板功能,可以自动根据所引用参考文献语言不同进行差异化输出。

2. 使用指南

(1) 下载和安装

NoteExpress 2x 版本支持 Windows 2000、XP、2003 及 VISTA 等操作系统。登录爱

琴海公司的官方网站下载界面,选择免费下载或者购买。软件下载后,选择文件保存位置,双击文件根据提示进行安装。NE 默认情况下会安装到"C:\Program Files\NoteExpress2"路径(windows XP)。同时 NE 也会自动添加一个名为"Sample"的范例数据库。安装完毕后,双击桌面图标,打开 NoteExpress2 软件。NE 安装后的界面如图 7-3 所示。

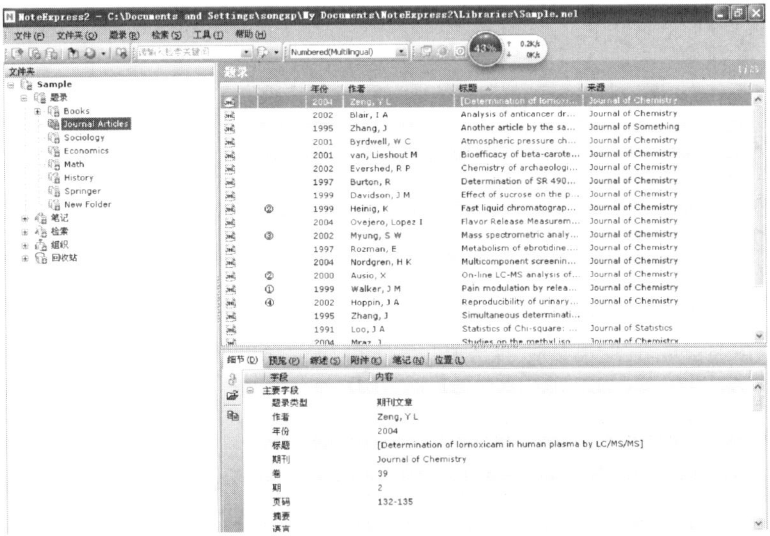

图 7-3 NoteExpress 界面

(2)创建数据库

选择菜单"文件">"新建数据库"创建新的数据库,定义数据库的存放位置和保存名称。NE 数据库的文件后缀为". nel",可根据文献的内容特点,定义数据库的名称。

(3)导入题录

创建数据库之后,依次单击"打开">"导入",将题录导入数据库(如图 7-4 所示)。通常有 4 种方法将题录信息导入:① 在线数据库导入。单击菜单"检索">"在线检索",选择"选择数据库",双击该数据库名称,进入数据库的检索界面。输入合适的检索条件,进行检索,勾选检索题录,保存到相应的文件夹。② 过滤器导入。登录网站数据库(如 CNKI 等)进行检索和导出题录,只要选择合适的过滤器(如 NoteExpress,Endnote,Ris 格式等),就会非常方便地将题录信息导入 NE。③ 手动添加。单击"题录"菜单,从下拉菜单中选择"新建题录",然后在题录对话框中根据相应的字段输入信息即可。④ 全文导入。单击"文件"菜单,然后从下拉菜单中选择"导入文件",单击"添加文件"(单个文件);或者单击"添加目录"(多个文件),然后选择题录保存的文件夹。

（4）管理题录

① 管理文件夹。文件夹下拉式菜单有对文件夹的添加、删除、重命名、排序、移动等功能。

② 附件。单击需要添加的附件的题录，切换到"附件"的预览窗口，右击选择要添加的文件。批量链接附件是一个非常有用的功能，单击"工具"菜单，选择"批量链接附件"。

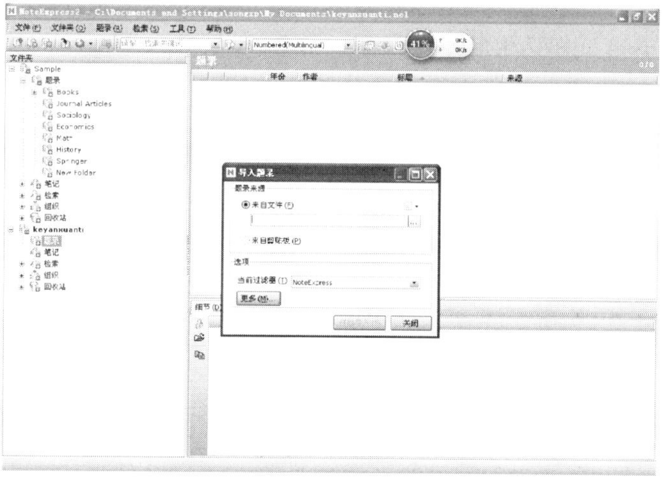

图 7-4　NoteExpress 导入题录界面

③ 查找重复题录。单击"检索"菜单，选择"查找重复题录"。选择需要查找重复题录的文件夹，定义重复题录的字段设置，单击"查找"，NE 将自动推送重复题录信息。

（5）题录统计

右击需要统计的文件夹，从列表中选择"文件夹信息统计"。在弹出的窗口中，选择需要统计的字段进行统计，NE 将会推送相应的统计结果。

（6）笔记

① 快速笔记功能。单击需要添加笔记的题录，切换到笔记窗口，然后添加内容即可，NE 会自动保存笔记。

② 高级笔记功能。单击需要添加笔记的题录，选择"题录"菜单，从选项中选择"为题录新增笔记"，NE 会自动弹出笔记编辑窗口，在该窗口中可以加入文字内容，也可添加图片、表格和公式等。

（7）撰写论文

① 插入引文。将光标放置在需要插入文献的地方，切换到 NE，选择引用的文献，然后单击 Word 写作插件的"插入引文"图标，NE 将会自动添加引用文献到文字编辑工具，并在文末生成参考文献列表。

② 引文格式化。单击插件上的“格式化”图标，然后选择需要的参考文献格式进行格式化。在弹出的窗口中，选择需要输出的样式。

7.2.3 Reference Manager

Reference Manager 是专门设计用来管理书目参考文献的一种资料库程序。任何需要收集参考文献做研究之用或需要制作书目的人都可以使用 Reference Manager，以便更轻易地管理资料。Reference Manager 受到全球学术机构，以及商业、研究机构的研究人员、图书馆员和学生的广泛使用。使用 Reference Manager 可以完成下列甚至更多的工作：① 快速地从草稿中准备格式化的内文引用文献和参考书目；② 建立并维护部门的研究资料库；③ 追踪再版馆藏；④ 为研究人员或图书馆赞助者管理新知通报服务；⑤ 从不同的参考文献来源（如联机、光碟、网际网络资料服务）收集参考文献；⑥ 为学生建立指定阅读清单；⑦ 建立出版品清单；⑧ 编目特殊馆藏；⑨ 以 XML 格式汇入或输出参考文献。

7.2.4 医学文献王

医学文献王是北京金叶大翔科技有限公司研发的文献检索和管理软件，2008 年 9 月推出 v3.0 版。该软件主要用于整理、调用分布在不同信息源中的各类文献数据，实现对文献的管理。它具有检索文献、管理文献、分析文献、RSS 阅读、获取全文及论文写作等功能，而且可以汉化英文主题词、自动更新 PubMed 等功能。

医学文献王的官方网站（http://www. medscape. com. cn/）提供了全医药学大词典、医师用药参考、医学文献王等软件的介绍、下载、网上订购与注册。

7.3 信息分析

信息分析旨在通过已知信息揭示客观事物的运动规律。信息分析的任务就是要运用科学的理论、方法和手段，在对大量的（通常是零散、杂乱无章的）信息进行搜集、加工整理与价值评价的基础上，透过由各种关系交织而成的错综复杂的表面现象，把握其内容本质，从而获取对客观事物运动规律的认识。

因此，信息分析可以定义为以社会用户的特定需求为依托，以定性和定量研究方法为手段，通过对社会信息的搜集、整理、鉴别、评价、分析、综合等系列化的加工过程，形成新的、增值的信息产品，最终为不同层次的科学提供决策服务的一项具有科研性质的智能活动。而医药信息分析可以定义为根据研究课题的目标，搜集国内外相关医药信息，对有价值的医药信息进行综合分析，编写出有根据、有对比、有分析、有评价和有预测的报告，为医学教学、科研、临床决策、卫生服务、卫生管理和市场活动提供知识管理和科学服务。

7.3.1 信息分析步骤

文献信息的分析与研究过程大致的几个步骤如图 7-5 所示。

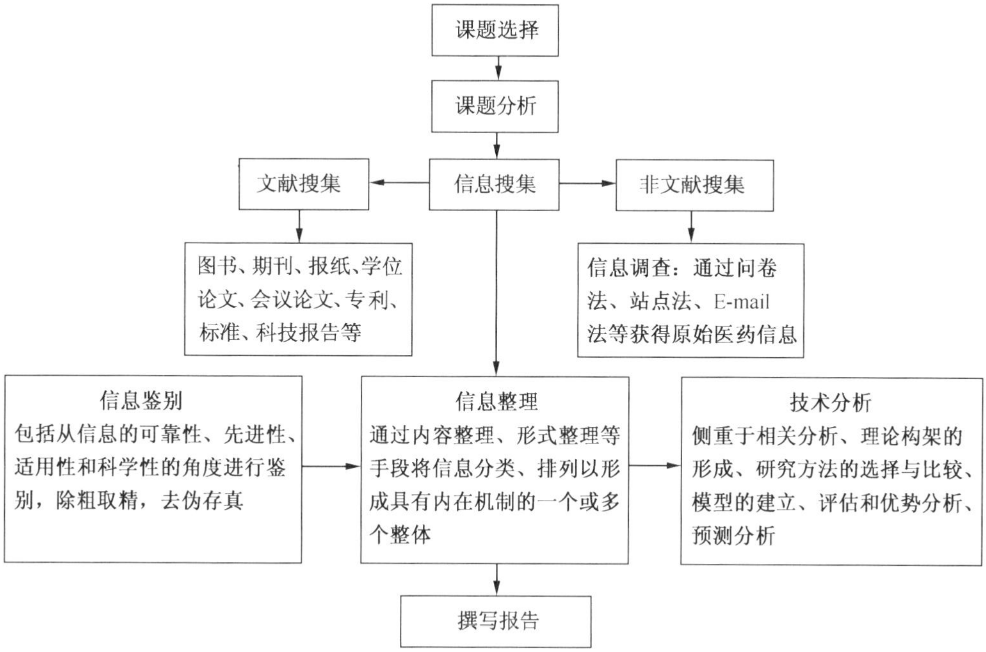

图 7-5 文献信息的分析步骤

7.3.2 信息分析方法

文献信息分析的方法很多,主要有定性分析和定量分析两种。定性分析与定量分析是人们认识事物时用到的两种分析方式。

定性分析的理念早在古希腊时代就得到了很好的展开,那个时候的一批著名学者在自己的研究之中都是给自己所研究的自然世界给以物理解释。虽然这种认识对人们认识感官世界功不可没,但却缺乏深入思考的基础,因为从事物的一种性质延伸到另一种性质,往往是超出了人类的认识能力。

定量分析作为一种古已有之但是没有被准确定位的思维方式,其优势相对于定性分析很明显,它把事物定义在了人类能理解的范围,由量而定性。

定性分析与定量分析应该是统一的,相互补充的。定性分析是定量分析的基本前提,没有定性的定量是一种盲目的、毫无价值的定量;定量分析使定性更加科学、准确,它可以促使定性分析得出广泛而深入的结论。定性分析和定量分析是文献信息研究的两个方面,要根据具体的研究内容而确定采用哪种分析研究方法。

1. 定性分析方法

定性分析方法是指运用分析与综合、相关与比较、归纳与演绎等逻辑学手段进行文献信息研究的方法，是传统文献信息研究的主要方法，是在逻辑分析、判断推理的基础上发展起来的。常用的文献信息定性分析方法有比较分析法、相关关系法、综合分析法、典型分析法和专家调查法。

（1）比较分析法

比较分析法是指对同类事物进行对比，分析其异同，进而判断其优劣的研究方法。在信息分析研究的过程中，比较分析法是研究一切事物生动有力的、普遍的逻辑方法，是进行分析、综合和推理等其他方法的基础。

比较分析法可分为纵向和横向两种方法。纵向比较法是对同一事物在不同时期的状况，如数量、质量、性能、参数、速度、效益等特征进行对比，从而认识事物的过去、现在及其发展趋势。由于这是同一事物在时间上的对比，所以又称动态对比。横向比较法是对不同区域，如国家、地区或部门的同类事物进行对比，又称静态对比，属于同类事物在空间上的对比。横向对比可以得出区域间、部门间或同类事物间的异同。

（2）相关关系法

事物之间或者事物内部各个组成部分之间经常存在着某种关系，如现象与本质、原因与结果、目标与途径、事物与条件等关系，这些关系可以统称为相关关系。通过分析这些关系的类型、密切程度等，可以从一种或几种已知的事物来判断或推知未知的事物，这就是相关关系分析法；甚至可以将事物之间的相关关系通过方程式定量地表现出来，如建立回归方程等。

（3）综合分析法

综合分析法又称综合归纳法，是把与研究对象有关的情况、数据、素材进行归纳与综合，把事物的各个部分、各个方面和各种因素联系起来考虑，从错综复杂的现象中，探索它们之间的相互联系，以达到从整体的角度通观事物发展的全貌和全过程，获得新的认识、新的结论。在文献信息分析研究过程中，经常应用综合分析法。

（4）典型分析法

典型分析法是通过对个别具有代表性的事例进行分析，达到认识一般、找出普遍性目标的分析方法。典型分析法的一般程序是普遍调查—选取典型—典型调查—典型分析—普遍规律。典型分析必须在普遍调查的基础上，通过比较、鉴别选择典型。典型文献信息分析主要对象是典型人物的思想、行为、影响人们思想的各种典型环境及典型的工作方法和途径。典型分析法能起到举一反三、举纲带目的作用。

（5）专家调查法

专家调查法又称专家评估法，是以专家作为索取文献信息的对象，依靠专家的知识和经验，对问题做出判断、评估和预测的一种方法。专家调查法应用非常广泛，特别是对一些超出技术和经济范围的问题，涉及生态环境、公众舆论及政治、社会等因素起主导作用的问题，只有依靠专家来做出判断。常用的方法有专家个人调查法、专家会议调查法（专家集体法）、头脑风暴法、德尔菲法、交叉影响法等。

专家调查法的程序包括：① 确定主持人，组织专门小组。② 拟定调查提纲。③ 选择调查对象。选定的专家人数不宜太少也不宜太多，一般以10～50人为宜。④ 轮番征询意见。该程序通常要经过三轮：第一轮是提出问题，即要求专家们在规定的时间内把调查表格填完寄回；第二轮是修改问题，请专家根据整理的不同意见修改自己所提问题，即让调查对象了解其他见解后，再一次征求他本人的意见；第三轮是最后判定，即把专家们最后重新考虑的意见收集上来，加以整理。有时根据实际需要，还可进行更多几轮的征询活动。⑤ 整理调查结果，提出调查报告。对征询所得的意见进行统计处理，一般采用中位数法，把处于中位数的专家意见作为调查结论，并进行文字归纳，写成报告。

2. 定量分析方法

定量分析方法是指对社会现象的数量特征、数量关系与数量变化进行分析的方法。其核心技术是数学模型的建立、求解和对模型解的评价与判定。常用方法有趋势外推法、回归分析法、时间序列法、概率统计法和文献计量法。

（1）趋势外推法

趋势外推法是根据过去和现在的发展趋势推断未来的一类方法的总称，用于科技、经济和社会发展的预测，是文献信息研究法体系的重要部分。趋势外推法的基本理论是决定事物过去发展的因素，在很大程度上也决定该事物未来的发展，其变化不会太大；事物发展过程一般都是渐进式的变化，而不是跳跃式的变化，掌握事物的发展规律，依据这种规律推导，就可以预测出它的未来趋势和状态。

趋势外推法首先由R. 赖恩（Rhyne）用于科技预测。应用趋势外推法进行预测主要包括6个步骤：① 选择预测参数；② 收集必要的数据；③ 拟合曲线；④ 趋势外推；⑤ 预测说明；⑥ 研究预测结果在制订规划和决策中的应用。

趋势外推法是指在对研究对象过去和现在的发展做了全面分析之后，利用某种模型描述某一参数的变化规律，然后以此规律进行外推。为了拟合数据点，实际中最常用的是一些比较简单的函数模型，如线性模型、指数曲线、生长曲线、包络曲线等。

（2）回归分析法

回归分析法是一种研究变量之间的依存关系的统计分析方法，它能够通过对变量之间依存关系的分析，确定解释变量（自变量）和被解释变量（因变量）之间某种关系的性质和程度，并在一定的精度下可以根据自变量的已知条件估计和预测因变量的值。回归分析法预测是利用回归分析方法，根据一个或一组自变量的变动情况预测与其有相关关系的某随机变量的未来值。进行回归分析需要建立描述变量间相关关系的回归方程。

回归分析中根据自变量的数量多少分为一元回归分析和多元回归分析；依据描述自变量与因变量之间因果关系的函数表达式，分为线性回归分析和非线性回归分析。

（3）时间序列法

时间序列法是以时间为序，分析某一事物的自身演变过程，揭示事物发展的演变规律，从而预测这一事物的未来发展趋势。时间序列有 4 种变动因素：① 长期趋势；② 周期变动；③ 季节变动；④ 偶然变动，即除上述 3 种情况之外的不规则变动，又称随机变动。时间序列法分为两类：① 不细分 4 种变动因素而直接利用时间序列数据建立数学模型，进行预测。② 对 4 种变动因素有侧重地进行预处理，从而派生出剔除季节变动法、移动平均法、指数平滑法、自回归法、时间函数拟合法等具体预测方法。

（4）概率统计法

概率统计法也称拟合模型法，是一种常用的文献信息定量分析方法。这种方法的实质是利用已有的数据资料拟合推演出数学模型。其关键是搜集整理的数据资料要能够反映出研究对象的特性，拟合方法要合理。概率统计法需要有一定的数学基础，而且大部分是针对自然科学情报的分析，有一定的难度。

（5）文献计量法

文献计量法是以文献信息为研究对象，以数学和统计学为手段，用量化的概念来表述科学现象的一种宏观研究方法，也是文献信息研究中特有的研究方法。文献信息计量研究的过程中经常涉及的几个定律有文献增长定律、文献老化定律、文献离散定律、文献引用定律、论文作者分布定律等。在文献计量过程中可依据这些经验规律分析、研究被研究对象的定量特征。此外，对文献信息的计量分析还可用于评价出版物、确定核心文献等。文献计量法是文献信息分析与利用过程中最常用的分析方法之一。

总之，文献信息分析的方法（见表 7-2）都是以现有的文献信息为依据，对这些文献信息进行去粗取精、去伪存真、由表及里、由此及彼的综合分析和抽象的思维活动。无论采用何种文献信息分析方法，都必须根据客观事实，综合分析研究，进而为文献信息的利用提供科学有效的依据。

表 7-2　文献信息分析的方法类别及举例

	类别	方法举例
定性分析法	对比与类比	比较分析法
	分析推理	相关关系法、典型分析法
	综合抽象	综合分析法、专家调查法
	因果关系类	相关关系法
定量分析法	趋势外推类	回归分析法、时间序列法
	变量变换类	主成分分析法、因子分析法、典型相关分析法
	定性-定量转化类	德尔菲法、层次分析法、交叉影响法
	定量-定性转化类	聚类分析法

7.4 科技查新

7.4.1 科技查新的基本术语

科技查新(简称查新):是指具有查新业务资质的查新机构,根据查新委托人提供的需要查证其新颖性的科学技术内容,按照《科技查新规范》(国科发计字[2000]544号)进行操作,并给出结论(即查新报告)。

查新机构:是指具有查新业务资质的信息咨询机构。

查新项目:是指被查证(待查证)的科学技术项目。

查新点:是指需要查证的内容要点。

新颖性:是指在查新委托日以前查新项目的查新点部分或者全部没有在国内或国内外出版物上公开发表过。

查新委托人:是指提出查新需求的自然人、法人或者其他组织。

查新合同:是指查新委托人和查新机构约定,由查新机构处理查新委托人的查新事务的合同。

查新目的:可分为立项查新、成果查新等。立项查新包括申报各级各类科技计划、科研课题开始前的资料收集等;成果查新包括成果鉴定、申报奖励等。

查新项目的科学技术要点:要着重说明查新项目的主要科学技术特征、技术参数或指标、应用范围、查新委托人自我判断的新颖性等。

查新报告:是指查新机构用书面的形式就其处理的查新事务和得出的查新结论向查新委托人所做的正式陈述。

7.4.2 科技查新的作用

1. 为科研立项提供客观依据

科研课题在正式立项前，通过对国内外的有关情报的对比，确定科研课题在论点、研究开发目标、技术路线、技术内容、技术指标、技术水平等方面是否具有新颖性。通过查新可以了解国内外有关科学技术的发展水平、研究开发方向是否已研究开发或正在研究开发，研究开发的深度及广度，已解决和尚未解决的问题等，从而对所选课题的新颖性提供判断的客观依据。

2. 为科技成果的鉴定、评估、验收、转化、奖励等提供客观依据

查新可以为科技成果的鉴定、评估、验收、转化、奖励等提供客观的文献依据，还能保证科技成果鉴定、评估、验收、转化、奖励等的科学性和可靠性。高质量的查新，结合专家丰富的专业知识，可以保证鉴定、评估、验收、转化、奖励等的权威性和科学性。

3. 为科技人员进行研究开发提供可靠而丰富的信息

查新机构一般具有丰富的信息资源和完善的计算机检索系统，能提供从一次文献到二次文献的全面服务，可检索科技、经济、商业等资料的数据库，内容涉及各种学术会议和期刊论文、技术报告、学位论文、政府出版物、科技图书、专利、标准和规范、报纸、通告等，保证信息的回溯性和时效性，基本能满足科研工作的信息需求。

7.4.3 科技查新的对象

科技查新主要针对以下几种情况进行：

① 申报国家级或省(部)级科学技术奖励的人或机构；

② 申报各级各类科技计划、各种基金项目、新产品开发计划的人或机构；

③ 各级成果的鉴定、验收、评估、转化；

④ 科研项目开题立项；

⑤ 技术引进；

⑥ 国家、地方或企事业单位有关规定要求查新的。

7.4.4 科技查新的工作流程

科技查新工作是推进科研项目立项的科学化及科技成果管理工作规范化的一个重要环节，它是一项严肃并且科学性、法规性很强的工作，查新机构按图 7-6 所示查新工作流程图开展查新业务。

图 7-6　查新工作流程

7.5 论文写作

论文是针对一定学科专业的某一问题，在文献信息资料调研或实践、实验的基础上，用某一理论或方法，通过一定的逻辑论述，把相关的认识、见解、发现、成果等信息整理发表的一种特殊文本的总称。就其内容和文体特点而言，论文可以分为科研论文、调查报告、实验报告、研究综述、学位论文等，是人类为了实现科学或技术信息的书面存贮所从事的实践活动的全过程。

7.5.1 论文写作的重要意义

科技论文写作是每个科技工作者的必备素质。写好科技论文除了能总结科技成果、扩大学术交流、增加科技积累、授予学位、为社会提供信息服务、推动科研生产、促进科技进步之外，还对写作本人的水平和能力的提高有很大的推动作用。

1. 科技写作可以提高科技人员的素质

写作是一种强迫自己进行全面、深入和系统的逻辑思维的手段。人们为了把自己头脑中的思维活动变成有形的文字记录，把口头语言变成更加严谨的书面语言，需要反复地推敲各种问题。在这个推敲的过程中，人们对事物的认识也在不断地细化和升华，对事物本质的认识也会逐步清晰和明朗。在这个过程中也会产生很多想象，从而发现问题，这就使研究成果更系统化，逻辑思维的能力也就相应得到提高，研究工作者的综合素质也随之提高。

2. 科技写作是考评科技人员的依据

撰写科技研究报告是信息研究工作不可缺少的重要组成部分，也是课题研究的最后关键环节。一篇科研报告的提交，表明研究工作的结束。因此研究论文的社会效益、经济效益的大小代表着科技工作者的选题能力、检索能力、社会调查能力、科学研究能力、思维能力、文字表达能力和科学技术知识的博深等方面的综合素质，它是评价科技工作者业务水平和研究能力的重要标准，也是评定职称和晋级的重要依据，又是发现人才的渠道之一。

7.5.2 论文的特点

科技论文涉及的内容繁多、领域宽广，但在某些方面具有共同特点。

1. 科学性

科技论文内容上的科学性，即研究结果能经得起实践检验；方法的科学性，即认识问题和解决问题不能以主观随意代替科学研究；结构上的科学性，即要求论文的逻辑性强，层次分明，说理清楚；表达方式的科学性，即观点前后一致，论据上要有说服力。科学性是科技论文的必要前提，也是科技论文写作的基础。

2. 逻辑性

科技论文写作不但要依靠大量的事实和数据，更要进行严密的逻辑思维活动，有条理地组织事实和数据，并进行必要的推理活动，使整篇论文更清晰、更严密，论证充分。文章的逻辑性主要通过写作时文字表达能力来表现。培根说过：“写作，使人严谨。”科技论文的写作过程也就是作者思维能力得到锤炼与提高的过程。所撰写的论文具有较强的逻辑性，充满着思辨力，是完成一篇优秀论文的重要环节之一。

3. 创新性

创新性是科技论文必备的条件。科技论文的创新性，就是继承原有的、研究现代的、探索未来的、发现那些尚未被认识的客观规律。科技论文要求作者有独到的见解，有创造性，不能一味地重复他人的意见或成果，否则这项科技成果就没有社会价值，也就没有研究的必要性了。

4. 及时性

对应科技论文的创新性特点,科技论文的写作要求时效性高,如果不及时写作发表,创新成果很快就会过时,科技论文的发表也就没有意义了。

5. 学术性

科技论文是对科学技术研究的概括,是对研究及其成果的描述,要表达科学的原理,学术性强,不是一般文献可比的。

7.5.3 科技论文写作的基本格式和内容

科技论文不同于一般的"文学作品",虽然每篇论文所涉及的内容各不相同,写作方法存在一些差异,但是科技论文的写作结构具有一定的规律性,目前在书写格式上正趋向于统一,趋向于规范化、标准化。其一般格式包括标题、作者、摘要、关键词、正文、结论、致谢、参考文献、附录、英文摘要等。

1. 标题

标题应表达作者写作的特定思想内容,反映研究的范围和深度,直接体现全文的宗旨。给论文拟一个恰当的标题需要斟酌,它不但要求能表达文章的主题、有概括性,而且要能引起读者的阅读兴趣。常见的科技论文的标题有两种类型:一种是以研究对象或研究目的为题;另一种是以研究结果为题。标题的长短是根据不同论文的内容确定的,国内一般以不超过 20 个字为宜。美国和英国出版的科技期刊,要求论文题目不超过 12 个词,或者 100 个书写符号(包括间隔在内)。

2. 作者

署名的一般是科技论文的主要完成者,其姓名一般放在论文的标题下。如果成果为一个或几个单位集体完成,则署名可为整个单位名称;如果是多个人共同完成的,则都署上姓名,一般按对研究工作取得成果的贡献大小排定先后次序,每位作者姓名的下方要用括号注明作者工作的单位。

3. 摘要

摘要又称"文摘"、"提要"或"内容简介",它是对科技论文内容的高度浓缩,是不加注解和评论的概括性陈述。一篇好的论文摘要应该简明扼要,应包括研究目的、研究对象、研究方法、研究结果、所得结论、结论的适应范围 6 项内容。其中,研究的对象与结果是每篇摘要必不可缺的内容,其他项目可按论文的具体内容灵活运用。摘要的作用包括以下两方面:

① 让读者尽快了解论文的主要内容,以补充题名的不足。因此,摘要担负着吸引读者和介绍文章主要内容的任务。

② 为科技情报人员和计算机检索提供方便。

4. 关键词

关键词又称主题词,是论文信息的高度概括,是为了便于读者检索,从论文中选出的最能代表论文中心内容特征的词或词组。选择关键词的方法如下：首先，要认真分析论文的主旨，选出与主旨一致，能概括主旨并使读者能大致判断论文研究内容的词或词组。其次，选词要精炼，同义词、近义词不要并列为关键词；复杂的有机化合物一般以基本结构的名称作关键词，化学分子式和数学公式都不能作关键词。关键词的用语必须统一规范，要准确体现不同学科的名称和术语。最后，关键词的选择大多从标题和摘要中产生。

5. 引言

引言也可以称前言、序言，是论文主体部分的开端，是将论文涉及的内容向读者做初步的介绍。引言可简要地说明为什么要研究这个题目，说明课题的意义，介绍研究成果。引言文字应该尽量简明扼要，其作用在于唤起读者的注意，使读者对论文先有一个总体了解。

6. 正文

正文是论文的主体部分，是论文写作时耗时最多、工作量最大、篇幅最长的地方。正文内容要力求做到中心明确、重点突出；论证充分、逻辑严密；实事求是，态度端正；表达方面还要注意图表的精确、语言的规范化和流畅等。

一般而言，比较系统和完整的科技论文的正文一般包括原理、材料、方法、结果和讨论 5 个环节的内容，但是依据论文的内容和作者的写作风格与技巧的不同而有所变化。

“原理”环节的主要内容是阐明所从事研究课题的理论依据，并对提出的假定、原理的合理性进行简要的论证、说明。

“材料”环节主要是对材料的性质、质量、来源，材料的选取与处理等加以详细的说明，以方便同行重复实验，对论文结果加以验证。

“方法”环节也称为实验过程或操作步骤，主要内容有观察或调查的目的、时间、地点、方式、方法；或者在叙述实验方法时详细介绍实验的仪器、设备、条件，实验过程中出现的正常或异常现象及问题，等等。

“结果”环节的主要内容包括对得到的资料、数据用图、表、框加以记录；或对实验的结果、数据用图、表、框加以整理。实验结果是论文的关键所在，是所有讨论的起源地，是一切推理的出发点，由此引出了全文的结论。结果分析时，必须从辩证唯物主义的认识论出发，以理论为基础，以事实为依据，认真、仔细地推敲结果，既要肯定结果的可信度和再现性，又要进行误差分析，并与理论结果做比较（相反，如果论题产生的是理论结果，则应由实验结果来验证），说明存在的问题。

“讨论”环节的主要内容是对所进行的研究、实验和观察所得的材料进行归纳、总结和探讨，如解决了什么样的问题，其科学价值所在，还有哪些问题尚待解决，其解决的途径是什么、前景如何，等等。在写作时要注意解释所取得的研究成果，说明成果的意义，指出自己的成果与前人研究成果或观点的异同，讨论尚未定论之处和相反的结果，提出研究的方向和问题，最主要的是要突出新发现、新发明，说明研究结果的必然性或偶然性。

7. 结论

结论也称结语，结论不是研究结果的简单重复，而是对研究结果更深入一步的认识，是对全篇文章的总结和全面概括。它是文中经过充分论证断定无误的观点，是整个研究过程的总结。

结论的内容要点如下：本研究结果说明了什么问题，得出了什么规律性的东西，解决了什么理论或实际问题；对前人有关本问题的看法做了哪些检验，哪些与本研究结果一致，哪些不一致，作者做了哪些修正、补充、发展或否定；本研究的不足之处或遗留问题。

撰写的结论应达到如下要求：

① 概括准确，措辞严谨。结论是论文最终的、总体的总结，措辞要严谨，语句要像法律条文那样，只能做一种解释，清清楚楚。

② 明确具体，简短精练。结论段有相对的独立性，应提供明确、具体的定性和定量的信息；行文要简短，对要点要具体表述，语言要锤炼，不能用抽象和笼统的语言。

8. 参考文献

在科技论文之后列出“参考文献”，即表明论文作者言之有据，又表示对他人研究成果的尊重。因此论文中凡是引用别人的结论、实验数据等资料都必须指明出处，否则会被视为不尊重他人劳动成果，甚至被认为是剽窃行为。所列出的参考文献的范围，应以公开发表过的、作者真正参阅了的、与论文密切相关的或直接引用的文献为限，未发表过的论文如实验报告、内部资料等不宜列入。

编写参考文献的格式必须规范，按照国家标准《文后参考文献著录规则》（GB/T 7714—2005）中的规定书写。

9. 附录

附录也是论文内容的组成部分，是正文的补充，论文中不宜收录的研究资料、数据图表、计算实例、公式推导、计算框图及译名对照表等，均可作为附录附于文末，以供读者参阅。

7.5.4 科技论文的写作步骤

科技论文的写作主要可以分为以下几步。

1. 选定课题

正确的选题是撰写科技论文的第一步，科研选题是科学研究的重要组成部分，它关系到科学研究的方向、目标和内容，影响着科学研究的途径和方法，决定着科研成果的水平、价值和发展前途。因而在选题时要遵循一定的原则：创新性原则、必要性（需要性）原则、科学性原则和可能（可行）性原则（详细内容参考第 7 章第 1 节）。

2. 准备材料

确定科技论文的题目和论证角度后，就要做搜集材料的工作，应该汲取前人已有的经验以解决前人没有解决的新问题。搜集材料的过程，就是调查研究、思考钻研、形成论点的过程。在材料的搜集、研究过程完成时，论文提纲也就自然而然地完成了。

3. 拟定大纲

拟定大纲是研究者动笔写作前总体构思的蓝图，是思路的视觉化。拟定大纲的过程就是去检验论文的每一个部分所起的作用，相互间是否有逻辑联系，各个部分之间的比例是否恰当和谐，每个部分是否都为全局所需要，是否都能为主题服务。因此写提纲的好处是帮助自己从全局着眼，树立全篇论文的基本骨架，明确层次和重点，简明具体，一目了然。

4. 撰写初稿

撰写初稿的过程，就是作者把对课题的构思变成文字的过程。撰写初稿时，只要顺着写作的思路，根据论点、论据和论证层层展开，一鼓作气地写下去，无须花费过多的时间推敲字句和语法。

小贴士

大纲只是论文的一个粗略的轮廓，不可能对文中的每一个细节都考虑得周密完善。因而在论文写作时，很可能会发现原来大纲中的某些计划、设想有欠妥当之处，对大纲就要及时做出必要的调整和修改。起草初稿要有全局观念，如何开头、结尾，怎样展开，层次之间如何衔接，段落之间怎样前后照应，都要做到胸有成竹。

5. 修改定稿

论文的初稿写成之后，还要再三推敲，反复修改，这是提高论文质量和写作能力的重要环节。论文修改的主要任务是斟酌论点、检查论证、调整结构、推敲文字。修改论文可以从以下几方面入手：

① 主题。修改文稿应站在读者的角度，审视已完成的初稿，考虑所阐述的主题是否明确，是否经得住推敲。

② 结构。考虑文章分成的几个部分是否合理，各部分之间的衔接是否紧密。

③ 内容。文章的论点是否明确，论据是否充分，论证是否严密，材料是否充实、明确，实验方法及实验数据是否清楚无误地表达了出来。

④ 文字符号。考查语言文字是否通顺，各种标题在用词上是否准确、简洁、醒目，标点符号是否规范，各种图表是否齐全、科学、美观，标题的序号编排有无重复、遗漏现象，参考文献的著录是否标准齐全等。

经过以上加工处理后，按照论文题目、作者姓名、摘要、正文和参考文献的顺序，按规定标注页码，一篇学术论文的写作就完成了。

7.5.5 综述的写作

1. 综述的概念

综述又称综合性论文，是在阅读大量文献资料的基础上，对某一学科、领域或某项具体研究工作的历史、进展或发展趋势等问题进行综合性的叙述或评述。综述一般要求资料新而全，作者立足点高，综合恰当，分析评论和发表的观点合理，意见或建议比较中肯。

综述大致可分为综合性综述、专题性综述和科普综述三类。综合性综述是指有关学科或学科分支的综述；专题综述是指有关技术、产品或某一问题的综述；科普综述是指主要介绍知识作用的综述。

2. 综述的特点与作用

综述的特点是综合叙述。综述能全面系统地介绍国内外某一学科、某一专业或某一研究工作在某一时期的综合情况，以汇集文献资料为主，辅以注释，它与一般科技论文的最大区别是在内容上没有首创性，但它指出了某学科在某一时期的发展演变规律和趋势。

综述浓缩了大量的原始文献的同类知识内容，既广泛又集中和系统，还包括各种争论或刚刚发现一些线索的问题，从而可供科技人员直接检索使用。综述是科研的前期劳动，所以科技人员、科研部门的领导可以从中了解研究领域的科技发展水平、存在的问题、未来发展趋势及社会应用价值等，从而对科研选题的定向、预测都有参考价值。

3. 综述的写作格式

综述写作的一般格式可分为摘要、前言、正文、结束语、参考文献、附录等。下面做简单介绍。

① 摘要：通常放在正文前，用简短确切的语句，叙述综述的性质、内容和结论。

② 前言：又称引言，主要叙述综述的目的和作用，概述主题的有关概念和定义，简述所选择主题的历史背景、发展过程、现状、争论焦点、应用价值和实践意义；同时还可限定综述的范围，使读者对综述的主题有一个初步印象。

③ 正文：是科技综述的主体部分。首先要提出问题，并分析历史发展、以往状况，尤其是要对现状和发展趋势做重点、详细、具体的叙述，收集各种数据，可按内容和需要制成表格；其次还要提出具体的改进建议，在内容上要符合综述本身的特点。对历史发展的追溯，目的在于探求历史发展变化的规律。如果是横向写作，就要包括对各国的情况、各种观点、各种方法等的对比，要客观地评价其利弊，特别要说明其特点，并需要对有关这一课题的论点和成果做细致的描述，明确叙述现在存在的问题。

④ 结语：简述作者在该综述研究中所得出的结论。另外，有关本研究的意义、存

在分歧意见和待解决的问题等,正文未叙述的,也可写进结语部分。

⑤ 参考文献:因为人们利用综述的目的之一就是根据综述提供的线索去查找原始资料,以便深入研究,故综述中所列出的参考文献有其特殊的意义。

⑥ 附录:主要列出重要参考文献的目录。图表、数据、谈话记录、会议报告、考察报告等都可以根据需要作为附录附于全文之后。

4. 综述的写作步骤

综述的写作步骤包括以下几方面。

① 确定题目:根据写作目的,划定所要撰写的内容、性质、范围,以此确定题目。

② 搜集文献:根据题目,拟定所要检索文献的内容、性质、范围,然后进行文献搜集、文献检索。

③ 阅读文献:对检索所得的文献进行有计划的阅读,先浏览摘要或总结,决定取舍。对符合要求者,先粗读后精读,正确理解原文的叙述,并做笔记,同时边读边思考、分析、对比。

④ 制订、修改写作提纲:经阅读与思考,形成写作思路,制订写作提纲,并对写作提纲进一步修订、完善。

⑤ 再次查阅文献:根据写作提纲,进一步审视所检索的文章,不足者,进行补漏,再次检索、阅读。

⑥ 正式写作:待到写作思路成熟、胸有成竹后,下笔写作。写作过程应一气呵成,不应过分纠结于细节。

⑦ 修改:初稿完成后,放置一段时间,然后取出反复修改,直到满意时为止。

7.5.6 学位论文的写作

1. 学位论文的概况

学位论文是高等学校在学人员按照学校要求攻读一定学位而完成的论文,是检验学生完成学业成果、掌握与运用知识能力和科研能力的一份综合性答卷。英国习惯称之为 Thesis,美国称之为 Dissertation。它表明作者本人从事创造性科学研究所取得的成果、科研能力及已具有的学识水平。学位论文的获取需要通过专门检索工具和特殊搜集渠道才能获得。

2. 学位论文的要求

学位论文主要包括学士论文、硕士论文和博士论文。

(1) 学士论文

学士学位论文是大学本科毕业生为申请学士学位而提交的论文或设计,一般也称为毕业论文或毕业设计。毕业论文应反映出作者能够准确地掌握大学阶段所学的专业基础知识,基本学会综合运用所学知识进行科学研究的方法,对所研究的题目有一定的心得体会,一般选择本学科某一重要问题的一个侧面或一个难点,选择题目还应避免过小、过旧和过长。

（2）硕士论文

硕士学位论文是指硕士研究生为申请硕士学位而提交的一篇（或由一组论文组成的一篇）系统、完整的学术论文。它应反映出作者广泛而深入地掌握专业基础知识，具有独立进行科研的能力，对所研究的题目有新的独立见解，论文应具有一定的深度和较好的科学价值，对本专业学术水平的提高有积极作用。

（3）博士论文

博士学位论文是指博士研究生为申请博士学位而提交的一篇系统、完整的学术论文或一部专著。博士学位论文应能表明作者确已在本门学科上掌握了坚实宽广的基础理论和系统深入的专门知识，并具有独立从事科学研究工作的能力，在科学和专门技术上做出了创造性的成果。

博士学位论文应具有系统性和创造性，其系统性从以下两个方面来衡量：

① 独立完成且文字精练，逻辑清晰，是一本完整的科学著作，且自成体系，具有发表价值。

② 有本课题的研究历史与现状、预备知识、实验设计与装备、理论分析与计算、经济效益与实例、遗留问题与前景、参考文献与附录等。

博士学位论文的创造性从以下 4 个方面来衡量：① 发现有价值的新现象、新规律，建立新理论；② 在设计实验技术上有新创造、新突破；③ 提出具有一定科学水平的新工艺、新方法，在生产中获得重大经济效益；④ 创造性地运用现有知识、理论，解决前人没有解决的关键问题。

7.5.7 学位论文的写作步骤

1. 选题

学位论文在选题之前，根据指导老师研究的课题范围，选择相关的课题。选题时要注意：一是专业要对口；二是选题大小要适中。

2. 资料的收集与整理

资料的收集方法有多种：一是直接收集法，包括科学考察、实地调查、科学实验等；二是间接收集法，包括文献检索、利用图书馆（实体图书馆、电子图书馆）检索；三是其他方法，包括面谈、参加演讲、到政府档案部门调查、问卷调查、写作案例研究等。经过各种方法途径收集来的资料，不能直接利用，需要进行质和量的分析，而且需要经过选择和整理。

3. 论文开题

开题报告是对论文选题进行检验和评估认定的过程。学位论文的选题是否具有学术价值和新颖性，是否能够反映作者的专业科研水平，以及论文的观点是否成熟等，均要通过开题报告来考察。开题报告经由审查小组审核确认后，才能正式开始论文的写作。

4. 拟定写作提纲，安排论文结构

撰写学位论文首先要拟定写作提纲。写作提纲是论文写作的设计图，是全篇论文的骨架，一般包括如下项目：题目、基本论点或中心论点、内容纲要、大项目（大段段旨）、中项目（中段段旨）、小项目（段中的一个材料）。其次还要安排论文的结构。论文的结构要围绕中心，语不离宗，富于逻辑，准确表达。

5. 撰写初稿

在资料收集整理和提纲拟定及论文结构设计好后，要进行论文的初稿编写。利用完整的时间，对照提纲，保持完整的思路。在论文写作中运用材料来表现主题，是关系论文成功的重要问题。撰写初稿需要做到材料真实、典型、集中。要选取那些能突出和说明主题的材料，并使其在论文中占据主要地位。

6. 修改定稿

论文的修改主要包括修改主题、修改结构、修改材料、修改语言和修改标题等。经过多次修改后的论文质量将会有所提高。一篇高质量的论文就是这样千锤百炼出炉的。

综上所述，学位论文从构思到完成一般都要经过选题、收集资料、编写开题报告、制定提纲、撰写初稿和修改定稿等步骤。论文质量的高低与作者对每个阶段的把握程度有直接的关系。一篇好的学位论文应该做到观点正确、有独创性、结构严谨、逻辑性强、层次清楚、引文正确、语言流畅，并具有一定的深度和广度。

7.5.8 学位论文的写作格式

根据国家标准《科学技术报告、学位论文和学术论文的编写格式》（GB 7713—87）的规定，通常一篇学位论文至少要包括以下 8 项：封面、目录、摘要、引言、正文、结论、致谢、参考文献表。

封面：学位论文的封面内容主要有标题，作者及其单位，指导教师姓名、职称，申请的学位，课题的专业方向，完成论文的日期等。学位论文封面一般都有其相应统一的格式。

目录：由论文的期、章、条、款、附录的序号，题名和页码组成。其一般应另页排在封面之后。

摘要：论文内容不加注释和评论的简要陈述，外文摘要一般放在中文摘要后面。

引言：引言是学位论文的开头，既要对课题和选择这一课题的原因做较详细的说明，又要对与论文主题有关的文献进行综述，还应对研究工作的界限、规模、工作量做必要说明。语言上要做到言简意赅。

正文、致谢、参考文献表：这几项写作要求和科技论文相应各项的写作要求是一致的。对于博士论文或硕士论文，如果论文中的某一部分或某几部分已在学术刊物上刊载，则可将发表的原文原样嵌入论文正文中的相应章节位置。

7.6 学术规范

7.6.1 学术规范的概念

学术规范是指学术共同体根据学术发展规律，参与制定的有关各方共同遵守的、有利于学术积累和创新的各种准则和要求，是整个学术共同体在长期学术活动中的经验总结和概括。简言之，学术规范就是人们在长期的学术实践活动中逐渐形成的被学术界公认的一些行为规则。

学术规范是关于学术研究活动的主客观方面的约束。学术规范体现在整个学术活动过程中，主要表现为学术道德规范、学术法律规范、学术引文规范和写作技术规范等。

7.6.2 学术规范的内容

学术规范既包括学术研究与实验方法的规范、撰写学术论文的技术规范，也包括求真的科学精神和道德。其基本规范和要求概括如下：

① 遵循科学规律，探求科学真理，尊重学术自由，严肃学术纪律，维护学术纯洁，严谨自律；积极创造良好的学术环境，鼓励学术创新，正视和宽容学术失败。

② 合理引用文献，一般引用原始文献和第一手资料；引用他人的观点、方案、资料、数据等应加注释；从他人作品转引第三方成果，应注明转引出处；作品中引用的部分不能是该作品主要部分或者实质部分。

③ 学术成果的署名及顺序要以事实为依据，一般按照对科学研究成果所做贡献大小的顺序署名；所有署名者在学术成果发表前必须审阅，并承担相应的学术、道义和法律责任；向提供过指导、建议、帮助或资助的个人或机构致谢。

④ 学术评价应坚持客观、公正、科学的原则，坚持同行专家评价和回避制度；学术评价应以学术价值、社会和经济效益为基本标准。

⑤ 倡导学术批评，积极推进不同学术观点之间的自由讨论、相互交流和学术争鸣；学术批评应以学术为中心，以文本为依据，以理服人，不得诋毁名誉、捏造事实、打击报复。

⑥ 申请科研项目，负责人和参加人必须是项目的实际研究人员、学术活动指导人员、实验等辅助人员。

7.6.3 学术不端行为

如果未能遵守学术规范，违反了学术共同体公认的行为准则，即被视为学术不端。科技部2006年颁布的《国家科技计划实施中科研不端行为处理办法(试行)》对学术不端行为的7个方面进行了罗列：

① 故意做出错误的陈述,捏造数据或结果,破坏原始数据的完整性,篡改实验记录和图片,在项目申请、成果申报、求职和提职申请中做虚假的陈述,提供虚假获奖证书、论文发表证明、文献引用证明等。

② 侵犯或损害他人著作权,故意省略参考他人出版物,抄袭他人作品,篡改他人作品的内容;未经授权,利用被自己审阅的手稿或资助申请中的信息,将他人未公开的作品或研究计划发表或透露给他人或为己所用;把成就归功于对研究没有贡献的人,将对研究工作做出实质性贡献的人排除在作者名单之外,僭越或无理要求著者或合著者身份。

③ 成果发表时一稿多投。

④ 采用不正当手段干扰和妨碍他人研究活动,包括故意毁坏或扣压他人研究活动中必需的仪器设备、文献资料,以及其他与科研有关的财物;故意拖延对他人项目或成果的审查、评价时间,或提出无法证明的论断;对竞争项目或结果的审查设置障碍。

⑤ 参与或与他人合谋隐匿学术劣迹,包括参与他人的学术造假,与他人合谋隐藏其不端行为,监察失职,以及对投诉人打击报复。

⑥ 参加与自己专业无关的评审及审稿工作;在各类项目评审、机构评估、出版物或研究报告审阅、奖项评定时,出于直接、间接或潜在的利益冲突而做出违背客观、准确、公正的评价;绕过评审组织机构与评议对象直接接触、收取评审对象的馈赠。

⑦ 以学术团体、专家的名义参与商业广告宣传。

7.6.4 政府和社会各界对学术道德的高度重视

近年来学术道德问题越来越引起政府重视,教育部先后发布了《关于加强学术道德建设的若干意见》《高等学校哲学社会科学研究学术规范(试行)》《关于进一步加强和改进师德建设的意见》等文件。其中,《教育部关于加强学术道德建设的若干意见》指出,加强学术道德建设要“以国家有关法律法规为依据,针对学术工作中存在的不良现象和行为,建立和完善学术规范,形成有效的学术管理体制和工作机制,端正学术风气,营造良好的学术环境”。

扩展阅读

非相关文献的知识发现

基于非相关文献的知识发现(Literature-based Discovery)是1986年芝加哥大学

Swanson 教授首先提出的①，指的是“从公开发表的非相关文献中发现某些知识片段间的隐含联系，并在此基础上提出科学假设或猜想，引导科研人员进行攻关或实验，从而发现新知识”。发表的非相关文献是指两篇或多篇公开发表的文献不彼此引用或不共引其他文献。知识片段是指知识单元或知识单元集合。最后提出的科学假设只是一种推测，尚需实验佐证，方能生成新知识，为科学界所认可。

Swanson 提出的知识发现方法首先在生物医学中得到应用。② 1986 年，Swanson 提出科学假设：“食用鱼油会对雷诺氏病患者有益。”当时，这一假设并未以任何形式公开发表过，学术界尚未发现食用鱼油与雷诺氏病之间的联系。两年后，这个科学假设被临床实验所证实。

非相关文献知识发现有 3 个理论基础③：检索理论、文献计量学理论和逻辑学理论。这 3 个理论基础为非相关文献知识发现效率的提高提供了理论指导，并为该方法应用领域的拓展提供了努力的方向。其中目标性检索策略、共现理论与三段论的逻辑推理是非相关文献知识发现的实际应用理论。

Swanson 将知识发现过程大体分为两个步骤，分别是形成假设和检验假设。2001 年，Weeber④ 在 Swanson 研究的基础上进行深入研究，正式将知识发现过程的两个步骤定义为“开放式过程”和“闭合式过程”，“开放式过程”是形成科学假设的过程，“闭合式过程”是检验科学假设的过程。

非相关文献知识发现方法已经引起了医学、生物学、情报学、计算机学界的关注和认可，对其尤为感兴趣的是生物医学领域的研究人员。Swanson 教授于 1991 年设计的 Arrowsmith 知识发现系统架起了跨学科间沟通与交流的桥梁，更加易于发现非相关文献间的隐含关联，为科研工作提供了新的研究思路和新的科研方法。其网址为 http://arrowsmith.psych.uic.edu/arrowsmith_uic/index.html。Arrowsmith 从产生到现在一直进行着版本上的更新和功能上的完善，Arrowsmith 的最新测试版已经解决了 Arrowsmith 只能作用于标题的问题，已可以作用于主题词和文摘，并且也大大缩短了处理文件的时间。

Swanson 的基于非相关文献的知识发现方法作为情报学的专门方法，可以大大降低科学研究的成本，因为通过联网检索所需要的费用会远远低于临床实验的费用。Swanson 的情报学方法得到的科学假设，具有很强的方向性和目的性，使科学研究少走弯路，会节省研究人员更多的时间和精力。Swanson 的情报学方法充实了情

---

① Swanson D R. Undiscovered public knowledge[J]. *The Library Quarterly*, 1986, 56(2): 103 – 118.

② Swanson D R. Fish oil, Raynaud's syndrome, and undiscovered public knowledge[J]. *Perspectives in Biology and Medicine*, 1986, 30(1): 7 – 18.

③ 张云秋，冷伏海. 非相关文献知识发现的理论基础研究[J]. 中国图书馆学报，2009(4): 25 – 30.

④ Weeber M, Klein H, de Jong-van den Berg L, et al. Using concepts in literature-based discovery: Simulating Swanson's Raynaud-fish oil and migraine-magnesium discoveries[J]. *Journal of the American Society for Information Science and Technology*, 2001, 52(7): 548 – 557.

报学方法论体系，为情报研究和情报检索开辟了更广阔的研究空间，为情报学学科的建设与发展奠定了坚实基础。①

MOOC(慕课)对信息检索课程的变革

大规模在线开放课程(Massive Open Online Course，简称 MOOC)，又称慕课，是2008 年由加拿大爱德华王子岛大学两名高级研究员联合提出来的。最重要的突破发生于2011 年秋，来自世界各地的16 万人注册了斯坦福大学的《人工智能导论》的免费课程。2012 年被《纽约时报》称为“慕课元年”。

多家供应商专门提供慕课平台，Coursera、edX 和 Udacity 是其中最有影响力的“三巨头”。其中 Coursera 是目前发展最大的 MOOC 平台，课程门类丰富。其他具有代表性的有斯坦福大学的 Stanford Online 和 NovoED、英国的 FutureLearn、澳洲的 Open2Study、德国的 iversity、美国与芬兰合作开发的 WEPS 等。国内的平台主要有两岸五大交通大学共同组建的 Ewant、北京的慕课网(imooc)、上海的酷学习(kuxuexi)等。北京大学和清华大学于2013 年5 月加入了 edX，复旦大学和上海交通大学于2013 年7 月加入了 Coursera，北京大学于2013 年9 月也加入了 Coursera。

慕课具有以下几个特点。① 大规模的：不是个人发布的一两门课程；② 开放课程：尊崇创用共享(CC)协议；③ 网络课程：不是面对面的课程，目前全世界有数以万计的学习者参与了 MOOC 模式中的各种学习。

MOOC 在课程组织、教学、考核等方面对世界各国的高等教育产生了重要影响。图书馆作为教育模式中重要的组成部分，更需要在 MOOC 环境下重新进行角色定位。图书馆已不应仅仅是一个信息资源存储、加工、组织和利用的机构，而应是一个 MOOC 信息搜集、分类、编译、推介等服务角色的承担者。图书馆应主动参与、发挥自己的服务与教育职能，创新观念，提供基于 MOOC 教育发展的推广与咨询服务、基于 MOOC 资源开放和共享的教学支持服务、信息素养培训服务等服务，以提升图书馆的存在价值，延伸图书馆的服务范畴②。

开启全球国家图书馆提供 MOOC 开放获取资源先河的是大英图书馆。大英图书馆自2014 年2 月起开始由 FutureLearn 提供技术支撑的大众参与型学习平台提供 MOOC 服务。当前，国内高校的 MOOC 建设普遍处于启动阶段。

MOOC 的出现为信息检索课的网络教学提供了一个很好的平台。国内信息检索课比较有代表性的是中国科技大学的《文献管理与信息分析》，该门课程较好地诠释了 MOOC 的特点。MOOC 模式下的《文献信息检索课》的优势体现在大规模的巨型课程、开放的教育形式、丰富的课程资源、共享的社会理念。《信息检索》课程可以借鉴 MOOC 模式，改善目前不利的局面，利用各种教学方式提升教学效率、提高读者的

---

① 马明，武夷山. Don R. Swanson 的情报学学术成就的方法论意义与启示[J]. 情报学报，2003，22(3)：259－266.

② 陆波. MOOC 环境下的图书馆角色定位与服务创新[J]. 图书与情报，2014(2)：123－126.

信息素养。①

总之，MOOC之所以如此引人注目，就是因为MOOC在正确的时间做了正确的事情。

主要网站：

1. 中国大学MOOC：http://www.zhongjiaomedia.com/mooc/。
2. 超星MOOC：http://mooc.chaoxing.com/category/12。
3. MOOC学院：http://mooc.guokr.com/。
4. MOOC中国：http://www.mooc.cn/。
5. edX：https://www.edx.org/。
6. Coursera：https://www.coursera.org/。
7. Udacity：https://www.udacity.com/。

练习与思考

1. 简述科研选题的方法与步骤。
2. 常用的文献管理软件有哪些？
3. 完成一份科技查新报告。
4. 信息分析的步骤与方法有哪些？
5. 如何写一篇优秀的科技论文？
6. 简述综述与学术论文的异同点。
7. 如何遵守学术规范，避免学术不端？

参考文献

[1] 浙大研究生第一课：先考学术规范再注册[EB/OL]. [2014-09-30]http://sz.nxnews.net/nxrb/html/2014-09/23/content_551440.htm.

[2] 吴夏风. 科研选题的意义与方法探析[J]. 商丘师范学院学报，2010，26(5)：132-135.

[3] 王力邦. 试论科研选题方法[J]. 黔南民族师范学院学报，2001(4)：61-64.

[4] 华红艳，齐桂森，李玉强. 科研选题的步骤和原则[J]. 郑州航空工业管理学院学报：社会科学版，2003，22(4)：59-60.

[5] 黄晓鹏. 医学信息检索与利用(安全版)[M]. 北京：科学出版社，2012.

[6] 来玲，庞恩旭，吴凤玉. 信息资源检索与利用(第2版)[M]. 大连：东北财经大学出版社，2011.

① 秦静茹. 基于MOOC模式的《文献信息检索课》创新研究[J]. 河南图书馆学刊，2014(5)：90-92.

[7] 罗杰,冷卫东. 系统评价/Meta分析理论与实践[M]. 北京:军事医学科学出版社,2013.

[8] 陈明旦,谭凯. 化学信息学[M]. 北京:化学工业出版社,2011.

[9] 李达,李玉成,李春艳. SCI论文写作解析:EndNote/ RefViz/ SPSS/ Origin/ Illustrator综合教程[M]. 北京:清华大学出版社,2012.

[10] 郑霞忠,黄正伟,余肖生,等. 科技论文写作与文献检索[M]. 武汉:武汉大学出版社,2012.

[11] 周晓政. 医药信息检索与利用[M]. 南京:东南大学出版社,2012.

[12] 王春梅,马丽华. 文献信息检索与知识建构[M]. 北京:高等教育出版社,2012.

[13] 王建武,李民权,曾小珊. 科技英语写作:写作技巧·范文(修订版)[M]. 西安:西北工业大学出版社,2003.

[14] 李玲春,刘富霞,杨荣然,等. 大中专生学生文献检索[M]. 北京:中国文联出版社,2003.

[15] 王水,张晓民. 软件工程素质导论[M]. 郑州:河南科学技术出版社,2011.

[16] 杨云. 信息资源检索[M]. 昆明:云南大学出版社,2011.

[17] 申杰,徐宗佩. 中医科研思路与方法[M]. 北京:科学出版社,2013.

[18] 黎毅. 会计实证研究方法[M]. 大连:东北财经大学出版社,2012.

[19] 过仕明. 现代信息检索[M]. 哈尔滨:黑龙江教育出版社,2004.

[20] 陈岚,王凤翠. 数字信息资源检索方法与实践(社科版)[M]. 武汉:华中科技大学出版社,2011.

[21] 许福运,刘二稳. 信息检索与创新[M]. 北京:科学出版社,2011.

[22] 李一梅,罗时忠,王银玲. 化学化工文献信息检索[M]. 合肥:中国科学技术大学出版社,2012.

[23] 安新华,许英雷,刘红霞,等. 信息素质教育理论与实践[M]. 西安:西安地图出版社,2010.

[24] 杨青,乔冬敏. 信息检索与利用[M]. 北京:人民邮电出版社,2012.

[25] 刘昕杰,王有粮,李海昕,等. 法理学导论[M]. 成都:四川大学出版社,2011.

[26] 张士靖. 医学信息素养研究与实践[M]. 武汉:湖北科学技术出版社,2010.

[27] Swanson D R. Undiscovered public knowledge[J]. *The Library Quarterly*, 1986,56(2):103－118.

[28] Swanson D R. Fish oil, Raynaud's syndrome, and undiscovered public knowledge[J]. *Perspectives in Biology and Medicine*,1986,30(1):7－18.

[29] 张云秋,冷伏海. 非相关文献知识发现的理论基础研究[J]. 中国图书馆学

报,2009 (4):25 –30.

[30] Weeber M, Klein H, de Jong-van den Berg L, et al. Using concepts in literature-based discovery: Simulating Swanson's Raynaud-fish oil and migraine-magnesium discoveries[J]. *Journal of the American Society for Information Science and Technology*,2001,52(7):548 –557.

[31] 马明,武夷山. Don R. Swanson 的情报学学术成就的方法论意义与启示[J]. 情报学报,2003,22(3):259 –266.

[32] 陆波. MOOC 环境下的图书馆角色定位与服务创新[J]. 图书与情报,2014(2):123 –126.

[33] 秦静茹. 基于 MOOC 模式的《文献信息检索课》创新研究[J]. 河南图书馆学刊,2014(5):90 –92.